四川省公

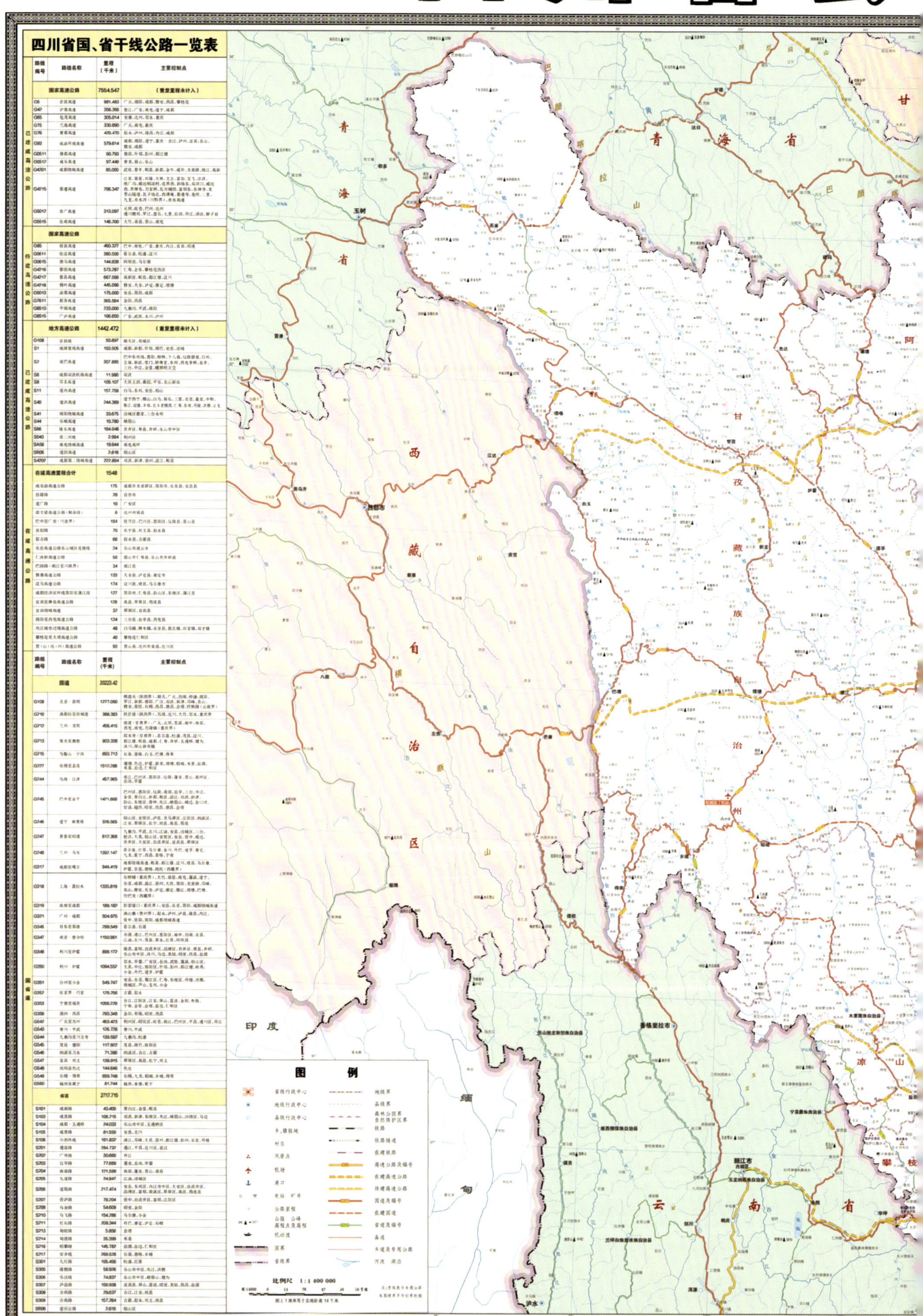

四川省国、省干线公路一览表

类别	路线编号	路线名称	里程（千米）	主要控制点
已建成高速公路		国家高速公路	7554.547	（重复里程未计入）
	G5	京昆高速	981.483	广元、绵阳、成都、雅安、西昌、攀枝花
	G42	沪蓉高速	356.366	垫江、广安、南充、遂宁、成都
	G65	包茂高速	305.014	安康、达州、邻水、重庆
	G75	兰海高速	330.890	广元、南充、重庆
	G76	厦蓉高速	420.470	叙永、泸州、隆昌、内江、成都
	G93	成渝环线高速	579.614	成都、绵阳、遂宁、重庆、合江、泸州、宜宾、乐山、雅安、成都
	G0511	德都高速	90.793	德阳、什邡、彭州、都江堰
	G0512	成乐高速	97.440	青龙、眉山、乐山
	G4201	成都绕城高速	85.000	武侯、青羊、郫县、新都、金牛、成华、龙泉驿、锦江、高新
	G4215	蓉遵高速	795.347	江家、黄家、刘隆、大林、文公、富加、宝飞、汪洋、铁广沟、威远铜鼓村、连界西、新场东、母河口、威远西、界牌东、万家桥、瓦市铺西、富顺东、东禅寺、龙贯山隧道、瓦子场北、尚璞庵、黄湾寺、赤水、二里、九支、赤水河（川黔界）、赤水高速
	G5012	恩广高速	313.097	元坝、旺苍、巴州、达州、通川魏兴、罗江、盘石、七里、长田、开江、讲治、狮子岩
	G5515	张南高速	146.200	大竹、渠县、营山、南充
待建高速公路		国家高速公路		
	G85	银昆高速	460.327	巴中、南充、广安、重庆、内江、宜宾、昭通
	G0611	张汶高速	380.500	若尔盖、松潘、汶川
	G0615	德马高速	144.838	阿坝县、马尔康
	G4216	蓉丽高速	573.287	仁寿、会东、攀枝花西区
	G4217	蓉昌高速	667.556	高新区、郫县、都江堰、汶川
	G4218	雅叶高速	445.056	雅安、天全、泸定、康定、理塘
	G5013	渝蓉高速	175.000	安岳、简阳、成都
	G7611	都香高速	365.584	会理、西昌
	G8513	平绵高速	233.000	九寨沟、平武、绵阳
	G8515	广泸高速	106.650	广安、武胜、永川、泸州
已建成高速公路		地方高速公路	1442.472	（重复里程未计入）
	G108	京昆线	50.897	朝天区、南城区
	S1	成绵复线高速	103.505	成都、新都、什邡、绵竹、安县、涪城
	S2	成巴高速	307.885	巴中东兴场、恩阳、柳林、下八庙、仪陇赛金、日兴、五福、新政、度门、铁佛堂、东观、西充李桥、盐亭、三台、中江、金堂、赵镇绕城立交
	S6	成都双流机场高速	11.980	双流
	S8	邛名高速	109.107	大邑王泗、桑园、平乐、名山新店
	S11	遂内高速	157.758	白马、东兴、安岳、船山
	S40	遂洪高速	244.389	遂宁西宁、横山、白马、保石、三星、乐至、童家、中和、青江、迎接、平桥、北斗老鹰岗、仁寿、东坡、丹棱、洪雅、止戈
	S41	绵阳绕城高速	33.675	涪城区磨家、三台永明
	S44	乐峨高速	10.780	峨眉山
	S66	隆乐高速	164.048	贡井区、荣县、井研、乐山市中区
	S040	草二河线	2.994	利州区
	SA56	南充绕城高速	19.944	南充高坪
	SR06	遂回高速	2.616	船山区
	S4707	成都第二绕城高速	222.894	双流、新津、崇州、温江、郫县
在建高速公路		在建高速里程合计	1548	
		成安渝高速公路	175	成都市龙泉驿区、简阳市、乐至县、安岳县
		自隆路	70	自贡市
		遂广路	10	广安区
		南大梁高速公路（朝金段）	6	达州市渠县
		巴中至广安（川渝界）	164	经开区、巴州区、恩阳区、仪陇县、营山县
		宜叙路	70	长宁县、兴文县、叙永县
		叙古路	66	叙永县、古蔺县
		乐自高速公路乐山城区连接线	24	乐山市凌云乡
		仁沐新高速公路	50	眉山市仁寿县、乐山市井研县
		巴陕路（南江至川陕界）	34	南江县
		雅康高速公路	133	天全县、泸定县、康定市
		汶马高速公路	174	汶川县、理县、马尔康市
		成都经济区环线简阳至蒲江段	177	简阳市、仁寿县、彭山区、东坡区、蒲江县
		宜宾至彝良高速公路	128	高县、翠屏区、筠连县
		宜宾绕城高速	32	翠屏区、宜宾县
		绵阳至西充高速公路	124	三台县、盐亭县、西充县
		内江城市过境高速公路	48	白马镇、椑木镇、永安镇、郭北镇、田家镇、双才镇
		攀枝花至大理高速公路	40	攀枝花仁和区
		营（山）达（州）高速公路	93	营山县、达州市渠县、达川区

类别	路线编号	路线名称	里程（千米）	主要控制点
国省道		国道	20223.42	
	G108	北京－昆明	1277.060	棋盘关（陕西界）、朝天、广元、剑阁、梓潼、绵阳、罗江、新都、德阳、广汉、双流、新津、邛崃、名山、雅安、荥经、石棉、西昌、德昌、会理、拉鲊路（云南界）
	G210	满都拉至防城港	388.383	铁匠垭（陕西界）、万源、达川、大竹、邻水、重庆界
	G212	兰州－龙邦	456.415	姚渡（甘肃界）、广元、元坝、苍溪、阆中、南部、西充、南充、万隆镇（重庆界）
	G213	策克至磨憨	903.338	郎木寺（甘肃界）、若尔盖、松潘、茂县、汶川、都江堰、郫县、成都、仁寿、井研、五通桥、犍为、沐川、屏山新市镇
	G215	马鬃山－宁洱	893.713	石渠、德格、白玉、巴塘、得荣
	G227	张掖至孟连	1512.286	壤塘、色达、炉霍、新龙、理塘、稻城、木里、盐源、米易、盐边、仁和区
	G244	乌海－江津	457.965	南江、巴州区、恩阳区、仪陇、蓬安、营山、高坪区、岳池、华蓥
	G245	巴中至金平	1471.868	巴州区、恩阳区、仪陇、南部、盐亭、三台、中江、金堂、青白江、新都、郫县、温江、双流、新津、彭山、东坡区、青神、夹江、峨眉山、峨边、金口河、甘洛、越西、喜德、西昌、德昌、会理
	G246	遂宁－麻栗坡	326.565	船山区、安居区、泸县、龙马潭区、江阳区、纳溪区、江安、翠屏区、长宁、珙县、高县、筠连
	G247	景泰至昭通	817.368	九寨沟、平武、北川、江油、安县、涪城区、三台、射洪、大英、船山区、安居区、安岳、资中、威远、贡井区、大安区、自流井区、宜宾县、翠屏区
	G248	兰州－马关	1392.147	若尔盖、红原、马尔康、金川、丹巴、道孚、康定、九龙、冕宁、西昌、普格、宁南
	G317	成都至噶尔	944.419	成都绕城高速、郫县、都江堰、汶川、理县、马尔康、炉霍、甘孜、德格、岗托（西藏界）
	G318	上海－聂拉木	1335.819	石桥铺（重庆界）、大竹、渠县、南充、蓬溪、遂宁、乐至、成都、温江、崇州、大邑、简阳、龙泉驿、邛崃、名山、雅安、天全、泸定、康定、雅江、理塘、巴塘、竹巴笼（西藏界）
	G319	高雄至成都	189.182	郭家坝口（重庆界）、安岳、乐至、简阳、成都绕城高速
	G321	广州－成都	504.975	渔山寨（贵州界）、叙永、泸州、泸县、隆昌、内江、资中、资阳、简阳、成都绕城高速
	G345	启东至那曲	299.549	若尔盖、石渠
	G347	南京－德令哈	1150.951	万源、通江、巴州区、恩阳区、阆中、剑阁、安县、江油、北川、茂县、黑水、红原、阿坝县
	G348	武汉至大理	899.172	隆昌、富顺、自流井区、沿滩区、贡井区、荣县、井研、乐山市中区、沐川、马边、美姑、昭觉、西昌、盐源
	G350	利川－炉霍	1094.552	邻水、华蓥、广安区、岳池、武胜、蓬溪、船山区、大英、中江、旌阳区、什邡、彭州、都江堰、映秀、小金、丹巴、道孚、炉霍
	G351	台州至小金	549.747	安岳、乐至、雁江区、仁寿、东坡区、丹棱、洪雅、雨城区、芦山、宝兴、小金
	G357	张家界－巧家	179.256	古蔺、叙永
	G353	宁德至福贡	1056.229	合江、江阳区、江安、屏山、雷波、金阳、布拖、宁南、会东、会理、盐边、仁和区
	G356	厦门－西昌	793.348	金阳、布拖、昭觉、西昌
	G542	广元至万州	463.423	利州区、昭化区、旺苍、南江、巴州区、平昌、通川区、开江
	G543	青川－平武	126.778	青川、平武
	G544	九寨沟至川主寺	139.592	九寨沟、松潘
	G545	茂县－德阳	117.922	茂县、绵竹、旌阳区
	G546	纳溪至习水	71.380	纳溪区、合江、古蔺
	G547	宜宾－兴文	138.915	翠屏区、高县、长宁、兴文
	G548	炉霍至色达	144.646	色达
	G549	石棉－得荣	659.748	石棉、九龙、稻城、乡城、得荣
	G550	越西至冕宁	81.744	越西、喜德、冕宁
		省道	2717.715	
	S101	成南路	43.400	青白江、金堂、郫县
	S103	成乐路	108.715	双流、新津、东坡区、夹江、峨眉山、沙湾区、马边
	S104	成都－五通桥	24.033	乐山市中区、五通桥区
	S105	成青路	81.550	安县、北川
	S106	川西环线	101.832	浦江、邛崃、大邑、崇州、都江堰、彭州、乐至、丹棱
	S201	通宣路	264.732	通江、平昌、达川区、宣汉
	S202	广开路	30.660	开江
	S203	仪华路	77.669	蓬安、岳池、华蓥
	S204	南储路	171.599	南部、蓬安、营山、渠县
	S205	九通路	74.847	江油、涪城区
	S206	遂隆路	217.474	安岳、东兴区、内江市中区、大安区、自流井区、沿滩区、富顺、南溪区、翠屏区、高县、筠连县
	S207	资泸路	78.204	资中、自流井区、富顺、江阳区
	S208	马金路	54.609	昭觉、金阳
	S210	马飞路	154.786	马尔康、小金
	S211	红石路	209.344	丹巴、康定、泸定、石棉
	S213	梅蛇路	5.856	会理
	S214	昭渡路	35.399	米易
	S216	稻攀路	145.782	盐源、盐边、仁和区
	S217	安乡线	269.578	石渠、德格、乡城
	S301	九红路	105.456	松潘、红原
	S305	隆犍路	58.926	乐山市中区、夹江、洪雅
	S306	乐汉线	74.837	乐山市中区、峨眉山、犍为
	S307	泸盐路	159.938	宜宾县、屏山、雷波、昭觉、美姑、西昌、盐源
	S308	合珙路	79.637	合江、江安、珙县
	S309	古高路	157.284	古蔺、叙永、兴文、珙县
	SR06	遂回公路	2.616	船山区

四川省交通运输厅　编制

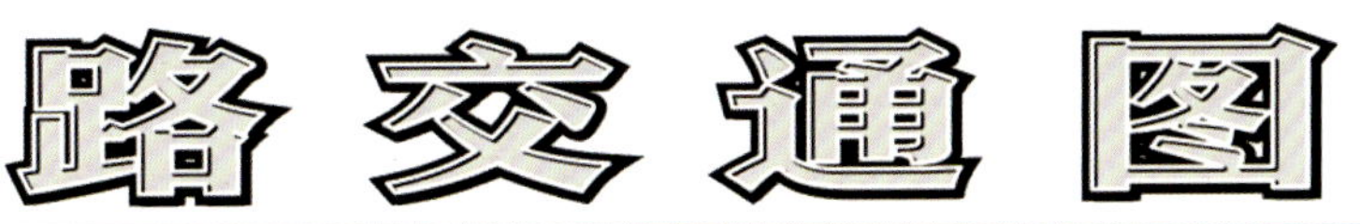

甘肃省
陕西省
汉中市
安康市
族羌族自治州
马尔康市
广元市
巴中市
绵阳市
达州市
重庆市
湖北省
德阳市
南充市
成都市
遂宁市
广安市
雅安市
资阳市
眉山市
内江市
乐山市
自贡市
泸州市
宜宾市
西昌市
自治州
云南省
昭通市
毕节市
遵义市
贵州省
六盘水市
贵阳市
安顺市
凯里市
都匀市

2016 年 7 月

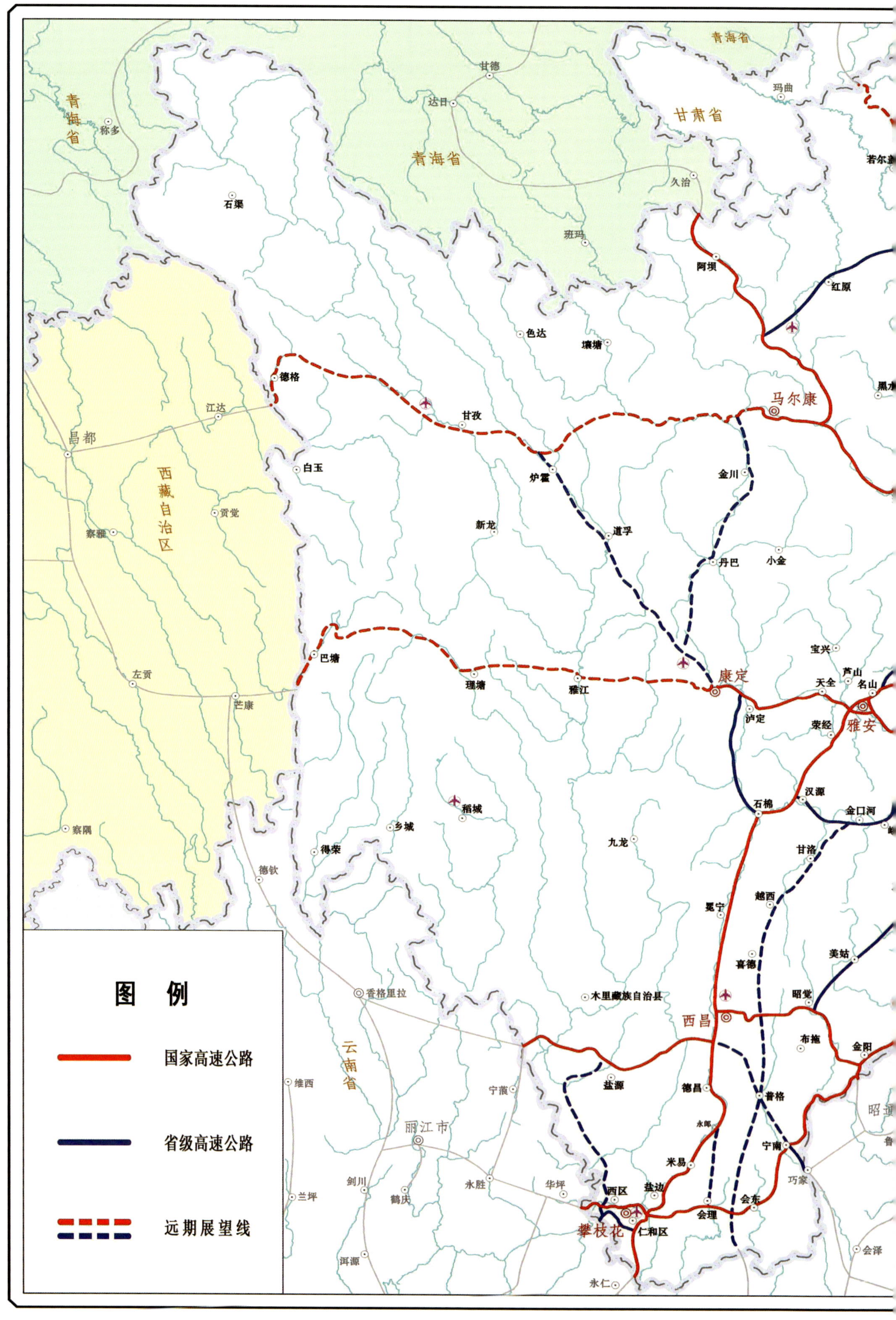

图 例
国家高速公路
省级高速公路
远期展望线
青海省
甘肃省
西藏自治区
云南省
马尔康
康定
雅安
西昌
攀枝花
丽江市
昌都
甘德
达日
称多
玛曲
久治
石渠
班玛
阿坝
红原
若尔盖
色达
壤塘
德格
江达
甘孜
炉霍
白玉
金川
黑水
新龙
道孚
贡觉
察雅
丹巴
小金
巴塘
理塘
雅江
宝兴
芦山
天全
名山
左贡
芒康
泸定
荥经
汉源
石棉
金口河
稻城
乡城
得荣
九龙
察隅
德钦
甘洛
越西
冕宁
喜德
美姑
香格里拉
木里藏族自治县
昭觉
布拖
金阳
维西
宁蒗
盐源
德昌
普格
永郎
宁南
米易
巧家
剑川
鹤庆
永胜
华坪
西区
盐边
会东
仁和区
会理
兰坪
洱源
永仁
会泽

《四川交通年鉴》编委会

《四川交通年鉴》编辑部

《四川交通年鉴·2017》分部主任、特约撰稿人

分部主任

武　强　厅公路局
任胜平　厅航务局（省地方海事局、省船舶检验局）
刘　剑　厅运管局
张　钧　厅高管局（厅高速公路交通执法总队）

特约撰稿人

陈超超　厅办公室
田耀楠　厅办公室
孙秋明　厅法规处
刘国强　厅规划处
吴佳沁　厅财务处
李阆阆　厅人事处
陈　跃　厅建管处
宋薇平　厅运输处
黄静兰　厅城客处
陈泓冰　厅安全处
邹　增　厅审计处
马婧然　厅信访处
杨　倬　厅行政审批处
谢富刚　厅科教处
彭　焜　厅外经外事处
周　磊　厅纪检组
李　军　厅公安处
单　贝　厅离退休处
廖迎春　厅直机关党委
凌　晋　省交战办
王武平　厅公路局
郝苑苑　厅公路局
易　翥　厅航务局（省地方海事局、省船舶检验局）
杨钱梅　厅航务局（省地方海事局、省船舶检验局）
蒋大轩　厅运管局
蒋智力　厅运管局
李洪平　厅高管局（厅高速公路交通执法总队）
李济杉　厅高管局（厅高速公路交通执法总队）
敬川平　省交通运输工会
谭　静　四川交职院
匡成刚　厅公路设计院
何　芳　厅交通设计院
庾湘玲　厅结算中心
鲜晓丽　厅质监局
谭举鸿　厅造价站
张浩庆　厅造价站

程　鸿　监理处

冯元龙　大件处

刘涛声　交通宣传中心

王成贵　厅信息中心

王雪岭　川高公司

王兰洁　成渝公司

孟　玥　成渝分公司

林　云　成雅分公司

简　梅　成仁分公司

朱泠颖　成乐运营分公司

刘煜昕　遂广遂西公司

刘晓蕾　省港航公司

杨榆彬　省港航公司

肖宇涵　川西公司

黄怡昕　成南公司

罗林章　川北公司

黄　陶　川东公司

黄进舟　川南公司

郭高州　攀西公司

石　峰　成绵公司

罗菁秋　雅西公司

王　杰　雅康公司

罗祖红　汶马公司

张晓洁　雅眉乐公司

卿林佳　成德南公司

池济姝　兴蜀公司

马取贵　成都市交通运输委员会

肖　茂　自贡市交通运输局

陈江涛　攀枝花市交通运输局

曾志刚　泸州市交通运输局

胡　蝶　泸州市交通运输局

李　霞　德阳市交通运输局

林小龙　德阳市交通运输局

张　霜　绵阳市交通运输局

冯传斌　广元市交通运输局

鲁丕华　广元市交通运输局

胡藉文　遂宁市交通运输局

彭高华　内江市交通运输局

丁瑞瑞　乐山市交通运输委员会

程传磊　南充市交通运输局

谢胜东　南充市交通运输局

王建平　宜宾市交通运输局

李白东　达州市交通运输局

文雪琨　广安市交通运输局

吴德权　广安市交通运输局

郭　亮　巴中市交通运输局

李艳梅　巴中市交通运输局

崔炳龙　雅安市交通运输局

魏　平　眉山市交通运输局

徐弋淇　资阳市交通运输局

刘世文　阿坝州交通运输局

唐　源　甘孜州交通运输局

钟其富　凉山州交通运输局

一、《四川交通年鉴》是反映四川交通各方面发展情况的大型专业年鉴，是逐年编纂连续出版的资料性工具书。2017卷是继1987年创刊以来的第31部。全书80余万字、近600幅图片，反映2016年四川交通的基本面貌、发展状况和取得的新成就、新经验以及出现的新问题。由四川科学技术出版社出版，国内外公开发行。

二、本年鉴框架结构一般分三个层次：类目、分目、条目。全书设《特载》《概况》《大事记》《交通基础设施建设》《交通运输》《交通管理》《交通行政机关》《交通科技教育文化》《市州交通》《荣誉榜》《统计资料》《附录》12个类目。原《政策法规选编》类目因2016年省内无出台的重大交通类法规而被暂时取消，收录的全国交通类政策法规索引内容则调入《附录》类目。由于内容特点，《特载》《大事记》只设两个层次。为了突出年度特色，在彩插部分特设《2016交通成就》《数字交通》《四川交通要闻》《国省道提档升级》《农村公路改善提升》《“两学一做”学习教育》《交通精准扶贫》等专栏。条目为全书的主要表现形式。

三、本年鉴基本内容分为综合情况、动态信息和辅助资料三部分。主要记述上一年度信息资料，特殊资料、背景资料等适当上溯下延。全书注重体现专业特点、年度特色和时代特征，力求在充分反映成绩和经验的同时，如实反映存在的问题和不足。

四、本年鉴注重收录图片资料，分彩插和内文配图两种形式编录，力求全书图文并茂。彩插以专题化、系列化的形式，重点反映四川交通运输大事、要事和主要建设成就；内文配图以文系图，形象直观地补充反映相关内容。

五、本年鉴稿件和资料由四川省交通运输厅机关各处（室）、厅直有关单位和各市州交通运输局（委）及四川省交通投资集团有限公司所属有关单位提供，并经各单位（部门）领导审核和保密审查。主要统计数据以省交通运输厅业务主管部门提供的统计资料为准。

六、本年鉴注重提高实用性，刊载有四川省公路交通图、四川省高速公路网布局规划示意图、四川省“十三五”内河水运发展规划图。

七、为行文简洁，在目录前特制《有关机构（单位）全称简称对照表》和《四川省高速公路全称简称对照表》，在《附录》类目《参考资料》分目刊载《常用缩略语注释》。

八、本年鉴具有双重检索功能，书前列有内文中英文目录和彩插目录，书后配有索引。

有关机构（单位）全称简称对照表

全称	简称	全称	简称
中华人民共和国交通运输部	交通运输部	四川省交通运输厅公路局	厅公路局
中华全国总工会	全国总工会	四川省交通运输厅航务管理局	厅航务局
中华人民共和国住房和城乡建设部	住建部	四川省交通运输厅道路运输管理局	厅运管局
发展和改革委员会	发展改革委	四川省交通运输厅高速公路管理局 四川省交通厅高速公路交通执法总队	厅高管局 （厅高速公路交通执法总队）
经济委员会	经委	四川交通职业技术学院	四川交职院
纪律检查委员会	纪委	四川省交通运输厅工程质量监督局	厅质监局
国有资产监督管理委员会	国资委	四川省交通厅公路规划勘察设计研究院	厅公路设计院
精神文明建设指导委员会	文明委	四川省交通运输厅交通勘察设计研究院	厅交通设计院
中国共产党四川省委员会	中共四川省委	四川省交通运输厅高速公路监控结算中心	厅结算中心
四川省（市、县）人民政府	省（市、县）政府	四川省交通运输厅交通建设工程造价管理站	厅造价站
四川省人民代表大会常务委员会	省人大常委会	四川省重点公路工程监理处 四川公路工程咨询监理公司	监理处 监理公司
中国人民政治协商会议四川省委员会	政协四川省委	四川省大件公路管理处	大件处
中共四川省委直属机关工作委员会	省直机关工委	四川省交通宣传中心	交通宣传中心
四川省安全生产监督管理局	省安监局	四川省交通运输厅信息中心	厅信息中心
四川省质量技术监督局	省质监局	四川省交通运输厅交通史志总编室	厅史志总编室
亚洲开发银行	亚行	四川兴蜀公路建设发展有限责任公司	兴蜀公司
国家开发银行	开行	四川省交通运输厅办公室	厅办公室
中国工商银行	工行	四川省交通运输厅精神文明办公室	厅文明办
四川省交通运输厅	省交通运输厅	四川省交通运输厅政策法规处	厅法规处
四川省人力资源和社会保障厅	省人力资源社会保障厅	四川省交通运输厅综合规划处	厅规划处
四川省国土资源厅	省国土资源厅	四川省交通运输厅财务处	厅财务处
四川省交通运输工会委员会	省交通运输工会	四川省交通运输厅人事劳动处	厅人事处

全 称	简 称
四川省交通运输厅建设管理处	厅建管处
四川省交通运输厅行政审批处	厅行政审批处
四川省交通运输厅运输管理处	厅运输处
四川省交通运输厅建设管理处	厅建管处
四川省交通运输厅行政审批处	厅行政审批处
四川省交通运输厅运输管理处	厅运输处
四川省交通运输厅安全监督管理处	厅安全处
四川省交通运输厅城市公共客运指导处	厅城客处
四川省交通运输厅审计处	厅审计处
四川省交通运输厅科技教育处	厅科教处
四川省交通运输厅外经外事处	厅外经外事处
四川省纪委驻厅纪检组 监察厅	厅纪检组
四川省交通运输厅公安处	厅公安处
四川省交通运输厅离退休人员工作处	厅离退休处
中共四川省交通运输厅直属机关委员会	厅直机关党委
四川省交通运输厅战备办公室	厅战备办
四川省国防动员委员会交通战备办公室	省交战办
四川省交通投资集团公司	省交投集团
四川高速公路建设开发总公司	川高公司
四川成渝高速公路股份有限公司	成渝公司
四川成渝高速公路股份有限公司成渝分公司	成渝公司成渝分公司
四川成渝高速公路股份有限公司成雅分公司	成渝公司成雅分公司
四川成渝高速公路股份有限公司成仁分公司	成渝公司成仁分公司
四川成渝高速公路股份有限公司成乐公司	成渝公司成乐公司
四川遂广遂西高速公路有限责任公司	遂广遂西公司
四川省港航开发有限责任公司	省港航公司

全 称	简 称
四川嘉陵江凤仪航电开发有限公司	凤仪公司
四川岷江港航电开发有限公司	岷江公司
四川港航嘉陵江金沙航电开发有限公司沙溪分公司	沙溪公司
四川港航嘉陵江金沙航电开发有限公司	金沙公司
四川泸州港务有限公司	泸州港务公司
四川广安承平港务有限公司	承平港务公司
四川长江水运有限公司	长运公司
四川南充都京港务有限公司	都京公司
四川汶马高速公路有限责任公司	汶马公司
四川雅康高速公路有限责任公司	雅康公司
四川川西高速公路有限责任公司	川西公司
四川成南高速公路有限责任公司	成南公司
四川省川北高速公路股份有限公司	川北公司
四川川东高速公路有限责任公司	川东公司
四川攀西高速公路开发股份有限公司	攀西公司
四川成绵高速公路有限公司	成绵公司
四川省川南高等级公路开发股份有限公司	川南公司
四川雅西高速公路有限责任公司	雅西公司
四川成德南高速公路有限责任公司	成德南公司
四川雅眉乐高速公路有限责任公司	雅眉乐公司
成都市交通运输委员会	成都市交委
乐山市交通运输委员会	乐山市交委
阿坝藏族羌族自治州交通运输局	阿坝州交通运输局
甘孜藏族自治州交通运输局	甘孜州交通运输局
凉山彝族自治州交通运输局	凉山州交通运输局

四川省已成、在建、规划高速公路全称简称对照表

全　称	简　称	全　称	简　称
成都至重庆高速公路	成渝高速公路	宜宾至水富高速公路	宜水高速公路
成都至绵阳高速公路	成绵高速公路	遂宁至重庆高速公路	遂渝高速公路
成都城北出口高速公路	成都城北出口高速公路	西昌至攀枝花高速公路	西攀高速公路
成都至乐山高速公路	成乐高速公路	南充至重庆高速公路	南渝高速公路
内江至宜宾高速公路	内宜高速公路	邻水至垫江高速公路	邻垫高速公路
成都机场高速公路	成都机场高速公路	攀枝花至田房高速公路	攀田高速公路
成都至雅安高速公路	成雅高速公路	都江堰至映秀高速公路	都映高速公路
隆昌至纳溪高速公路	隆纳高速公路	广元至巴中高速公路	广巴高速公路
泸沽至黄联关高速公路	泸黄高速公路	邛崃至名山高速公路	邛名高速公路
西昌卫星基地高速公路	西昌卫星基地高速公路	乐山至宜宾高速公路	乐宜高速公路
广安至邻水高速公路	广邻高速公路	绵阳至遂宁高速公路	绵遂高速公路
达州至重庆高速公路	达渝高速公路	雅安至西昌高速公路	雅西高速公路
成都至都江堰高速公路	成灌高速公路	广元至陕西高速公路	广陕高速公路
广元至南充高速公路	广南高速公路	达州至陕西高速公路	达陕高速公路
成都绕城高速公路	成都绕城高速公路	成都至绵阳高速公路复线	成绵高速公路复线
遂宁至回马高速公路	遂回高速公路	内江至遂宁高速公路	内遂高速公路
成都至南充高速公路	成南高速公路	成都至自贡至泸州至赤水高速公路	成自泸赤高速公路
绵阳至广元高速公路	绵广高速公路	映秀至汶川高速公路	映汶高速公路
南充至广安高速公路	南广高速公路	纳溪至贵州高速公路	纳黔高速公路
成都至温江至邛崃高速公路	成温邛高速公路	达州至万州高速公路	达万高速公路
成都至彭州高速公路	成彭高速公路	广元至甘肃高速公路	广甘高速公路
南充绕城高速公路	南充绕城高速公路	乐山至雅安高速公路	乐雅高速公路

全　称	简　称
巴中至南充高速公路	巴南高速公路
成都至德阳至南部高速公路	成德南高速公路
宜宾至重庆高速公路	宜渝高速公路
乐山至自贡高速公路	乐自高速公路
巴中至达州高速公路	巴达高速公路
遂宁至资阳至眉山高速公路	遂资眉高速公路
南充至大竹至梁平高速公路	南大梁高速公路
巴中至陕西高速公路	巴陕高速公路
丽江至攀枝花高速公路	丽攀高速公路
绵阳绕城高速公路	绵阳绕城高速公路
成都第二绕城高速公路	成都二绕高速公路
遂宁至西充高速公路	遂西高速公路
遂宁至广安高速公路	遂广高速公路
自贡至隆昌高速公路	自隆高速公路
内江至威远至荣县高速公路	内威荣高速公路
宜宾至叙永高速公路	宜叙高速公路
巴中至广安至重庆高速公路	巴广渝高速公路
成都至安岳至重庆高速公路	成安渝高速公路
叙永至古蔺高速公路	叙古高速公路
仁寿至沐川至新市镇高速公路	仁沐新高速公路
雅安至康定高速公路	雅康高速公路
汶川至马尔康高速公路	汶马高速公路
宜宾至彝良高速公路	宜彝高速公路
宜宾绕城高速公路	宜宾绕城高速公路
绵阳至西充高速公路	绵西高速公路
成都第三绕城高速公路	成都三绕高速公路

全　称	简　称
攀枝花至大理高速公路	攀大高速公路
营山至达州高速公路	营达高速公路
苍溪至巴中高速公路	苍巴高速公路
镇巴至广安高速公路	镇广高速公路
泸州至重庆高速公路	泸渝高速公路
泸州至永川高速公路	泸永高速公路
峨眉至汉源高速公路	峨汉高速公路
南充至潼南高速公路	南潼高速公路
乐山至汉源高速公路	乐汉高速公路
石棉至泸定高速公路	石泸高速公路
宜宾至攀枝花高速公路	宜攀高速公路
西昌至昭通高速公路	西昭高速公路
西昌至香格里拉高速公路	西香高速公路
永郎至会理高速公路	永会高速公路
华坪至丽江高速公路	华丽高速公路
银川至昆明高速公路	银昆高速公路
绵阳至九寨沟高速公路	绵九高速公路
北京至昆明高速公路	京昆高速公路
乐山至西昌高速公路	乐西高速公路
巴中至万源高速公路	巴万高速公路
重庆至广安高速公路	渝广高速公路
苍溪至巴中高速公路	苍巴高速公路
四川马尔康县至青海久治县高速公路	川青高速公路
四川西昌至云南昭通高速公路	西昭高速公路
德昌永郎至会理高速公路	永会高速公路
广元至平武高速公路	广平高速公路

Contents
目 录

高速公路建设

国省干线重点公路建设

农村公路建设

汽车站场建设

公路养护

航道建设

港口建设

公路水路勘察设计

交通运输

道路运输

水路运输

交通管理

交通规划

公路管理

航务管理

道路运输管理

工程质量监督管理

交通审计

交通行政审批

交通公安

交通战备

交通行政机关

四川省交通运输厅

纪检工作

机关党建

工会工作

交通科技教育文化

交通科技

交通教育

文明行业创建

交通信息化建设

攀枝花市交通

泸州市交通

德阳市交通

绵阳市交通

广元市交通

遂宁市交通

内江市交通

乐山市交通

南充市交通

雅安市交通

眉山市交通

资阳市交通

阿坝藏族羌族自治州交通

甘孜藏族自治州交通

凉山彝族自治州交通

荣誉榜

先进名录

人物选介

统计资料

公路水路交通统计

附录

参考资料

机构及领导名录

Main Contents

Contents
彩插目录

TRANSPORT ACHIEVEMENT 2016

2016交通成就

2016年，在中共四川省委、省政府的坚强领导和交通运输部的关心支持指导下，全省交通运输系统自觉践行新发展理念，坚持稳中求进总基调和供给侧结构性改革工作主线，贯彻实施“三大发展战略”，取得“十三五”交通运输发展良好开局。

1 交通投资保持高位运行

全省公路水路建设完成投资1 310亿元，连续第6年超千亿元，发挥了稳增长重要作用。全年到位交通运输部补助资金170亿元、中央专项建设基金77亿元，有力支撑了项目建设。

2 重点项目建设取得突破

省市合力推进138个交通重点项目建设，雅康、汶马等高速公路项目进展顺利，成安渝高速公路重启建设，全年建成高速公路项目6个、503公里，高速公路通车总里程达6 519公里，跃居全国第二。绵九、峨汉等11个高速公路项目开工建设，新开工里程1 013公里、总投资1 490亿元，成功招商项目9个、1 055公里、引进社会投资1 500亿元，均超过2012年来四年总和；全省高速公路建成和在建里程超过8 600公里。加快推进普通国省道提档升级和大中修工程，完成新（改）建2 200公里、大中修2 000公里，全省普通国道二级及以上比重达57%。汶川地震灾后发展振兴重点项目映秀至卧龙公路、巴朗山隧道及绵茂路汉旺至黑滩隧道段建成通车，雅安乐英至夹金山等芦山地震灾后重建“3+5”干线公路项目全部建成通车。新增四级航道190公里，四级及以上高等级航道超过1 500公里；岷江犍为枢纽加快推进，嘉陵江航运配套二期工程等4个项目开工建设。道路客运枢纽全覆盖工程全面实施，建成和在建项目达29个。建成中国西部现代物流港等3个货运枢纽（物流园区）。

3 项目管理更加科学

首次牵头编制全省综合交通运输“十三五”发展规划，编制完成公路水路交通运输“十三五”发展规划和15个专项规划，形成了“1+1+15”规划体系，描绘全省交通运输发展宏伟蓝图。落实“十三五”车购税补助资金规模超过千亿元。加快项目前期工作，储备宜宾至攀枝花等29个高速公路项目和岷江龙溪口至宜宾段航道整治工程等9个水运项目，总投资超5 000亿元。

4 精准扶贫成效显著

加快实施新“甘推”、新“凉推”等4个专项扶贫方案，全年完成交通精准扶贫投资510亿元，新增2个贫困县（兴文县、古蔺县）通高速公路，内地除通江县外所有贫困县均有建成或在建高速公路覆盖；减少不通硬化路的乡镇57个、建制村2 800个，全面完成脱贫摘帽村通硬化路建设任务。

5 “民生工程”任务全面完成

全年新（改）建农村公路2.3万公里，建成渡改桥120座，整治农村公路危桥105座，新增通客车建制村1 299个，群众出行更加安全便捷。农村公路全面养护，有效巩固了建设成果。

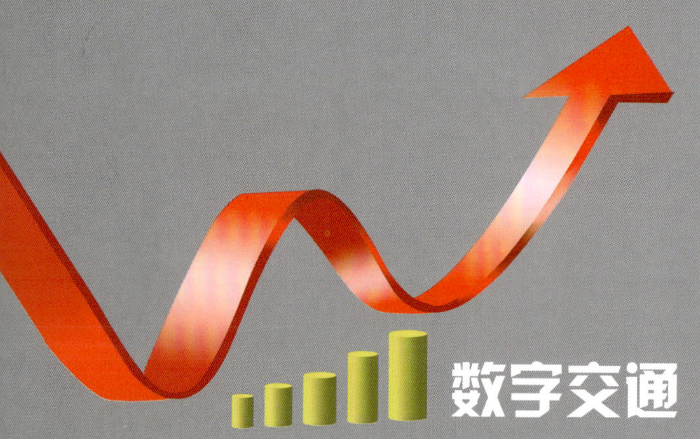

数字交通

2016年四川内河航运建设情况

内河水运完成投资：55亿元

航道总里程：11 725公里

2016年四川高速公路建设情况

高速公路建设完成投资：480亿元

通车总里程：6 523公里（居全国第2、西部第1）

2016年四川公路里程年底到达数（公里）及国省干线投资情况

公路总里程：324 137.558

国道：22 059.33　　省道：4 695.31　　县道：37 958.908

乡道：52 218.535　　村道：202 121.024　　专用公路：5 084.451

国省干线完成投资：415亿元

2016年四川交通建设完成投资（亿元）

1 310

2016年四川客货站场建设情况

客货站场建设完成投资：**35**亿元

客运站总数：**186**个

简易站及招呼站总数：**975**个

智慧交通及其他专项建设完成投资：**40**亿元

2016年四川水路客货运输量

旅客运输量：**2 573**万人次　旅客周转量：**2.43**万人公里

货物运输量：**8 131**万吨　货物周转量：**222.7**亿吨公里

2016年四川公路客货运输量

旅客运输量：**10.971 6**亿人次　旅客周转量：**597.8**亿人公里

货物运输量：**14.6**亿吨　货物周转量：**1 565.3**亿吨公里

2016年四川农村公路建设情况

新（改）建农村公路：**22 882** 公里

建设完成投资：**285** 亿元

通车总里程：**292 298.467** 公里

2016年1月19日，2016年全省交通运输工作会议在省政府小礼堂召开。副省长曲木史哈出席会议并讲话，会议由省政府副秘书长赵学谦主持，厅党组书记、厅长彭琳在会上作题为“坚持五大发展理念 推进交通强省建设 为决胜全面小康建设经济强省提供坚实保障”的工作报告。

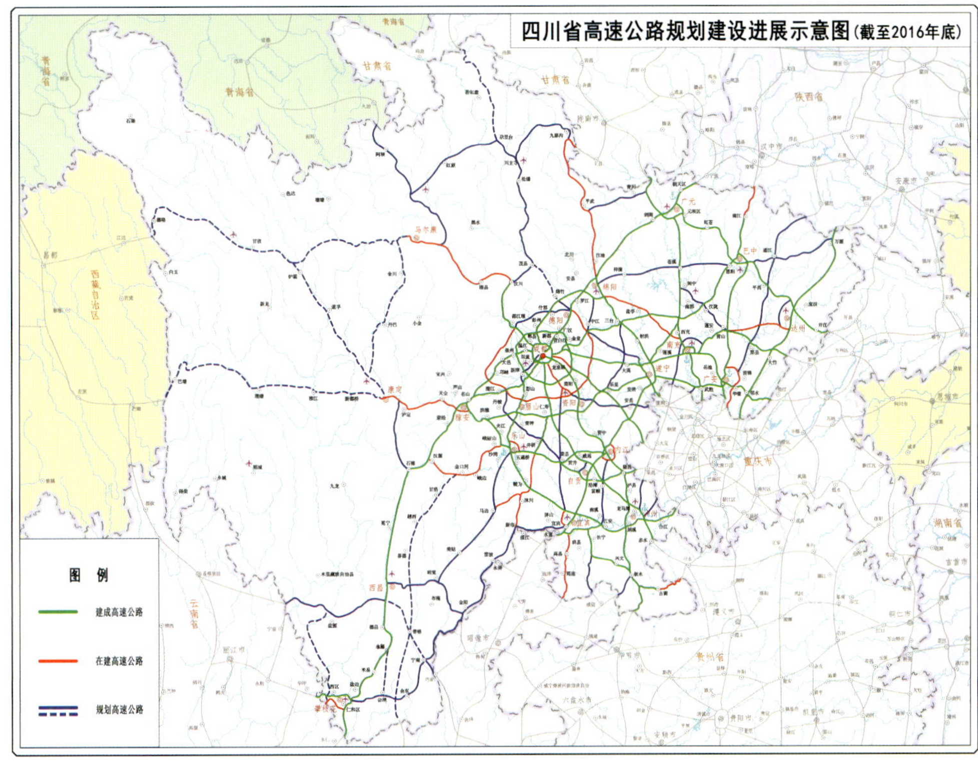

1	2	5
3	4	6

1 2016年11月4日，交通运输部部长杨传堂（右四）一行深入凉山州，现场听取交通扶贫规划汇报

2 2016年5月6日，交通运输部副部长戴东昌（前排左二）一行深入黑水县，现场调研红岩至扎窝隧道工程、石雕楼乡通村扶贫公路建设情况

3 2016年4月23日，国道318线天全县段山体崩塌，中共四川省委常委、副省长王宁（前排中）在省交通运输厅厅长汪洋（左一）陪同下现场指导抢险救援工作

4 2016年10月11日—13日，副省长杨洪波（中）一行先后到绵阳市平武县、雅安市雨城区、天全县调研绵九和雅康高速公路工程建设进展情况。省政府副秘书长黄小平，省交通运输厅党组副书记、副厅长周道平，省交投集团董事长雷洪金等陪同

5 2016年1月19日，全省交通运输工作电视电话会在成都召开。图为会议现场

6 四川省高速公路规划建设进展示意图

1 2	5
3	6 7
4	

1　2015年底建成，于2016年正式投入使用的巴广渝高速公路广安市境内段渠江罗渡大桥

2　2016年6月30日，宜叙高速公路全线正式通车，全长114.07公里。该高速公路通车后，开启了南向出川新的快捷模式，不仅结束了全省最大苗族聚居县兴文县无高速公路的历史，而且串联起了宜宾境内蜀南竹海、兴文石海、李庄古镇、僰王山、七洞沟等5个热门旅游景区，为贫困地区筑就了脱贫致富之路。此外，宜叙高速公路是四川省开展精准扶贫以来乌蒙山区首条通车的高速公路。图为宜叙高速公路永宁河大桥

3　2016年9月27日，叙古高速公路叙永正东至古蔺县城段通车，结束了郎酒之乡古蔺县不通高速公路的历史，新辟了四川省南向出川的又一条大通道，对推动乌蒙山片区脱贫攻坚和精准扶贫，融入长江经济带和“一带一路”建设具有重要意义

4　成安渝高速公路于2009年开工建设，全长175公里，起于成都绕城高速公路与成洛路交汇处，止于四川与重庆交界处的安岳县忠义乡观音桥，按双向六车道标准建设。2016年12月29日，成都二绕高速公路东枢纽互通（成安渝枢纽互通）至川渝省界段建成，全线预计于2017年通车

5　汶马高速公路狮子坪隧道施工便道——全国最长民用索桥，长353米，可承重60吨

6　有“川藏第一桥”之称的雅康高速公路大渡河兴康特大桥，图为大桥桥墩（高188米，距河面垂直高差364米）

7　雅康高速公路天全乐英大桥　覃　凌　摄

相关链接：汶马高速公路和雅康高速公路由四川省交投集团投资建设，项目业主为交投集团藏区高速公路公司。这两条高速公路都处于四川盆地向青藏高原的过渡地段，海拔快速爬升，地形狭窄陡峻、沟壑纵横，具有工程施工极其困难、地形条件极其复杂、地质条件极其复杂、气候条件极其恶劣、生态环境极其脆弱等“五个极其”的鲜明特点。桥隧比、施工难度在全省乃至全国在建高速公路中名列前茅。世人瞩目的汶马、雅康两条藏区高速公路是当今中国建设难度罕见的高速公路项目。

汶马高速公路是国高网沪蓉高速公路成都至昌都联络线的重要路段，也是内地深入阿坝藏羌地区的经济走廊和战略走廊，路线起于汶川县城以南，与映汶高速公路相接，止于马尔康市区以东，全长172公里。汶马高速公路桥梁隧道比例高达86.5%，是四川省高速公路建设史上桥隧比例最高的项目，部分路线展布于悬崖峭壁，预制场、拌合站选址严重受限，同时，还面临“安全、经济、生态、便捷”等一系列挑战，建设难度极大。

雅康高速公路连接雅安与康定，沟通内地与藏区，是国高网雅安至叶城（新疆喀什）的重要组成部分，是穿越芦山地震灾区的生命大通道、内地进入藏区的经济大动脉、稳藏安康的政治大走廊。起于雅安市雨城区草坝镇，接乐雅高速公路，在对岩与成雅、雅西高速公路枢纽互通，西经天全，穿越二郎山，跨泸定大渡河，止于康定市城东，路线全长135公里（其中：雅安段89公里，甘孜段46公里），桥隧比82%，中国工程院院士郑皆连将雅康高速公路比喻为攀登工程建设上的“珠穆朗玛峰”。

1 国道351线芦山连接线。该连接线全长2.7公里，起于芦山县思延乡国道351线，建大桥跨灵关河，设隧道穿过佛图山，再建大桥跨芦山河，最后于芦山县城与迎宾大道相连　郝立艺 摄

2 国道317线炉霍至甘孜罗锅梁子段

3 国道318线多营顺河桥

1
2
3

1 省道303线映秀至卧龙公路灾后恢复重建工程贯通仪式　王　晶 摄

2 省道303线映秀至卧龙公路灾后恢复重建路线图

3 由厅公路设计院倾力打造的成都市市政工程典型示范项目——天府大道南延线

雅康高速公路泸定大渡河兴康特大桥修建现场

雅康高速公路泸定大渡河兴康特大桥桥墩

1 无人机牵引先导索飞越大渡河　刘忠俊 摄

2 工人们正在牵引已成功跨越大渡河的先导索

相关链接：无人机牵引先导索架缆开创全省先河。随着无人机牵引着先导索成功跨越大渡河，雅康高速公路泸定大渡河兴康特大桥开始架缆，这是省内首次在特大桥架缆中采用无人机牵引先导索施工。在历时两年3个月完成桥梁下部建设后，该桥转入桥梁上部施工，大桥将以1 100米的超长跨径连通大渡河两岸，变天堑为通途。

3千克绳索"打前站"，"牵"上万吨钢索过河。兴康特大桥全长1 411米，主桥长1 100米，与泸定桥相比长了10倍，重量则增加了上千倍——桥道系统达3万吨，仅主缆承重系统就有1.1万吨。如何将如此重的钢索送过大渡河？架缆，从一根仅重3公斤的绳索开始。无人机从特大桥康定端的索塔顶起飞，3分钟后，准确落在雅安端的索塔顶上，随机携带的先导索将两座索塔相连。这根先导索直径仅2毫米，荡在数百米的高空肉眼难辨。随后，更粗的绳子系在先导索尾部，被慢慢拖到对面。渐渐地，绳索越来越粗、越来越重，尼龙绳换成钢丝绳，人工拉换成机器收，直到直径54毫米的钢索过河后，才不再加粗。10天后，第一根钢丝将过河。项目施工单位总工唐中波说，先导索施工常用船、有人直升机或火箭弹牵引，这是省内首次采用无人机进行牵引，效率是传统工艺的100倍，且成本小落点精准。先导索牵引过江后，再用小绳拉大绳，逐渐加重，最后把钢绳拉过河，形成牵引系统，架设起施工的猫道，就可进行主缆架设施工。大桥有两根主缆。每一侧的主缆长1 628米，由187根钢索组成，每根钢索有91丝。若把这些钢丝头尾相连，足有6万公里，相当于绕地球赤道一圈半。如此重的钢丝过江，全靠那根小小的先导索"打前站"。"四两拨千斤"的中国智慧，在"川藏第一桥"上体现得淋漓尽致。

2016年4月28日，在交通运输部和中华全国总工会开展的“2015年感动交通十大年度人物”评选活动中，凉山州盐源县地方海事处处长沙国清获“2015年感动交通十大年度人物”荣誉称号。

1 2016年4月28日，2015年感动交通十大年度人物视频报告会在京举行。交通运输部党组书记、部长杨传堂（前右二）与沙国清（右一）亲切交谈

2 2016年4月29日，省交通运输厅党组书记、厅长汪洋（右四）在蓉接见载誉归来的沙国清（左四）。汪洋代表厅党组对沙国清表示祝贺，并对其勇于担当、秉公执法的工作态度表示肯定，希望他一如既往地做好地方海事工作。要求全省交通运输系统要掀起向沙国清学习的热潮，结合“两学一做”“三严三实”要求，推进交通运输事业发展。厅领导周道平、张琪、张勇、赵家栋等一同接见

相关链接：凉山州是全国彝族最大的贫困集中连片区、国家精准扶贫的主阵地之一，贫穷、落后，有的群众一辈子没走出过大山。盐源县，因金沙江最大支流雅砻江上的锦屏、官地、二滩三大水电站蓄水，加上以旅游开发为主的泸沽湖，形成“一江四湖”局面。通航流域达243公里，湖泊面积达58.8平方公里，涉及18个乡镇。码头渡口近100个，船舶达1 965艘，占全州总量的三分之二。

2007年，沙国清临危受命，从盐源县公路工程建设领域“下水”，担任盐源县地方海事处处长，开始了翻山越岭来往“一江四湖”的奔波之旅。8年来，沙国清一步一个脚印把水上安全监管工作落到实处，连续8年水上安全无事故，便是对沙国清及其团队最好的褒奖。沙国清就这样把对海事事业的热爱、对凉山父老乡亲的深情，融入到这高山峡谷、浩瀚碧波中，铸造忠诚，彰显本色。

1 沙国清管辖范围内的官地库区

2 沙国清和同事查看渡改人行桥安全状况

3 沙国清在锦屏库区检查客渡船证书证照

2016年9月7日，成灌高速公路成都、都江堰两个收费站试点开通芯片卡银行卡闪付高速公路通行费的“银行卡/现金”收费车道，这是四川省在全国率先试点的银行卡闪付高速公路通行费的便捷支付。

四川省高速公路收费率先开通银行卡闪付支付方式

成灌高速公路成都、都江堰两个收费站试点开通银行卡闪付功能。图为成灌高速公路

07

2016年9月19日，四川省高速公路项目集中开工动员大会在成都等五地同时举行，主会场设在成都经济区环线高速公路蒲江至都江堰段都江堰特大桥工地，分会场设在绵阳市、德阳市、乐山市和凉山州等四市州集中开工高速公路项目工地。副省长杨洪波讲话并宣布集中开工。省政府副秘书长、办公厅主任蔡竞主持。省交通运输厅党组书记、厅长汪洋，项目投资人代表中国铁建股份有限公司总裁庄尚标，成都市副市长刘守成分别介绍了相关情况。省政府副秘书长黄小平，厅党组成员、总工程师陈乐生，省级有关部门和金融机构负责人，成都市有关负责人和项目沿线相关单位参加集中开工动员大会。该次集中开工9个高速公路项目906公里，总投资1 288亿元。至年底，全省已累计开工高速公路项目11个1 013公里，总投资1 490亿元。

1 四川省高速公路项目集中开工动员大会现场
2 四川省高速公路项目集中开工仪式
3 绵阳市分会场
4 凉山州分会场

成都经济区环线高速公路蒲江至都江堰高速公路是《四川省高速公路网规划（2014—2030年）》中成都经济区环线的重要组成路段，在全省路网中居重要地位。路线起于蒲江县东侧，接成雅高速公路，对接在建的成都经济区环线高速公路简阳至蒲江段，经邛崃市、大邑县、崇州市，止于都江堰市南侧，与都汶高速公路相接，全长101公里。该项目采用BOT方式，由中国中铁股份有限公司和中国铁建股份有限公司组成联合体投资建设。图为项目效果图

成都经济区环线高速公路德阳至简阳高速公路是《四川省高速公路网规划（2014—2030年）》中成都经济区环线的重要组成路段，在全省路网中居重要地位。路线起于德阳城区以北国道5线京昆高速公路1 717公里附近，对接规划的国道0511线德阳至都江堰高速公路，经德阳市旌阳区、中江县、成都市金堂县，止于简阳禾丰在建的成安渝高速公路56公里加914米附近，对接在建的成都经济区环线高速公路简阳至蒲江段，全长105公里。该项目采用BOT方式，由中国铁建投资集团有限公司、中国铁建大桥工程局集团有限公司和中铁十七局集团有限公司组成联合体投资建设。图为项目效果图

峨眉至汉源高速公路是国道5线北京至昆明与国道93线成渝地区环线国家高速公路的重要联络线，也是连接成都经济区和大小凉山地区的经济走廊。路线起于峨眉山市南侧，顺接乐雅高速公路乐峨连接线，与国道93线成渝地区环线相接，经峨边县、金口河区、甘洛县，止于雅安市汉源县北侧，接国道5线京昆高速公路，全长123公里。该项目采用政府收费还贷方式，由四川铁投集团组织实施。图为庙子坪隧道效果图

仁寿经沐川至屏山新市高速公路是国道4216线成都至丽江国家高速公路的重要组成部分，也是连接成都、攀西、川南三大经济区和城市群的重要通道。项目包括主线和马边支线，全长200公里。主线起于仁寿县满井镇，接已建的遂宁经资阳至眉山高速公路，经井研、犍为、沐川，止于屏山县新市镇，接拟建的屏山新市至攀枝花高速公路，长157公里；马边支线起于沐川县城附近，止于马边县城附近，长43公里。该项目采用政府收费还贷方式，由四川交投集团组织实施。图为项目效果图

泸沽至黄联关高速公路是国道5线北京至昆明国家高速公路的重要组成路段，于2000年建成通车，目前交通拥堵严重且存在行车安全隐患，亟待加宽改造。加宽改造路段起于西昌市泸沽镇，沿原路加宽建设，止于西昌市黄联关镇，全长约70公里。项目建设对提高国道5线京昆高速公路的通行能力及服务水平，促进区域经济社会快速发展具有重要意义。该项目采用政府收费还贷方式，由四川交投集团组织实施。图为项目效果图

康定至新都桥高速公路是国道4218线雅安至叶城国家高速公路的重要组成部分，也是成都至康定至西藏省级高速公路的组成路段，在国家和区域路网中具有重要作用。为有效分流康定城区过境交通、缓解城区交通拥堵压力，同时积极探索连续长大纵坡建设与营运安全保障，拟将康定过境段作为试验段先期实施。该试验段起于康定城东升航，接在建的雅安至康定高速公路，沿康定城区南侧过境，设置3座隧道穿越跑马山，止于康定城西榆林，全长17公里。该项目采用政府收费还贷方式，由四川交投集团组织实施。图为项目效果图

2016年11月10日，世界上海拔最高的特长隧道国道317线雀儿山隧道主洞贯通。隧道通车后，穿越雀儿山只需5至10分钟，长久以来的交通"瓶颈"将彻底消除。隧道预计在2017年8月正式通车。

雀儿山隧道于2016年11月10日正式贯通

相关链接：雀儿山地处青藏高原东部的沙鲁里山脉，主峰海拔6 168米。国道317线雀儿山隧道项目位于甘孜州德格县境内。雀儿山隧道正洞长7 079米，平导洞长7 108米，隧道东口海拔4 378.72米，西口海拔4 239.50米，隧道采用二级公路标准，为单洞双向行车，项目投资11.5亿元，是目前世界上海拔4 000米以上建设的最大规模公路隧道。

"两高两低"带来极大挑战。由于雀儿山隧道穿过冰积层及冰水堆积层、花岗岩体地层，施工现场存在活动性断层，加之隧道地形陡峻，沟壑纵横，生态脆弱，具有"高海拔、高寒、低压、含氧量低、气候条件恶劣"等特点，给隧道施工以及后期营运管理带来极大的挑战。隧道址区昼夜温差大、季节性冻融冻胀现象明显，冻胀冻融荷载交替作用，如不进行特殊设计，隧道主体结构将产生严重冻害。雀儿山隧道行车方式主要采用单洞双向行驶，加之隧道规模长、海拔高度高、氧气含量低、污染物排放量大、人的活动能力下降，这些因素都会给隧道营运通风造成极大困难，特别是对隧道的防救灾提出了更高的技术要求。加之高海拔、高寒、低压的气候特征，对机电设备的正常运行造成很大的影响，如设备防冻保护、低温启动困难、运行故障增多、工程性能改变、使用寿命降低等。为此，以雀儿山隧道工程为研究对象，构建高海拔季节性冻融冻胀地区特长隧道抗防冻综合技术；提出高海拔单洞双向行车特长公路隧道运营、防灾通风及防灾救援体系；建立高海拔地区运营监控机电设备配置方案和远程监控系统的总体架构，实现对雀儿山隧道防冻设计、运营和救灾通风、机电监控的有效技术支持，总体满足4 000米以上高海拔特长公路隧道的建设与营运要求。

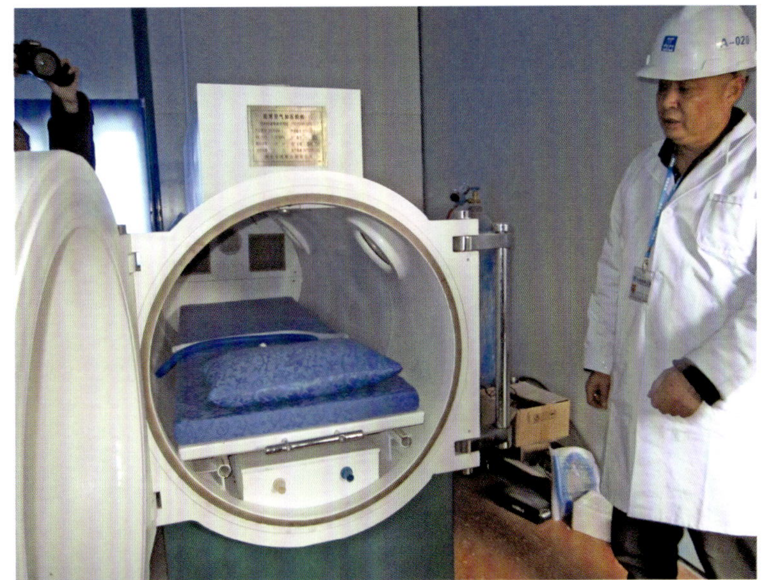

1
2
3

1 雀儿山地理位置图
2 高压氧舱
3 隧道工地远景

2016年12月7日—8日，全国高校思想政治工作会议在北京召开，习近平总书记出席会议并作重要讲话。其中，作为全国1 300余所高职院校的唯一代表——四川交通职业技术学院党委书记王东平在会上作了《创新党建联动机制 拓展立德树人渠道 为行业培养高素质技术技能人才》为题的发言。

2016年12月7日—8日，全国高校思想政治工作会议在北京召开

相关链接：2016年12月7日—8日，全国高校思想政治工作会议在北京召开。中共中央总书记、国家主席、中央军委主席习近平出席会议并发表重要讲话，中共中央政治局常委、中央书记处书记刘云山作总结讲话，中共中央政治局常委王岐山、张高丽出席会议。清华大学、哈尔滨工业大学、四川交通职业技术学院等单位负责同志在会上发言。作为全国1 300余所高职院校的唯一代表——四川交通职业技术学院党委书记王东平在会上作了题为《创新党建联动机制 拓展立德树人渠道 为行业培养高素质技术技能人才》的发言。

四川交通职业技术学院认真学习贯彻习近平总书记系列重要讲话精神和治国理政新理念新思想新战略，深入开展“两学一做”学习教育，扎实推进基层党建和思想政治工作。注重抓关键，发挥好学校党委的核心作用。注重抓基础，发挥好党支部战斗堡垒作用和党员先锋模范作用。加强主渠道建设，发挥好课堂育人功能。加强主阵地建设，发挥好校园文化育人作用。

汽车工程系选手参加第43届世界技能大赛汽车技术全国选拔赛进入全国四强

机械操作培训班学员现场操作挖掘机

2016年，四川省在道路营运车辆中大力推广天然气汽车和新能源汽车，不断促进道路运输行业节能减排工作。至年底，全省已发展CNG客运车辆、货运车辆、公共汽车、出租汽车、教练车共6.7万辆。发展LNG车辆1 560辆，其中干线客运车辆454辆，城市公交833辆，物流运输273辆。发展新能源汽车2 411辆，其中城市公交汽车1 903辆（2016年新增更新新能源汽车980辆，占年度新增更新公交车总数的20%以上）、出租汽车250辆、营运货车150辆、营运客车108辆。

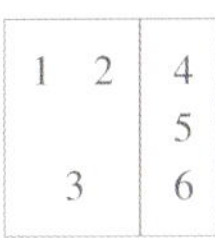

1 眉山城区24辆新能源气电混合公交车投入使用 彭孝美 摄
2 新能源纯电动公交车
3 泸州江阳全域纯电动公交
4 德阳公交新能源公交车投入运营
5 “小清新”新能源公交投入使用
6 新能源出租汽车投放市场

1	3
2	4

1 2016年，国道108线攀枝花段
2 2016年，国道212线南充境内大修工程实施路段
3 2016年，国道318线遂宁境内大修工程实施路段
4 2016年，省道214线攀枝花段大修工程机械化作业

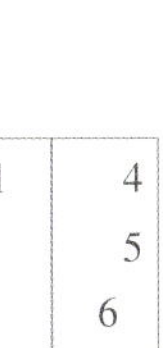

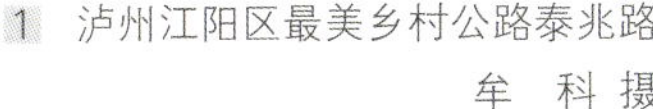

1 泸州江阳区最美乡村公路泰兆路
牟 科 摄

2 乐山犍为清溪镇茉莉花基地路

3 南充西充龙滩河流域产业道路

4 巴中平昌“畅、美、舒、安”的农村公路

5 甘孜州甘孜县色西底乡通乡公路
龙 昱 王云汉 摄

6 阿坝州汶川县农村公路

2016年，省交通运输厅重点通过以下八个环节开展“两学一做”学习教育活动。

一是开展“重温入党志愿、重温入党誓词”主题党日活动。5月中旬前，各党支部普遍开展一次主题党日活动，组织党员重温入党志愿和入党誓词。

二是突出主题开展学习讨论。厅党组3次组织学习研讨。第一主题为坚定理想信念、明确政治方向，第二主题为坚持根本宗旨、勇于担当作为，第三主题为坚守纪律底线、树立清风正气。

三是多种形式讲党课。厅各级党员领导干部突出坚定理想信念、严守党纪国法、提升能力素养、发挥党员作用等内容，在所在党支部讲党课，到分管单位党支部讲党课。

四是召开“两学一做”专题组织生活会。机关党委率先召开专题组织生活会进行示范，厅直机关党委10名委员分别深入基层支部指导。

五是开展民主评议党员。各党支部召开党员大会，严格按照个人自评、党员互评、民主测评的程序，开展民主评议党员工作。

六是开展“双报到”志愿服务和“走基层”活动。机关党员和党组织到社区“双报到”开展志愿服务。开展了“三亮三比三评”（亮标准、亮身份、亮承诺，比技能、比作风、比业绩，群众评议、党员互评、领导点评）活动，全面实行党员挂牌上岗、亮明身份。

七是立足岗位作贡献。各单位党组织结合本单位本部门实际，组织开展岗位练兵、知识技能提升等活动，促进党员提升履职能力和基本功。

八是领导干部作表率。党员领导干部建立基层支部联系点，下到基层、下到支部，推动学习教育扎实开展。严格执行双重组织生活制度，带头参加学习讨论，带头谈体会、讲党课、作报告，带头以普通党员身份参加所在党支部的组织生活会、民主评议，与党员一起接受教育，发挥带学促学作用。

2016年4月26日，省交通运输厅召开“两学一做”学习教育工作座谈会

相关链接：“两学一做”学习教育，指的是“学党章党规、学系列讲话，做合格党员”学习教育。2016年2月，中共中央办公厅印发了《关于在全体党员中开展“学党章党规、学系列讲话，做合格党员”学习教育方案》并发出通知，要求各地区各部门认真贯彻执行。开展“两学一做”学习教育，是面向全体党员深化党内教育的重要实践，是推动党内教育从“关键少数”向广大党员拓展、从集中性教育向经常性教育延伸的重要举措。

1	2
3	
4	
5	6

1 2016年6月6日，厅党组举行"两学一做"学习教育专题辅导报告会。厅党组书记、厅长汪洋，厅领导周道平、张晓燕、张琪、杜世相、黄兴棣出席报告会。报告会上，中共四川省委党校教授李翔宇以"习近平总书记系列重要讲话精神解读"为题作了专题辅导报告

2 3 2016年7月15日，省交通运输厅"两学一做"学习教育工作推进会在厅高管局召开

4 2016年5月19日，厅公路局开展"两学一做"学习教育主题党日活动

5 2016年5月19日，厅航务局共产党员应急先锋队开展重温入党誓词活动

6 2016年6月8日，厅运管局党委举行"两学一做"学习教育第一专题辅导报告会，邀请中共四川省委讲师团调研员马远达教授作专题学习辅导

2016年是“十三五”规划实施的开局之年，亦是打赢扶贫脱贫攻坚战的首战之年，四川交通运输系统紧紧围绕《“十三五”交通扶贫规划》，全面推进交通精准扶贫攻坚，努力补齐民族地区、贫困地区区域短板，成效显著。全年完成交通精准扶贫投资510亿元，加快实施《2016—2018年甘孜州交通建设推进方案》《大小凉山地区2016—2018年公路水路交通建设推进方案》《南充市2016—2018年公路水路交通建设推进方案》等4个专项扶贫方案，新增2个贫困县（兴文县、古蔺县）通高速公路，内地除通江县外所有贫困县均有建成或在建高速公路覆盖；减少不通硬化路的乡镇57个、建制村2 800个，完成脱贫摘帽村通硬化路建设任务。

主动对接　多方联动

2016年5月7日，交通运输部在成都召开交通扶贫调研座谈会。云南省交通运输厅、扶贫移民办，四川省交通运输厅、扶贫移民局，阿坝州、甘孜州以及黑水县、小金县、壤塘县、色达县汇报交通扶贫工作取得的成效和面临的困难。交通运输部副部长戴东昌主持会议，省政府副省长曲木史哈，部综合规划司巡视员于胜英，部公路局局长张德华，省政府副秘书长黄小平出席座谈会，省交通运输厅厅长汪洋在会上发言

2016年11月4日，交通运输部党组书记杨传堂（前排中）调研凉山州交通扶贫工作　凉山州交通运输局 供稿

集中开工千个交通扶贫项目

2016年5月30日，全省交通精准扶贫脱贫攻坚项目集中开工活动在南充市、甘孜州、凉山州和乐山市同时举行。集中开工项目1 081个，总投资201.6亿元。其中，国省干线公路改造18个项目703公里，投资148亿元；农村公路955个项目6 409公里，投资46亿元；干线公路大中修10个项目291公里，投资5.34亿元；运输站场90个，投资2.1亿元；内河水运8个项目，投资0.17亿元。

截至2016年5月，精准扶贫地区在建及建成县级客运站累计104个，乡镇客运站累计1 525个，覆盖率分别达93%、61%；村级招呼站建设加快推进，在建及建成招呼站累计6 000个，覆盖24%。

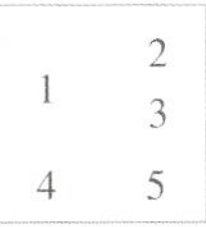

1 集中开工活动现场
2 省政府副省长曲木史哈宣布开工
3 省交通运输厅厅长汪洋介绍交通精准扶贫项目
4 仪陇客运站外观
5 阿坝州马尔康客运中心

重点推进专项扶贫工程

●《甘孜藏族自治州2016—2018年交通建设推进方案》以“2+16” 干线公路项目为重点，加快高速公路、国省干线公路、农村公路、运输站场和养护管理设施等建设，2016—2018年力争完成新（改）建公路1.4万公里，规划完成投资285亿元。

1 2016年5月30日，2016年全省交通精准扶贫脱贫攻坚项目集中开工活动甘孜州分会场

2 在推进甘孜州交通建设进程中，四川交通为国道318线川藏路甘孜段的重要景点修建了观景台，使过往游客有了安全的欣赏美景之处

3 溜索作为甘孜州部分地区农牧民千百年来唯一渡江过河的工具，彻底成为群众通行的过去时，取而代之以坚固的钢筋水泥桥。甘孜全州溜索改桥工程涉及11县、46座，为全省总量的58%。2016年，甘孜州溜索改桥项目强力推进。图为甘孜州白玉县溜索改桥建设现场，白玉溜索与新建钢筋桥同在

4 康定日吾溜索改桥

5 丹巴溜索改桥

●选派优秀干部挂职帮扶。注重加强对挂职干部的管理，强化培训，充分发挥挂职干部作用，创造条件支持挂职干部有效开展帮扶工作。

1 2016年12月2日，省交通运输厅召开定点扶贫及干部驻村帮扶工作座谈会

2 2016年9月27日，省交通运输厅副厅长周道平（左排中）与省交通运输厅下派“第一书记”座谈

3 省交通运输厅驻金口河区精准扶贫作战指挥部

●加强结对帮扶支持。脱贫攻坚期间，省交通运输厅按要求将责任落实到头，每位厅领导与相关直属单位、机关处室组成帮扶小组，结对帮扶贫困户。

1 4
2 5
3 6

1 2016年5月17日—18日，省交通运输厅厅长汪洋（前右一）率督导组到乐山市金口河区共安彝族乡新建村，专项督导调研脱贫攻坚工作并入户看望慰问贫困户

2 2016年8月16日，省交通运输厅副厅长周道平（右三）在沐川县杨村乡黄沙村督导调研脱贫攻坚工作

3 2016年10月26日，省交通运输厅副厅长张晓燕（正面右二）与贫困户交流座谈

4 2016年1月27日，省交通运输厅副厅长黄英权（一排右二）督查乐山市春运工作并赴金口河区调研

5 对口帮扶期间，省交通运输厅副厅长张琪（前右一）调研金口河区交通运输和定点扶贫工作

6 对口帮扶期间，省交通运输厅副厅长赵长利（前）带队调研沐川县黄丹镇铁炉村脱贫攻坚工作

1	
2	
3	4

1 2016年9月26日，省交通运输厅机关党委书记张勇（正面蓝色）入户调研贫困户秋收情况

2 2016年10月9日，驻厅纪检组组长杜世相（右一）调研贫困户土鸡养殖生产情况

3 2016年9月14日，省交通运输厅总工程师陈乐生（右二）在沐川县杨村乡桢楠村调研脱贫工作

4 2016年11月8日，省交通运输厅安全总监胡大昌（左二）调研新建村村组道路建设

特载

TE ZAI

2017

四川交通年鉴

部省领导关怀四川交通运输

2016年2月4日，中共四川省委书记王东明在《2016年交通运输工作会议报告》上批示：感谢交通运输部和各金融机构的大力支持。近年来，全省交通运输系统认真贯彻省委、省政府决策部署，主动作为、开拓创新，多项工作走在前列，为全省实施“三大发展战略”，实现“两个跨越”提供了有力保障。“十三五”时期全省交通运输发展的总体思路和工作安排，谋划得很好。2016年的工作举措也比较扎实，要继续加强汇报、全力争取更多支持，精心组织、一项一项推动落实见效，为决胜全面小康、建设经济强省作出新的更大贡献。

2016年12月16日，中共四川省委书记王东明在厅党组《关于交通精准扶贫攻坚工作推进情况的报告》上批示：交通精准扶贫工作力度大、效果好。未来任务仍艰巨繁重，望再接再厉，真抓实干，努力实现预期目标。请尹力、国中等同志阅。

2017年1月4日，中共四川省委书记王东明对2016年交通运输工作作出重要批示：过去一年，在交通运输部的大力支持下，全省交通运输系统认真贯彻落实省委、省政府决策部署，扎实工作，开拓创新，实现“十三五”交通运输发展良好开局。特别是高速公路建设取得重大突破，交通脱贫攻坚成效显著，值得充分肯定。希望再接再厉，继续弘扬“两路精神”，主动作为，苦干实干，为决胜全面小康、建设经济强省作出新的更大贡献。

2017年1月5日，省人民政府省长尹力对2016年交通运输工作作出重要批示：2016年，全省交通运输系统认真贯彻落实省委省政府决策部署，持续加大重点项目和脱贫攻坚的推进力度，取得显著成效，为全省经济社会发展作出了重要贡献。特向全省交通运输战线上广大干部职工表示感谢和慰问。2017年是实施“十三五”规划的重要一年，也是供给侧结构性改革的深化之年。全省交通运输系统要认真贯彻习近平总书记系列重要讲话精神，全面落实省委省政府决策部署，继续弘扬“两路精神”，保持苦干实干、拼搏奋斗的优良作风，大力推进交通基础设施建设和管理服务提升各项工作，努力构建安全、便捷、高效、绿色、经济的现代综合交通运输体系，为决胜全面小康和建设经济强省当好先行、提供支撑，为党的十九大和省第十一次党代会胜利召开作出新的贡献。

2016年1月14日，省人民政府副省长曲木史哈作出重要批示：对“十二五”交通运输工作予以高度肯定，对2016年工作提出殷切希望。交通运输厅并彭琳同志：“十二五”期间，全省交通运输系统坚决贯彻落实省委、省政府决策部署，攻坚克难、拼搏奋进，交通建设投资连年上千亿，综合交通运输体系建设取得重大成绩，高速公路通车里程突破6 000公里，国省干线、农村公路通行能力显著提升，“四江六港”（详见《附录》）建设取得历史性突破，汶马高速、雅康高速、岷江港航电综合开发等重大交通项目实现开工建设，为全省实施“三大发展战略”、实现“两个跨越”提供了有力支撑。在此，向同志们表示感谢和慰问！新的一年，希望全省交通运输系统继续保持专注发展定力，深入贯彻五大发展理念，抓住重点、系统推进，为“十三五”交通运输发展开好局、起好步，努力当好经济社会发展“先行官”，为决胜全面小康、建设经济强省再立新功！

（本栏目供稿单位：厅办公室）

把握黄金时期 当好发展先行
努力建设人民群众满意交通

◎ 四川省交通运输厅党组书记、厅长 汪 洋

召开2016年全省交通运输工作会议，主要任务是贯彻落实中共党的十八大、十八届三中、四中、五中、六中全会和习近平总书记系列重要讲话以及中共四川省委十届历次全会精神，按照中央、中共四川省委经济工作会议和全国交通运输工作会议部署，总结2016年交通运输工作，分析形势，部署2017年重点工作。

2016年全省交通运输工作

2016年，在中共四川省委、省政府的坚强领导和交通运输部的关心支持指导下，全省交通运输系统自觉践行新发展理念，坚持稳中求进总基调和供给侧结构性改革工作主线，贯彻实施“三大发展战略”（详见《附录》），统筹推进建设、管理、服务、改革等各项工作，奋力在新的起点上谋求新发展，实现“两个重大突破、四个全面提升”，“十三五”交通运输发展取得良好开局。

（一）始终坚持发展第一要务，有力有效推进“项目年”取得重大突破

交通投资保持高位运行。全省公路水路建设完成投资1 310亿元，连续第6年超千亿元，好于预期，全国领先，发挥稳增长重要作用。全年到位交通运输部补助资金170亿元、中央专项建设基金77亿元。重点项目建设取得突破。省市合力推进138个交通重点项目建设，雅康、汶马等项目进展顺利，成安渝高速公路重启建设并实现二绕至省界段建成通车，全年建成高速公路项目6个、503公里，高速公路通车总里程达6 519公里，提升三个位次跃居全国各省（自治区、直辖市）第二；绵九、峨汉等群众期盼已久的11个高速公路项目开工建设，新开工里程1 013公里、总投资1 490亿元，成功招商项目9个、1 055公里、引进社会投资1 500亿元，均超过2012年来四年总和；全省高速公路建成和在建里程超过8 600公里。加快推进普通国省道提档升级和大中修工程，完成新（改）建2 200公里、大中修2 000公里，全省普通国道二级及以上比重达57%。汶川地震灾后发展振兴重点项目映秀至卧龙公路、巴朗山隧道及绵茂路汉旺至黑滩隧道段建成通车，雅安乐英至夹金山等芦山地震灾后重建“3+5”干线公路项目全部建成通车。新增四级航道190公里，四级及以上高等级航道超过1 500公里；岷江犍为枢纽加快推进，嘉陵江航运配套二期工程等4个项目开工建设。道路客运枢纽全覆盖工程全面实施，建成和在建项目达29个。建成中国西部现代物流港等3个货运枢纽（物流园区）。项目管理更加科学。首次牵头编制全省综合交通运输“十三五”发展规划，编制完成公路水路交通运输“十三五”发展规划和15个专项规划，形成“1+1+15”规划体系，描绘出全省交通运输发展宏伟蓝图，落实“十三五”车购税补助资金规模超过千亿元。加快项目前期工作，储备宜宾至攀枝花等29个高速公路项目和岷江龙溪口至宜宾段航道整治工程等9个水运项目，总投资超过5 000亿元。

（二）始终坚持交通为民宗旨，脱贫攻坚和“民生工程”取得重大突破

精准扶贫成效显著。加快实施“新甘推”“新凉推”等4个专项扶贫方案，全年完成交通精准扶贫投资

510亿元，新增2个贫困县（兴文县、古蔺县）通高速公路，内地除通江县外所有贫困县均有建成或在建高速公路覆盖；减少不通硬化路的乡镇57个、建制村2 800个，全面完成脱贫摘帽村通硬化路建设任务。“民生工程”任务全面完成。深入贯彻习近平总书记重要指示精神，以“四好农村路”建设为主抓手，加快推进农村公路改善提升、农村客运等“民生工程”建设，圆满完成省政府“民生工程”和交通运输部更贴近民生实事目标任务。全年新（改）建农村公路2.3万公里，建成渡改桥120座，整治农村公路危桥105座，新增通客车建制村1 299个，群众出行更加安全便捷。农村公路全面养护，有效巩固建设成果。建设保障不断强化。全年投向贫困地区的部省补助资金超过270亿元，占总量的80%以上。各地通过政府购买服务和争取PSL贷款（即抵押补充贷款，263亿元），强化了农村公路建设和养护资金保障。甘孜州、凉山州大力推广普通国省干线项目代建，既保证项目实施效果，又培养技术管理人才。真帮实扶、精准发力，交通运输系统对口帮扶工作取得良好成效。

（三）始终坚持改革引领发展，行业治理能力全面提升

法治政府部门建设扎实推进。加快地方立法工作，《四川省道路旅客运输管理办法》等3部规章修订实施，《四川省农村公路条例（草案）》经省政府审议通过。在3市2县推进交通运输综合行政执法改革试点，整合交通监管和执法机构，多头执法、重复执法的问题得到有效解决。“放管服”（详见《附录》）改革成效显著。清理规范行政权力，省、市、县三级交通运输行权事项分别精简75%、37%、27%。推进行权平台和监察平台建设，建立并公布权力、责任等5张清单。建设网上审批服务平台，公路大件运输许可实现跨市州、跨省联网审批，政务服务“一张网”改革取得实质突破。推广“双随机一公开”抽查，事中事后监管落实到位。投融资体制改革取得实效。出台《四川省高速公路“BOT+政府股权合作”项目实施办法》，建立包括“BOT、BOT+政府补助、BOT+政府股权合作”在内的PPP（详见《附录》）制度体系，有效激发社会资本的投资积极性，巴中至万源高速公路采用“BOT+政府股权”招商成功。推进设立交通投资基金，年内形成方案上报省政府。行业管理改革多点突破。出租汽车行业改革积极有序推进，省政府出台《关于深化改革推进出租汽车行业健康发展的实施方案》，成都等城市发布实施细则。长江干线航运行政管理体制改革成功落地，宜宾、泸州海事局挂牌成立。加快推进建设管理体制改革，启动工程监理模式、设计施工总承包改革试点。探索实施建设项目招投标管理改革，推动“合理低价法”等多种评标方法的综合运用。完善建设市场信用评价工作机制和激励惩戒措施，建立信用管理信息化系统，有效发挥信用管理的规范引导作用。不断完善质量造价监管体系，全省130个县（市、区）成立县级质监机构，重点交通项目实现造价台账管理。高速公路管理联席会议制度、“一路四方”协调机制等经验做法得到交通运输部、公安部肯定。高速公路收费标准与服务质量挂钩管理机制初步建立，高速公路管理改革迈出新步伐。

（四）始终坚持创新驱动转型，交通运输服务水平全面提升

出行服务供给更加丰富。着力加快“智慧交通”建设，为群众出行提供全过程的信息服务。高速公路出行信息发布体系启动运行。改造高速公路收费站49处，建成星级服务区15对，基本实现高速公路移动通信、交通广播和服务区免费WiFi、信息查询服务四个全覆盖。建成ETC车道1 272条，用户数量突破180万、比上年增长65%。全省具备条件的211个三级以上客运站全部实现联网售票，票务APP和微信购票平台上线运行，试点发售电子客票。提供WiFi服务的营运客车超过6 000台。成都、泸州等7个城市陆续实现交通一卡通全国互联互通。“12328”服务监督电话系统实现部省市三级联网运行，年话务量超过16万件。启用“客运包车管理信息系统”，业务办理效率大幅提高。组织成立全省接驳运输联盟，800公里以上长途客运班线全部实施接驳运输。运输服务加快转型升级。大力推行甩挂运输、多式联运等组织模式，交通运输部确定的5个甩挂运输试点项目顺利推进，成都国际铁路港入选国家第一批多式联运示范项目。泸州、宜宾港服务范围不断扩大，宜宾港至南京集装箱直航快班开通运行，全省开通水路集装箱班轮航线8条。全年完成集装箱吞吐量72.2万标箱、比上年增长30%，铁水联运增长39%。出台《关于进一步加快我省农村物流运输发展的实施意见》，县乡村三级农村物流发展迅猛。创新驾培服务模式，全省384所驾培机构提供“计时培训、计时收费、先培后费”服务，覆盖率超过70%。300余家二类以上维修企业加入“阳光维修”公众服务平台。科技教育服务行业发展。围绕发展重点，强化科技创新，《高寒高海拔地区公路工程质量监测与控制科技示范工程》等2个科研项目，入选2017年度交通运输部科技示范工程，2项科研成果获省级科技进步奖。与同济大学开展厅校战略合作，教育培训和科研合作深入推进。标准化工作不断加强，《道路旅客运输企业安全生产规范》等4项地方标准发布实施。出台《关于科学发展加快发展现代交通运输职业教育的意见》，充分发挥厅属院校人才培养主阵地作用，全年培养培训各类人才5万余人次。交职学院作为高职高专院校唯一代表，在全国高校思想政治工作会议上作经验交流发言。

（五）始终坚持安全稳定底线，行业安全稳定全面提升

安全生产形势稳定向好。统筹推进道路交通安全综合治理长效机制年行动和“全国一盘棋”治超，高速公路基本实现1吨以上违法超限货车“零驶入”，道路运输实现重大以上事故“零发生”，客车死亡人数和较大事故“双下降”。深入开展“平安工地”创建，施工事故件数和死亡人数比上年分别下降20%、50%。圆满完成迎接国务院安委会巡查任务，并获省政府安委会高度评价。G20峰会和春运、重要节假日期间交通运输保障有力、安全生产形势稳定。成功举办部、省、市、县四级联动公路地质灾害应急联合演练和应对地震灾害军地联合应急演练，得到交通运输部充分肯定。安全监管体系不断完善。贯彻落实习近平总书记关于安全生产的重要批示指示精神，切实做到党政同责、一岗双责、齐抓共管、失职追责，深入推进“平安交通”创建，安全监管体系基本成型。深刻吸取“6·4”广元白龙湖沉船事故教训，配合省安监局出台加强水上安全工作意见，明晰各类船舶监管职责边界。行业信访维稳成效明显。着力做好高速公路建设、出租车经营管理、历史遗留难题等重点领域、重点人群信访工作，落实依法逐级走访制度，坚持依法分类处理信访诉求，强化矛盾纠纷集中排查调处，行业信访总量进一步减少。积极推进行业社会治安综合治理和反恐防范工作，加强交通运输危机管理研究，保障行业和谐稳定发展。

（六）始终坚持夯实党建基础，管党治党水平全面提升

加强思想政治建设。深入学习贯彻中共党的十八届六中全会和中共四川省委十届九次全会精神，扎实开展“两学一做”（详见《附录》）学习教育，大力加强干部队伍思想政治建设，全系统风清气正、干事创业的良好政治生态总体形成。加强基层组织建设。坚持抓基层、打基础，扎实推进并顺利完成12项党建重点任务，基层党组织分类升级成效明显，制度建设步伐加快，生机活力不断显现。加强党风廉洁建设。坚持系统抓、抓系统，深入抓好巡视反馈问题整改落实，加大监督执纪问责力度，强化重点领域和关键环节廉洁风险防范，全系统党风廉洁建设不断加强。巡视整改工作得到中共四川省委常委、省纪委书记王雁飞充分肯定。出台《厅直系统纪检组织落实“两为主”、推进“三转”工作实施意见》，进一步加强纪检队伍建设，保障纪检组织突出主责主业。大力弘扬新风正气。传承发扬“两路精神”，全系统广大干部职工始终冲在发展最前线，涌现出将生命献给脱贫路的王川、李志强英雄群体，以及坚守民族地区交通运输一线的沙国清等先进典型。深入践行社会主义核心价值观，持续推进行业精神文明建设，多家单位成功创建部省级文明单位。主动发声讲好交通故事。构建行业全媒体宣传矩阵，全方位多层次宣传交通发展成效，受到社会广泛关注，交通运输部充分肯定并在全国推广四川省经验做法。全年央视新闻联播、人民日报、新华社报道全省交通新闻数量较上年大幅增长，川台四川新闻头条和川报头版头条多次聚焦四川交通。厅网站在省直部门网站绩效评估中名列第一。史志年鉴工作荣获3项全省地方志优秀成果一等奖。一年来，交通战备、审计监督、群团统战、离退休服务、后勤保障等工作取得良好成效。

2016年，全省推进交通运输持续健康稳定发展，要始终做到“五个必须”：一是必须以人民满意为根本导向。坚持人民主体地位，把建设人民满意交通作为发展的根本目的，切实做到发展为了人民，发展依靠人民，发展成果由人民共享。二是必须围绕中心服务大局。强化全局视野和战略思维，牢记交通发展的时代使命，抢抓机遇、乘势而上，以先行官的担当，切实服务国家战略实施和全省发展大局。三是必须保持专注发展定力。充分认识到发展不足仍是当前的主要矛盾，着力补齐发展短板，加快推进交通基础设施建设，努力构建现代综合交通运输体系。四是必须改革创新加快转型升级。坚持问题导向，调动和发挥各方面积极性，全面深化体制机制改革，大力实施创新驱动发展战略，加快推动交通运输转型升级提质增效。五是必须转变作风苦干实干。大力弘扬“两路精神”，强化履职尽责、敢于担当的责任意识和苦干实干、无私奉献的优良作风，以落实求实效，以实干促发展。

全省交通运输形势和着力重点

2016年，各方面临的宏观经济形势和发展环境依然严峻复杂。从国内看，经济发展新常态特征更加明显，转型发展的任务仍然十分艰巨。从全省看，发展态势继续保持总体平稳、稳中向好，但发展不足、不平衡和质量不高、结构不优的问题依然存在。从交通现状看，近年来取得长足发展，但基础设施建设、管理服务能力、综合交通运输体系等方面还存在短板和薄弱环节，急需改善提升。准确把握和应对这些困难与挑战，必须把思想和行动统一到习近平总书记对交通运输工作的重要指示精神上来，统一到中共四川省委经济工作会议和全国交通运输工作会议安排部署上来，进一步认清形势、明确任务，抢抓机遇、乘势而上，在六个着力重点上狠下功夫、狠抓落实。

（一）牢牢把握交通运输发展黄金时期，加快形成适应经济发展新常态的新路径

习近平总书记深刻指出，“十三五”期是交通运输基础设施发展、服务水平提高和转型发展的黄金时期。

"黄金时期"这一重大判断，是对交通运输发展阶段的科学定位，是对交通运输发展形势任务的深刻把握，蕴含着党中央对交通运输发展的亲切关怀和殷切期望。当前，虽然发展中仍存在不少矛盾和问题，交通运输作为国民经济重要的基础性、先导性、服务性行业的基础地位没有改变，交通运输在经济社会发展中先行官的职责使命没有改变，交通运输在稳增长、促投资、促消费中的关键作用没有改变，在经济发展新常态、战略机遇期、全面建成小康社会决胜阶段、推进国家"三大战略"时代大背景下，交通运输发展正处于黄金时期。同时，也要清醒看到，现在的黄金时期与以往的重大机遇期又有所不同，以前那种以规模扩张为主导的粗放型增长已难以为继，必须统筹数量与质量、速度与效益，加快改革创新、转型升级、提质增效，加快形成与经济发展新常态相适应的发展新路径。要准确把握黄金时期的深刻内涵，既要坚定信心、抓住机遇，又要直面挑战、保持定力，积极进取、奋发有为，为决胜全面小康、建设经济强省提供有力支撑。

（二）牢牢把握稳中求进的工作总基调，充分发挥交通运输先行引领作用

贯彻稳中求进工作总基调的基本原则，对指导明年交通运输工作具有特别重要的意义。中共四川省委省政府决定2017年继续实施"项目年"，做到稳增长、稳预期、稳投资。作为交通运输系统来讲，就是要保持交通建设投资高位运行，切实加大投入、补齐短板，加快基础设施建设，扩大有效投资，进一步发挥交通运输促投资稳增长的重要作用。一要加快高速公路、国省干线、内河水运、枢纽站场等重点项目建设，发挥重大项目建设对促投资的拉动作用。二要加快通乡油路、通村硬化路、渡改桥等民生工程建设，补齐发展短板，加快脱贫攻坚步伐，支撑农业供给侧结构性改革。三要努力发掘"互联网+交通运输"和综合运输服务等新的增长点，培育交通运输新业态新动能，增强发展后劲。

（三）牢牢把握供给侧结构性改革工作主线，深入推进交通运输提质增效

推进供给侧结构性改革，引导经济朝着更高质量、更有效率、更加公平、更可持续的方向发展，是当前和今后一个时期经济工作的主线，也是交通运输工作的主线。一要注重融合发展，抓住货物多式联运、旅客联程运输两个关键环节，发挥好综合交通运输的组合效能。二要提升供给效率，加快大通道、大枢纽建设，稳步推进既有设施升级改造，着力提高物流运行和旅客运输效率。三要提升供给质量，增加便捷化、差异化、定制化的客运服务供给，扩大更加经济、高效的货运服务供给，着力打造高水平的客货运输服务体系。

（四）牢牢把握区域协同发展历史进程，积极服务国家和省重大发展战略。

国家和全省重大发展战略为交通运输发展提供难得的历史机遇，交通运输必须找准位置，当好先行。一要积极融入国家发展战略布局。抢抓国家实施"一带一路"（详见《附录》）和成渝经济区发展战略等重大历史机遇，持续推进成渝城市群交通运输一体化，加快进出川高速公路建设，着力打造互联互通运输大通道。加快建设长江经济带综合立体交通走廊，充分发挥长江"黄金水道"辐射带动作用。二要强力支撑全省"三大发展战略"。加快建设五大经济区、四大城市群高速公路和快速通道，服务成德绵一体化、成眉、成资同城化和成遂、成乐、成雅协同发展。三要服务脱贫攻坚重大战略。加快建设民族地区、贫困地区高速公路、国省干线交通主动脉和农村公路毛细血管，促进运输和物流发展，积极服务贫困群众脱贫奔康。

（五）牢牢把握信息化发展时代大趋势，着力以信息化驱动交通运输现代化

信息化智能化水平，是衡量交通运输现代化发展水平的重要标志。要以信息化理念和互联网思维，谋划推动交通工作，提升管理能力和服务水平。一要以信息化提升管理能力。推动云计算、物联网、大数据、移动智能终端等技术在交通运输领域的深度应用，加快行政执法、信用体系等管理信息系统建设，优化交通运行管控，建立智能决策支持与监管体系，促进行业管理智能化变革。二要以信息化提升服务水平。推进"互联网+"运输服务模式创新，以"互联网+"推动智能化运输服务升级，支持信息资源开放共享，推动各种运输方式新旧业态加快融合和服务提质，不断提高交通运输服务的安全性、便捷性和经济性。

（六）牢牢把握全面创新改革重大使命，加快培育创新驱动发展新动能

中共四川省委、省政府明确把全面创新改革作为引领"十三五"发展的"一号工程"，就是要使创新成为驱动转型发展的最重要力量。加快交通运输行业转型升级步伐，一要突出体制机制创新，推动综合交通运输体系深度融合、协同发展，激发交通运输发展的内生动力。二要突出管理方式创新，适应简政放权的要求，更好发挥市场配置资源功能。三要突出科技创新，鼓励和引导交通运输新技术、新业态、新模式加快发展，释放新需求，创造新供给，提供新动力，以科技创新引领交通运输的全面创新。

（该文为省交通运输厅党组书记、厅长汪洋同志在2017年1月6日召开的全省交通运输工作会议上的讲话摘要）

概况
GAI KUANG

2017

四川交通年鉴

四川概况

SICHUAN GAIKUANG

区 位 **地理区位** 四川简称“川”或“蜀”，地理位置东经97° 21′～108° 31′，北纬26° 03′～34° 19′，东西长1 075公里，南北宽921公里，东邻重庆，南连贵州、云南，西靠西藏，北接陕西、青海、甘肃。辖区面积48.5万平方公里，占全国总面积的5.05%，居新疆、西藏、青海、内蒙古之后，列全国第五。四川以其独特的地理环境、丰富的自然资源以及开发较早的农耕经济而享有“天府之国”的美誉。

经济区位 四川四面环山，气候多样，资源和物产富足，历来是中国西部地区具有重要经济地位的省份。四川虽然存在不沿边、不靠海的先天不足，但亦有其独特条件和巨大潜力:从地理位置来看，四川作为西部10个省（自治区、直辖市）之一，与除新疆、宁夏外的其他7个省（自治区、直辖市）接壤，是中国西部地区人流、物流、信息流的重要通衢，是云、贵、藏、青、甘等省（自治区）经济发展的重要依托，是西南、西北和中部地区的重要连接点；从区域市场来看，四川是西部特别是西南地区各种经济要素和商品的重要集散地；从交通条件来看，四川是承接华南、华中，连接西南、西北，沟通中亚、东南亚的重要交汇点和交通走廊。四川特有的区位优势，使四川有条件成为辐射国内市场和“一带一路”国际经济格局的西部经济高地。

地貌特征 四川境内有青藏高原、云贵高原、横断山脉、秦巴山地和四川盆地五大地貌单元，地势西高东低，高差悬殊。以龙门山、邛崃山和大凉山主脊线为界，四川地貌可分为两大区域:东部是盆地，西部是大幅隆起的高原和山地。东部盆地周边山地海拔1 000～3 000米，盆底海拔200～750米，属中国地势划分的第二阶梯上相对凹陷部分；西部山地海拔多在4 000米以上，属中国地势划分的第一阶梯。四川山脉连绵，江河纵横。其盆地东南缘，长江两岸海拔在250米左右，西部的贡嘎山海拔为7 556米，高差超过7 300米，全国罕见。

位于甘孜藏族自治州、横断山脉北部的雀儿山，主峰海拔6 168米　　交通宣传中心 供稿

地貌类型复杂多样是四川地貌的另一大特征。平原、丘陵、山地和高原4种内陆地貌类型齐全。平原分布于盆地

西部及河流两岸；丘陵分布于盆地中部及盆东平行岭谷底部；山地主要分布于凉山州、甘孜州、阿坝州的东南部，高原分布于川西北的甘孜州和阿坝州境内。

气候特征 四川地处亚热带地区，东、西部地貌差异显著，气候复杂多样，尤以气候垂直特征明显，为中国气候带最多的省区之一。如川西高山峡谷地区以亚热带为基带，从下至上依次呈现暖温带、温带、寒温带和永冻带气候特征。这种复杂多样的气候为四川立体农业的发展提供了得天独厚的优越条件。

四川气温差异显著。根据热量、降水、日照的差异，大致可分为东部盆地、川西高原和川西南山地三大区域。东部盆地年平均气温在14℃～19℃之间，春季气温回暖早，夏季长但少酷热，秋季低温来得早，冬季温暖而少霜雪；川西高原地区年平均气温低于8℃，气候垂直变化明显，气温低，多霜雪，雨量小，日照丰富；川西南山地谷地年平均气温在15℃～20℃之间，山地年平均气温在5℃～15℃之间，冬暖夏凉，四季不分明。

资　源 **土地资源** 四川总面积48.5万平方公里，全省陆地总面积4 840.6万公顷，其中耕地面积397.61万公顷。

四川土壤类型丰富，垂直分布特征明显。平原、丘陵主要为水稻土、冲击土、紫色土等，是农作物的主要产区。高原、山地依海拔高度分别分布不同土壤，其中多数有利于不同作物的生长。占比重较大的紫色土富含钾、磷、钙、镁、铁、锰等元素，土质风化度低、土壤发育浅、肥力高，极利于农业生产。四川湿地资源极其丰富，主要类型有河流湿地、湖泊湿地、沼泽和沼泽化草甸湿地及库塘四大类。九寨沟高山湖泊群湿地、若尔盖高原泥炭地、黄龙钙化湿地群、泸沽湖湿地等湿地景观闻名全球。

水资源 四川大部分地区位于亚热带季风气候区，雨量充沛，河流水系发育良好，地表水、地下水和重复水储量巨大，其中以河川径流量最为丰富。境内流域面积50平方公里及以上河流共有2 816条，号称“千河之省”。水资源总量约2 616亿立方米（其中地下水资源量616亿立方米），为长江径流三大补给区之一。其中，岷江年径流量900立方米，为长江各大支流之冠。四川充足的水资源所蕴藏的水能，占全国的四分之一。

生物资源 四川复杂的地形结构、气候类型和充裕的雨水为多种生物的生长繁衍提供了良好的自然条件，成为连缀华中、西南和青藏高原三大动植物区的走廊地带，古今动植物同存，数量种类繁多，素有“中国植物缩影”和“物种富乡”之誉，为全球25个生物多样性热点地区之一。仅高级植物就有1万余种，占中国植物总类的三分之一，居全国第二，其中国家重点保护植物达63种。四川还是药用植物的主要产地和油料植物的生产基地，经济林木的栽培历史悠久。四川境内的野生动物种类占全国的46.4%，居全国第二。其中有脊椎动物近1 300余种，占全国的45%以上。全省有国家一级保护动物32种、二级保护动物113种，分别占全国的34.3%和40.1% ，举世闻名、被誉为“国宝”的大熊猫就主要生活在四川。四川的毛皮用动物和药用动物种类繁多。全省雉类资源亦极为丰富，雉科鸟类达20种，占全国雉科总数的40%，其中有许多珍稀濒危雉类，如雉鹑、四川山鹧鸪、绿尾虹雉等。近年来，四川省境内新记录鸟类19种。

矿产资源 四川地质构造复杂，地层发育完整，成矿条件有利，是中国少数矿藏资源极为丰富的省份之一。全省矿产种类齐全，储量丰富，已查明资源储量的矿种、矿区分别为101种和1 906处，其中有43种矿产的保有资源储量位居全国前5位。全省矿产资源分布相对集中，区域特征明显，地域组合较好，伴生矿种多，易于开采冶炼，为西部乃至全国的矿物原材料生产和加工大省。

旅游资源 四川拥有秀美的山川和独特的人文景

草木丰沛的四川高原湿地景观　　厅史志总编室 供稿

观，是中国旅游资源种类繁多、门类齐全的省区之一。有世界自然与文化遗产5处，其中：自然遗产3处（九寨沟、黄龙、四川大熊猫栖息地），自然和文化双重遗产1处（峨眉山—乐山大佛），文化遗产1处（青城山—都江堰）。列入联合国“世界生物圈保护区”的有4处（九寨、卧龙、黄龙、稻城亚丁）。国家级风景名胜区14处，省级风景名胜区75处，A级旅游景区255个，中国优秀旅游城市21座，自然保护区169个，其中，国家级自然保护区30个。卧龙、蜂桶寨、喇叭河、草坡、鞍子河、黑水河6个大熊猫自然保护区作为大熊猫世界自然遗产地最精华区域进入《世界自然遗产名录》。森林公园126处，其中，国家级森林公园37处。已发现地质遗迹220余处，有兴文和自贡2处世界级地质公园，国家级地质公园16处，其数量居全国前列。国家级历史文化名城8座，全国重点文物保护单位230处，省级文物保护单位969处。

人口民族宗教　四川是中国人口大省。据2016年全国1%人口抽样调查资料测算，全年出生人口86.1万人，人口出生率10.48‰；死亡人口57.4万人，人口死亡率6.99‰；人口自然增长率3.49‰。年末常住人口8 262.0万人，比上年末增加58.0万人。其中，城镇人口4 065.7万人，乡村人口4 196.3万人，城镇化率49.21%，比上年提高1.52个百分点。由于经济发展水平和自然条件原因，人口分布呈东多西少特征。

四川民族众多。除汉族外，还有55个少数民族，其中世居少数民族有彝、藏、羌、苗、回、土家、纳西等14个。四川拥有中国最大的彝族聚居区、第二大藏族聚居区、唯一的羌族聚居区，为全国第五大少数民族聚居的省份。

四川有佛教、道教、伊斯兰教、天主教、基督教5种宗教。佛教、道教分布较广；川西高原上的甘孜州、阿坝州和凉山州木里县是藏族聚居地，居民信仰藏传佛教；信仰伊斯兰教的回族群众主要分布在川西北和川西南的阿坝州、凉山州等地区；天主教、基督教的信众多分布在长江沿线的大中城市及农村。

历史沿革　四川是中国古人类文化发源地之一，也是中国经济开发较早的地区之一。旧石器时代晚期，中国境内最早原始人类之一的资阳人就生活在四川，并使用旧石器从事生产。古史传说的“蚕丛时代”即指四川古人类以养蚕著称的时代，“蜀”之得名亦与之有关。从新石器时代晚期到青铜器时代，两个较大的奴隶制国家——巴国和蜀国的人民就已在今四川盆地东部和西部辛勤垦殖，创造了灿烂的“巴蜀文化”。20世纪80年代后期，广汉三星堆、新津宝墩、都江堰芒城、郫县古城、温江鱼凫城、成都金沙等一系列考古发掘证实，早在距今4800—4000年左右的成都平原，已逐渐形成分布密集、规模庞大的古城群。

公元前316年，秦灭巴、蜀，分置巴郡和蜀郡。从此，今四川地区进入中央王朝直接统治之下。战国秦昭王时，蜀守李冰兴建都江堰，灌溉成都平原，农业迅速发展，四川至今仍受其惠。秦末，刘邦以巴蜀为战略后方，出兵关中，建立汉朝。汉武帝元封五年(公元前106年)，以今四川地域为中心，置益州，故四川又有“益州”之称。两汉时期，四川经济进一步发展，文翁兴学，开创西汉一代官学制度；牛耕、铁农具普遍使用，蜀酒已有特色；工矿业、手工业、商业相当发达。成都与洛阳、邯郸、临淄、宛城同为五都之一，世称“西都”。221年，刘备建立蜀汉政权，定都成都。263年，蜀汉为魏所灭。此后，四川先后成为两晋南北朝的统治区。在此期间，四川因多次卷入战祸，经济曾一度衰落，但其所受战乱较北方为轻，加之其间先后出现过几个较为安定的时期，故时有“天下多乱，惟蜀得免”之说，不断有人入蜀避乱，并带来技术和资财，为四川经济的再次发展提供了有利条件。隋炀帝大业三年（607年），废州置郡，实行郡县二级制，设蜀、巴等24郡。唐代实行道、州（府）、县三级制，今四川地区属剑南东、西两道和山南西道，故有“剑南三州”之称。其时四川经济进入再次发展的高潮，成都平原成为全国最发达的地区之一，时称“扬一益二”。907年，王建建立前蜀；934年，孟知祥建立后蜀。965年，北宋灭蜀。真宗咸平四年（1001年），分今四川地区为益州路（后改成都府路）、梓州路（后改为潼川府路）、利州路和夔州路，总称“川峡四路”，简称“四川路”，“四川”之名即由此而得。宋代是四川经济文化又一个大发展时期，确立都江堰岁修制度并沿袭至今，设置“茶马司”以茶易马，其蜀锦、麻纸、印刷和刻书均居当时先进行列，深井钻凿技术更是领先世界，交通运输和商业也较发达，世界上最早的纸币——交子始现成都，成都地位仅次于汴京和临安，被誉为“名都乐园”。元朝在各地置行中书省。至元二十三年（1286年），合并川峡四路置“四川等处行中书省”，简称“四川行省”，此为四川建省之始。1362年，红巾军将领明玉珍在川称帝，国号大夏。1371年，明军灭大夏，统一四川。明末农民起义军首领张献忠由湖广溯江而上，第五次入川，在成都建立大西政权。1659年，清军入川，四川归于清王朝版图。清王朝对四川采取一系列休生养民政策，使四川经济得以迅速恢复并发展，其中“湖广填四川”和“改土归流”政策影响尤为深远。其时红苕、玉米等新型粮食作物普遍种植，烟叶、蚕丝业继续发展，糖、酒业逐步兴盛，特别是以自贡为中心的盐场具有相当规模。

民国初年，四川出现长达近20年的军阀混战局面。第二次国内革命战争期间，中共四川省委先后组织领导20次武装起义。1932年，红四方面军主力入川，建立川陕革命根据地。抗日战争时期，四川成为抗日大后方和中国抗日的兵源、财源、粮食和物资基地。1949年12月，四川解放。1950年，四川划分为川西、川东、川北、川南4个行署和重庆市、西康省。1952年，四川恢复省制，重庆由直辖市改为省辖市。1955年，西康省撤销，金沙江以东各县并入四川。1997年，重庆又改设为直辖市。至2016年，四川省共有地级行政区划21个，其中副省级市1个、地级市17个、民族自治州3个；有县级行政区划183个，其中市辖区51个、县级市16个、县112个、民族自治县4个。

经济建设 四川经济开发较早，历史上就以畜牧农耕、凿井煮盐、养蚕织锦著称。近年来，四川遭受了“5·12”汶川特大地震、“4·20”芦山强烈地震以及特大山洪泥石流等重大自然灾害，又经历了国际金融危机、国内经济下行等严峻考验，面对严峻复杂形势和特殊困难，中共四川省委、省政府带领全省人民认真贯彻中央决策部署，坚持以党的十八大精神统揽全省工作，沉着应对多重困难挑战，保持专注发展定力，深入实施“三大发展战略”，奋力推进“两个跨越”，统筹稳增长、调结构、促改革、惠民生等各方面工作，全省经济社会发展稳中有进、稳中向好。2016年，全省实现地区生产总值32 680.5亿元，比上年增长7.7%。全年地方一般公共预算收入3 389.4亿元，比上年增长8.3%，其中税收收入2 329.2亿元，增长5.0%。一般公共预算支出8 011.9亿元，增长9.8%。完成全社会固定资产投资29 126.0亿元，比上年增长12.1%。社会消费品零售总额15 501.9亿元，增长11.7%。粮食产量3 483.5万吨，比上年增长1.2%。城镇居民人均可支配收入28 335元，增长8.1%；农村居民人均可支配收入11 203元，增长9.3%；居民消费价格上涨1.9%。

四川工业门类齐全，发电量、天然气等产品产量均居西部各省（自治区、直辖市）第一位，机械、电子等行业在全国占有重要地位。近年来，结构调整和产业发展取得重要进展，投资消费持续扩大。2016年，全省全部工业增加值11 569.8亿元，比上年增长7.6%，对经济增长的贡献率为36.2%。年末规模以上工业企业13 625户。全年规模以上工业增加值增长7.9%。在规模以上工业中，轻工业增加值比上年增长8.2%，重工业增加值增长7.7%。规模以上工业41个行业大类中有36个行业增加值增长。其中，电力、热力生产和供应业增加值比上年下降3.5%，酒、饮料和精制茶制造业增长11.9%，非金属矿物制品业增长10.3%，汽车制造业增长14.2%，农副食品加工业增长8.5%，化学原料和化学制品制造业增长9.0%，计算机、通信和其他电子设备制造业增长9.4%，石油和天然气开采业增长21.1%，医药制造业增长8.1%。全年规模以上工业企业实现主营业务收入40 639.3亿元，增长8.4%。盈亏相抵后实现利润总额2 176.1亿元，增长5.4%。其中，国有控股工业企业实现利润433.2亿元，下降22.8%；股份制企业1 783.0亿元，增长2.9%；外商及港澳台投资企业314.7亿元，增长30.4%。

四川现代农牧业发展显现成效。2016年，粮食作物播种面积645.4万公顷，与上年持平；油料作物播种面积130.7万公顷，增长0.6%；中草药材播种面积11.7万公顷，增长4.0%；蔬菜播种面积137.2万公顷，增长1.7%。全年粮食产量3 483.5万吨，比上年增长1.2%，其中小春粮食产量下降0.1%；大春粮食产量增长1.5%。经济作物中，油料产量313.6万吨，增长2.0%；烟叶产量21.9万吨，下降1.5%；蔬菜产量4 365.7万吨，增长2.9%；茶叶产量26.4万吨，增长6.4%；园林水果产

美丽的天府大道南延线 厅史志总编室 供稿

量845.4万吨，增长4.8%；中草药材产量45.9万吨，增长4.7%。全年肉猪出栏6 925.4万头，比上年下降4.3%；牛出栏305.2万头，增长3.3%；羊出栏1 755.8万只，增长3.4%；家禽出栏67 776.9万只，增长2.5%。禽蛋产量增长1.0%，牛奶产量下降7.0%。全年完成荒山荒（沙）地造林63.6万公顷。年末实有森林管护面积1 771.0万公顷。年末全省共有湿地公园55个，其中省级湿地公园26个（2016年新批建9个），国家湿地公园29个（2016年新批建5个，有2个省级湿地公园转为国家级）。年末森林覆盖率36.88%，比上年提高0.86个百分点。全年水产养殖面积21.5万公顷，比上年增长1.6%；水产品产量145.4万吨，增长4.9%。全年新增农田有效灌溉面积8.0万公顷，年末有效灌溉面积281.5万公顷。全年新增综合治理水土流失面积31.4万公顷，累计882.4万公顷。新解决饮水困难人口134万人。年末农业机械总动力4 450.0万千瓦，新增50.0万千瓦。全年农村用电量183.0亿千瓦小时，增长4.7%。

四川是西部最大的市场和物资集散中心，商业机构门类齐、网点覆盖面广，为全国贸易大省。2016年，全省社会消费品零售总额15 501.9亿元，比上年增长11.7%，其中，商品零售额13 287.8亿元，增长11.5%。从限额以上企业（单位）主要商品零售额看，粮油、食品、饮料、烟酒类增长18.8%，服装、鞋帽、针纺织品类增长4.5%，日用品类增长24.0%，化妆品类增长14.3%，金银珠宝类增长8.2%，家用电器和音像器材类增长12.8%，中西药品类增长14.9%，家具类增长22.2%，建筑及装潢材料类增长16.0%，汽车类增长6.4%，石油及制品类增长3.6%。

四川招商引资和经贸合作取得重大成果，承接产业转移规模与质量明显提升，电子信息、汽车制造、油气化工等产业快速崛起。全年实际利用外资85.5亿美元，比上年下降18.1%。新批外商直接投资企业331家，累计批准11 122家。外商投资实际到位资金80.3亿美元。落户四川的境外世界500强企业232家。年末驻川外国领事机构16家。全年对外承包工程新签合同金额70.0亿美元，完成营业额44.7亿美元，下降18.1%。新增境外投资企业196家，境外投资企业累计845家。全年在履约的国内省外投资项目9 025个（含往年结转项目），实际到位国内省外资金9 613.6亿元，增长5.5%。全年进出口总额493.3亿美元，下降3.6%。其中，出口额279.5亿美元，下降15.6%；进口额213.9亿美元，增长18.2%。全年以加工贸易方式进出口273.2亿美元，增长17.1%，占全省进出口总额的55.4%；以一般贸易方式进出口163.7亿美元，下降21.3%，占全省进出口总额的33.2%。

四川立足省情，积极推进旅游产业由资源优势向经济优势的转变，并将其作为支柱产业之一予以重点培育，提出发展大旅游、建设旅游经济强省的目标，制订一系列促进旅游业加快发展的政策措施，推动旅游业较快发展。2016年接待国内游客6.3亿人次，比上年增长7.7%；国内旅游收入7 600.5亿元，增长23.8%。接待入境游客308.8万人次，增长13.0%；实现旅游外汇收入15.8亿美元，增长33.9%。全省旅行社组织出境游客总人数为183.6万人，下降6.2%。全年实现旅游总收入7 705.5亿元，增长24.1%。

四川作为西部综合交通枢纽主体骨架地位正在形成。2016年，四川大力推进出川通道和交通枢纽建设。雅康、汶马等项目进展顺利，成安渝高速公路重启建设并实现二绕至省界段建成通车，全年建成高速公路项目6个、503公里。绵九、峨汉等11个高速公路项目开工建设，新开工里程1 013公里。加快推进普通国省道提档升级和大中修工程，完成新（改）建2 200公里、大中修2 000公里，全省普通国道二级及以上比重达到57%。全年新（改）建农村公路2.3万公里，建成渡改桥120座，整治农村公路危桥105座，新增通客车建制村1 299个。全省已开通水路集装箱班轮航线8条，全年完成集装箱吞吐量72.2万标箱，同比增长30%，铁水联运增长39%。全年公路、铁路、航空和水路等运输方式完成货物周转量2 403.8亿吨公里，比上年增长5.1%；完成旅客周转量1 686.7亿人公里，增长1.4%。铁路营运里程4 623公里；高速公路通车里程6 519公里；内河港口年集装箱吞吐能力233万标箱。

四川省高速公路网规划建设的南向出川大通道之一的叙古高速公路　　刘成能 摄

四川形成以微波、光纤、卫星、程控电话、无线寻呼、图文传真等组成的现代通信体系，实现县以上城市电话自动化，市(州)以上城市交换程控化，省到市州通讯传输数字化。2016年四川邮电业务总量1 870.5亿元，比上年增长44.4%。其中，邮政业务总量199.0亿元，增长43.6%；电信业务总量1 671.5亿元，增长44.5%。年末拥有局用交换机容量（含接入网）751.7万门；移动电话交换机容量16 408.3万户。年末固定电话用户1 490.1万户，移动电话用户7 294 .5万户。固定电话普及率18.2%，移动电话普及率88.9%。固定互联网用户1 851.2万户，移动互联网用户6 358.4万户，长途光缆线路长度6.0万公里，本地网中继光缆线路长度64.2万公里。

科技文化教育 2016年，在川国家级重点实验室13个，省部级重点实验室193个，国家级工程技术研究中心16个，省级工程技术研究中心162个，省级产业技术研究院25个。全省有中国科学院院士24人，中国工程院院士34人。全省全年共申请专利142 522件，获得授权专利62 445件，其中申请发明专利54 277件，获得授权的发明专利10 350件。行政机关立案处理专利案件1 419件，审理结案1 407件，结案率99.15%。新增实施专利项目11 418项。全年认定高新技术企业3 134家，国家和省级高新技术产业园区11家，国家级农业科技园区9个，国家级科技企业孵化器26个、省级科技企业孵化器67个，国家级大学科技园5个、省级大学科技园9个，国家级众创空间55个，其中，专业化示范众创空间1个、省级众创空间32个，国家级星创天地51个，国家级国际科技合作基地19个，省级国际科技合作基地40个。全年共登记技术合同11 262项，成交金额295.8亿元。完成省级科技成果登记2 303项。

2016年7月，建设中的青衣江特大桥，是雅康高速公路草坝至对岩控制性工程之一，全长1.4公里
覃 凌 供稿

悠久的历史赋予四川兼容并蓄、追求和谐的文化传统，光灿夺目的古蜀文明为四川社会主义先进文化建设积淀了丰厚底蕴。2016年，全省有文化系统内艺术表演团体50个，艺术表演场馆45个，公共图书馆203个，文化馆207个，文化站4 575个。国家级文化产业示范园区1个，国家级文化产业示范基地15个，省级文化产业示范园区5个，省级文化产业试验园区5个，省级文化产业示范基地55个。有博物馆238个，文物保护管理机构177个，全国重点文物保护单位230处、省级文物保护单位969处，市、县级文物保护单位6 565处。全省博物馆纪念馆免费开放工作进入常态，全年接待观众3 842万人次。国家级非物质文化遗产名录139项、省级非物质文化遗产名录522项。有广播电台1座、电视台1座、广播电视台165座、中短波发射台和转播台36座。广播综合覆盖率97.2%，电视综合覆盖率98.3%。有线电视用户1 094万户。全年出版地方报纸132种，出版量15.28亿份；出版期刊352种，出版量5 393万册；出版图书11 817种，出版量25 311万册；出版音像制品80种，电子出版物140种。有档案馆244个，其中国家综合档案馆204个。国家综合档案馆全年向社会开放各类档案619.37万卷。

四川已形成初等教育、中等教育、高等教育相互衔接，普通教育、职业教育、成人教育协调发展的教育体系。2016年，全省有各级各类学校2.4万所，在校生1 531.1万人，教职工104.3万人，其中专任教师86.3万人。有小学5 981所，招生93.0万人，在校生549.5万人，小学学龄儿童入学率99.78%；初中3 816所，招生84.6万人，在校生244.8万人；特殊教育125所，招生2 525人，在校生1.3万人；普通高中739所，招生47.6万人，在校生144.7万人；中等职业教育526所，招生41.4万人，在校生101.9万人。职业技术培训机构4 386个，职业技术培训注册学员250.8万人次。有普通高校109所。普通本（专）科招生43.9万人，增长0.6%；在校生144.7万人，增长4.3%；毕业生36.2万人，增长0.1%。研究生培养单位37个，招生3.0万人，在校生9.2万人，毕业生2.5万人。成人高等学校15所，成人本（专）科在校生36.0万人；参加学历教育自学考试69.6万人次。

（本栏目供稿人：交 鉴 钟 文）

（本栏目资料和数据主要参考《2016年四川省国民经济和社会发展统计公报》及相关部门官方网站）

四川交通历史与现状

SICHUAN JIAOTONG LISHI YU XIANZHUANG

古代交通 **陆路交通** 商周时期，四川陆路交通就有所开拓。“武王伐纣，蜀亦从行”（《华阳国志·序志》），“武王伐纣，实得巴蜀之师”（《华阳国志·巴志》）。在广汉三星堆和成都金沙遗址，出土过与中原地区玉器形制完全相同的玉璧、玉璋、玉琮等。这些都证明早在商周之际，四川盆地与外界已有密切的联系。在《蜀王本纪》和《华阳国志·蜀志》中保存的五丁开山、石牛开道、武都担土、山分五岭等神话传说，正是巴蜀先民辟山开道的有力记载。

罗江白马关古道　　　厅史志总编室 供稿

古代四川与中原地区的联系要翻越秦岭和大巴山，故交通道路的开辟多选择在河谷，并修栈道以克服艰险。穿越秦岭的通道有4条：陈仓道、褒斜道、傥骆道、子午道；穿越大巴山的通道有3条：剑阁道、米仓道、洋巴道；从渭水上游翻越秦岭西段和岷山的通道有2条：仇池道和阴平道。

秦汉三国时期，是古代巴蜀交通大发展并形成基本格局的时期。陆路交通最大的变化是，相当一部分道路，由过去只能供人、畜行走的窄道，转为可通马车的大道。两汉时期，蜀中较为重视修治道路。官府或征调民力大规模治路，或私人捐款修路建桥，并勒碑石记其事，一时蔚为风气。

南北朝和隋唐时期的巴蜀地区交通，在前代奠定的基础上，有了较大改善。州县之间，道路相通，往来便捷，北经关中，可以直入长安，达于中原。

宋代，成都到长安的川陕干道，仍是四川主要的陆路交通干线。该路经汉州（今四川广汉）、绵州（今四川绵阳）、剑州（今四川剑阁）、过剑门关而达利州（今四川广元），再经金牛道而达兴元府（今陕西汉中）。此外，由阆州、巴州而到汉中的米仓道，是四川通往陕西的另一条重要陆路干线。

元朝十分重视交通建设，在全国广阔的领域建立“站赤”制度，首次在西南边疆省区设置站赤。“元制站赤者，驿传之译名也。”（《元史·兵志》）陆站以成都辐射全川，有的达于外省，历史形成的几条主要交通干线基本沿用，个别有所调整。明代四川陆路交通在元代基础上进一步改善和发展，特别是藏族地区的交通发展，从此改变历史上由甘肃、青海入藏为主要通道的格局。

清代四川驿站，沿袭明制。驿站分东南西北四路，驿站管理以驿丞专司和地方州县管理两种形式进行。清代四川交通的一项突出成就，是康熙四十五年（1706年）建成川藏通道的大渡河上第一桥——泸定铁索桥。

在古代筑路技术方面，巴蜀先民最突出的发明创造，就是在应用于高山峡谷地带栈道建设技术。栈道有石栈和木栈两种，《四川通志》载：“考此特殊工程，有木栈与石栈之分。木栈施于森林茂盛山地，系斩伐原始森林，铺木为路，或杂以土石。石栈则施于悬崖绝壁，无径可通之处，或缘岩凿孔，插木为桥。”蜀人在交通技术方面的另一贡献就是发明索桥。川西山区河流湍急、峡谷深陷，建桥相当困难，当地人民因地制宜发明了索桥，其制虽艰，但往来迅速，行旅方便。由于四川古代造索桥系用竹索，所以也称笮桥，其后演进，有溜筒等形制。

四川古道交通的嬗变与演进，绵延3 000余年，直至20世纪初引进欧美汽车和筑路新技术为标志的公路交通的出现，始以质的变化而告终。古代道路交通与近代公路交通，是历史发展过程中的两个不同阶段，四川古道交通，对促进区域内外经济和文化交流，社会发展作出了巨大贡献，也为近现代四川公路、铁路交通建设，提供了有益的借鉴。

水路交通 四川内河航运历史悠久。据《尚书·禹贡》记载，蜀国运往夏王朝的贡品，即沿嘉陵江转汉水、渭水、黄河而达夏都。战国时期，长江逐步发展成为进出川的重要交通路线。《史记·张仪列传》记载：“秦西有巴蜀，方船积粟，起于汶山，浮江已下至楚三千余里。”西汉以来，巴蜀造船技术发展迅速。唐宋时期，商品运输繁盛，万斛之舟来往于成都、维扬（今扬州）之间。清代后期重庆开埠，西方列强带来轮船和治河技术，四川内河航运开始变革，轮船运输业兴起。总体而言，四川内河航运仍依赖自然河道通航，天然港口靠船，航道缺乏整治，港口疏于建设，船舶修造工业薄弱，四川内河航运业仍十分落后。

现代交通 **公路交通** 四川公路交通始于1913年，川督兼民政长胡景伊倡修成都至灌县（今都江堰市）马路，至1925年冬建成，长55公里，次年开行汽车。1925—1949年，为四川公路交通初创阶段。20余年间，川、康两省建成公路8 742公里，但不少公路晴通雨阻。全省仅有汽车4 000余辆，由于公路和汽车数量少，全省陆路交通大部分地区仍依靠人力和畜力运输。

20世纪50年代，四川集中力量修建成阿、沐石、宜西、东巴、川藏等干线公路，少数民族地区交通状况大为改观。1958—1965年，国家对公路建设实行“依靠地方、依靠群众、普及为主”的方针，四川出现全民修路的热潮。各地新（改）建一批国防、经济干线，修通一批支农公路，新（改）建一批支援“三线”建设的重点公路和林业专用公路，公路数量大幅度增长。全省新建公路17 900公里，是“一五”时期总和的3倍还多；新增通汽车的县城40个；新建大中型桥梁34座，改渡为桥28处，基本形成以国省干线公路为骨架，以县乡公路、机耕道、架车路、驮运路为纵横经络的道路网。

1966—1976年，四川除白玉、得荣两县外，各县均通汽车。通车的人民公社达全省人民公社总数的75.5%；全省新建各种大桥295座44 072米，并建成第一座混凝土斜拉桥和主孔跨径116米的九溪沟石拱桥。

20世纪80年代，中共四川省委、省政府提出要像抓农业那样抓交通，并要求“全省动员、各方出力、艰苦奋斗，支援交通建设”。由眉山倡导并推广到全省的公路加宽改造，拉开公路技术改造的序幕，四川公路建设开始从“数量型”到“质量型”的转变。这一时期，四川公路建设的特点是既重视公路建设的数量，又强调公路的质量，尤其重视高等级公路的发展。通过多渠道筹集建设资金，在加宽干线公路，改造大中城市进出口公路，兴建高等级公路，修建大型公路桥梁，加快老、边、少地区的公路建设，加强已成公路的养护，建设“标美路”等方面做出显著成绩，为加快四川经济发展奠定了基础。1988年，全省实现县县通公路。

至1990年底，全省公路总里程达9.7万公里，居全国第一位，其中建成二级以上高等级公路717公里。5年新建和改造山区公路1万公里，新建桥梁1 820座6.9万米。重点整治干线油路700公里，建成标美路1 700公里、整形路4 100公里，公路好路率由1985年的37%提高到56.8%。公路运输站点进一步向农村延伸，全省1万多个公路运输站点的85%均分布在县城和县以下广大农村。

“八五”期间，组织“以工代赈”“公路建设大包干”和“交通发展年”等“会战”式集中建设，全省新（改）建公路10 458公里，公路总里程达100 724公里。其中，等级路59 707公里、二级以上高等级公路2 876公里。公路好路率从“七五”期末的56.8%提高到74.2%。全省新（改）建县级以上汽车站111个。“八五”期间四川公路建设最具代表性的成果，是1995年9月建成通车、全长340.2公里的成渝高速公路。该路的建成，开创四川高速公路的历史，对四川及整个西南地区经济社会的发展具有重大意义。内宜高速公路、二郎山隧道、万县长江大桥、涪陵长江大桥等重点建设项目的相继开工，成绵高速公路的部分通车，都是“八五”期间公路建设取得的重大成就。

“九五”期间，四川交通抓住国家实施西部大开发战略的契机，以空前的建设规模和超常规的发展速度，取得瞩目成就。全省以高速公路为主骨架的三级路网建设取得突破性进展，除建成成绵、成都城北出口、成都机场、内宜、成乐、成灌、国道108线西昌泸沽至黄联关段、隆纳、成雅、达渝罗江至大竹段、广邻等11条高速公路外，还有在建高速公路500公里。至2000年底，行政区划调整后的四川，公路总里程达108 529公里，居全国第二位，其中高速公路通车里程1 000公里，居西部第一、全国第六；二级以上公路9 000公里，比1995年净增6 617公里；高级、次高级路面铺装率33%，比1995年提高14%。全省99%的乡和86%的村通公路，基本形成以成都为中心、以国省干线公路为骨架，连接城乡、沟通山区、贯通相邻省（自治区、直辖市）的公路交通网络。

“十五”期间，四川交通发展任务重，投资规模大，增长速度快，建设质量好。主要表现为：全省交通基础设施建设完成投资751.6亿元，比“九五”期间增长59%，超过新中国成立至“九五”期末完成投资的总和；建成成南、绵广、南广、达渝、成都绕城、成彭、成温邛等759公里高速公路，高速公路通达17个市州；全面完成47个项目、4 276公里三州通县油路建设任务，使三州州府所在地与各县城间全部以油路相连，行车时速平均提高1倍以上，实现三州交通事业一步跨越20年。至2005年底，全省公路总里程达11.5万公里，比“九五”期末增加2.4万公里。其中，高速公路通车里程1 759公里，新增759公里；二级以上公路1.3万公里，新增4 000公里；公路密度为每百平方公里23.5公里，增加5公里；高级、次高级路面铺装率42%，提高7.6个百分点。

“十一五”期间，按照中共四川省委九届四次全会确定的建设西部经济发展高地的战略定位和构建西部综合交通枢纽的战略部署，四川交通发展的主要任务是构建枢纽、打开通道、完善路网、支撑高地，变“蜀道难”为“蜀道通”。其具体目标：一是确保到2012年全省高速公路通车里程达到3 500公里，力争超过3 800公里；建成12条出川高速公路通道，初步形成贯通南北、连接东西、通江达海的西部公路交通枢纽，实现成都与周边多数省市中心城市朝发夕至，形成北抵环渤海、东达长三角、南至珠三角和北部湾等经济区及出海港口的22小时公路交通圈。二是到2012年基本完成7个干线公路出川通道和九寨、川东北、川南、川中、川西5条经济环线的改建任务，并改造国省干线公路8 348公里，力争实现全省国省干线公路中二级以上公路达到1.6万公里，占国省干线公路总里程的80%。三是加快实施“十一五”农村公路规划内剩余5万公里的农村公路建设任务，并到2011年改建农村断头公路17 355.8公里，使内江、眉山、攀枝花、遂宁、资阳、自贡、宜宾、广安等8个市提前实现“油路到乡、公路到村”，眉山、自贡、遂宁、内江等平原微丘地区实现60%的村通水泥（油）路。四是加快实施国家公路运输枢纽总体规划和市县两级公路运输站场布局规划，力争超额完成建成1 700个农村客运站的“十一五”规划目标。

“十二五”时期，全省交通运输系统紧紧围绕构建畅通安全高效的现代综合交通运输体系总体目标，努力克服重大自然灾害和宏观经济下行等多重考验，开拓创新，砥砺奋进，迎来历史上发展速度最快、发展质量最好、发展成效最佳的新时期。实现基础设施由“补欠账”到“促发展”，服务水平由“保基本”到“上档次”的重大转变，取得投资总量（6 081亿元）、BOT招商融资总量（1 774亿元）、高速公路新增通车里程（3 335公里）、公路网总里程（31.5万公里）、农村公路总里程（26.8万公里）和新（改）建里程（11.6万公里）、安保工程建设规模（2.44万公里）、争取交通运输部补助资金（949亿元）等多项指标在全国领先的优异成绩，为全省实施“三大发展战略”、实现“两个跨越”提供有力保障。

叙古高速公路头道河大桥 监理处 供稿

2015年是“十二五”规划收官之年。全省交通运输系统认真贯彻中共四川省委、省政府的决策部署，圆满完成各项任务。一是交通投资再创新高。全年完成投资1 305亿元，超过上年水平，继续位居全国第一。二是交通脱贫攻坚开局良好。研究制订总投资2 450亿元的精准扶贫专项方案和《大小凉山地区交通建设推进方案》等3个攻坚方案，为打好交通脱贫攻坚战奠定了良好基础。三是交通重大项目有力推进。绵西、营达等4条高速公路、长江宜宾至重庆航道“三升二”单滩整治、岷江港航电综合开发犍为枢纽等项目开工建设，成都二绕东段等9个高速公路项目506公里建成通车，全省高速公路通车里程突破6 000公里。四是普通公路加快发展。新（改）建国省干线公路2 400公里、农村公路2.6万公里，全面超额完成中共四川省委、省政府确定的“民生工程”目标任务。国省干线公路路况和管理养护水平不断提升，路面性能指数（PQI）提升到87.5，迎接交通运输部检查工作实现排名升位。五是灾后交通重建快速推进。国道108线雅安至荥经段、国道318线雅安至二郎山段和3条经济干线公路基本完成重建，国道351线多功至芦山县城段建成通车，农村公路累计建成1 390公里，为规划目标的96%，汽车客运站和水运项目全部完工。国道213线映秀至汶川段全面开工建设，省道303线巴朗山隧道全线贯通，绵茂路汉旺至清平段基本建成。六是交通服务能力明显提高。高速公路ETC用户突破110万，日均通行超过26万辆次。改造高速公路收费站26处，4对高速公路服务区被评为全国百佳示范服务区，19对服务区被评为全国优秀服务区。泸州市入选交通运输部综合运输服务示范城市建设。港口集装箱吞吐能力较上年新增33万标箱，完成集装箱吞吐量62万标箱，比上年增长40%，其中铁水联运集装箱吞吐量2.5万标箱，比上年增长125%。七是交通安全形势稳中向好。大力开展道路交通安全综合整治深化巩固年行动，超限5吨以上货车违规进入高速公路数量大幅下降，普通公路超限率控制在4%以下，行业重大以上生产安全事故“零发生”。八是交通改革创新不断深化。积极推进9个方面30项改革工作，通过政府购买服务方式筹措交通建设资金，交通运输部PPP试点项目国道0511线德阳至都江堰段已签订投资协议及特许权协议。九是依法行政持续推进。推动出台《四川省高速公路条例》和《四川省港口管理条例实施办法》，研究完善7个方面32项管理制度。清理公布部门权力事项，启动行政审批网上服务平台建设。

2016年，省、地合力推进138个交通重点项目建设。雅康、汶马等高速公路项目进展顺利，成安渝高速公路重启建设并实现二绕至省界段建成通车，全年建成高速公路项目6个、503公里，高速公路通车总里程达到6 519公里，提升三个位次跃居全国第二；绵九、峨汉等群众期盼已久的11个高速公路项目开工建设，新开工里程1 013公里、总投资1 490亿元，成功招商项目9个、1 055公里、引进社会投资1 500亿元，均超过2012年来四年总和；全省高速公路建成和在建里程超过8 600公里。加快推进普通国省道提档升级和大中修工程，完成新（改）建2 200公里、大中修2 000公里，全省普通国道二级及以上比重达到57%。汶川地震灾后发展振兴重点项目映秀至卧龙公路、巴朗山隧道及绵茂路汉旺至黑滩隧道段建成通车，雅安乐英至夹金山等芦山地震灾后重建“3+5”干线公路项目全部建成通车。

公路运输 20世纪50年代，全省60%的县不通汽车，大部分地区依靠人力和畜力运输。全省仅有4 000余辆汽车，且大多是拼凑起来的“万国牌”，车辆性能差，运效低。

20世纪50年代后期，四川公路客货运输迅速发展。1960年，全省民用汽车拥有量达1.52万辆，完成社会客、货运量分别为1 503万人次和1 644万吨，比1949年分别增长2.1倍、77.3倍和42.8倍。

20世纪70年代，全省公路运输业有了更快的发展。1970年，全省民用机动车已达2.65万辆。其中，汽车2.59万辆，完成社会客、货运量2 283万人次和2 466万吨。到1978年，民用机动车发展到12.8万辆，其中汽车拥有量6.05万辆，比1949年分别增长25倍和11.3倍，社会客、货运量分别为7 185万人次和4 824万吨。

1997年初，全省民用机动车拥有量122.1万辆，其中汽车54.2万辆，比1978年分别增长8.5倍和8倍；完成社会客货运量11.83亿人次和4.3亿吨，比1978年分别增长15.4倍和8倍；全行业拥有经营业户31.3万户，从业人员达88.2万人。公路运输在全省综合运输体系中居主导地位，客运、货运、维修、搬运装卸、运输服务五大市场突飞猛进地发展，1996年驾驶员培训也纳入交通行业管理。

“八五”期间，四川实施“一长一短一点”（超长客运、出租汽车客运、汽车站点建设）发展战略，取得显著成效。“九五”期间，为进一步培育、发展、规范客运市场，又提出并实施“三大系统”（跨省超长客运系统、直达快速客运系统、农村客运系统）发展战略。“南下、北上、东进、西出”，建立以民工疏运为主的跨省超长客运系统。1993—1997年，跨省超长客运创营业收入10亿余元，其中，企业纯利润1亿元以上。截至1998年底，全省已开通20个省（自治区、直

建设中的雅康高速公路大渡河特大桥 监理处 供稿

辖市）的跨省客运班车，省际客运班线发展到297条、1 584班，最长的班线成都—伊宁单程达3 445公里，全省民工年疏运量近200万人次。1998年以后发展以高速公路为龙头的直达快速客运系统。直达快速客运以成都—重庆、成都—绵阳、内江—自贡高速公路为载体，实行高速公路客运经营权有偿使用和客运线路专营，并将一流的车辆，一流的服务，一流的管理以及“航空式”优质文明服务引入公路运输。拓展以县城为中心，乡镇为结点，站场为依托，干支相连，乡村相通的农村客运系统。

成都昭觉寺汽车站　　厅史志总编室 供稿

2000年，四川道路运输能力明显增长，全省道路客运量增长逾20倍，旅客周转量增长近22倍，道路货运量增长逾15倍，货物周转量增长逾36倍。道路运输在四川综合运输体系中独占鳌头，承担社会新增客、货运量中的95%和55%。

2005年，四川省迎来道路运输业发展的新时期。客运市场的内涵不断丰富，以高速公路为依托的全省快速客运网络辐射到18个市州；以旅游包车为主、旅游班车为辅的旅游客运网络形成，旅游客运车辆发展到2 563辆；跨省超长客运线路延伸到全国24个省（自治区、直辖市）；出租汽车发展到21个市州政府所在地和142个县级城市，车辆达3.18万辆；农村客运车辆发展到2.62万辆，乡村客车通达率分别达99%和88%。

2013年，全省客运车辆达5.2万辆，城市公交车、出租汽车发展到2.69万辆和4.29万辆。发展省际市际客运班线118条，新开通32条高速直达客运班线。通公路的乡镇、行政村客车通达率分别达到95%和77%，比上年分别提高2.5%和1%。全省营运货车58.5万辆，总吨位262万吨、比上年增长4.7%。集装箱车辆达到1 535辆，比上年增长5.2%。全省公路客、货运量分别完成27.69亿人次和17.33亿吨，比上年分别增长4%和9.4%。

2014年，全省公路客运量、货运量分别完成12.6亿人次和14.2亿吨，分别比上年增长2.1%和下降6.3%，旅客周转量、货物周转量分别完成630亿人公里和1 510.5亿吨公里，分别比上年增长5.2%和18.6%；道路货运加快转型升级，发展城际货运专线班车、集装箱等专业运输，推进甩挂运输试点。全省新增集装箱车辆111辆，总数达1 651辆。

2015年，四川道路运输客运量、旅客周转量、货运量、货物周转量、高速公路货运量分别完成12.34亿人次、632.82亿人公里、15.04亿吨、1 693.26亿吨公里、11.22亿吨，比上年分别增长-2.6%、0.4%、5.8%、12.1%、7.2%。

2016年，四川道路运输客运量、旅客周转量、货运量、货物周转量、高速公路货运量分别完成10.97亿人次、597.84亿人公里、14.60亿吨、1 565.31亿吨公里、12.25亿吨，比上年分别增长-11.53%、-10.99%、5.36%、5.72%、9.1%。

内河航运　1950年，四川初建重庆港九龙坡码头。从1953年起，交通部和各级政府先后组织对长江干流和运输任务重的中小河流进行重点建设。由交通部投资整治长江“日航困难，夜航危险”的航段，配置“锁链”式航标，重庆至宜昌的轮船实现分段夜航；由省投资将金沙江屏山至新市镇、乌江涪陵至彭水、岷江乐山至宜宾开辟为轮船航道，同时大力开辟和整治小河支流，使其与干流衔接。从1952年至1957年，全省开辟与整治26条小河1 385公里。

1958—1960年，交通部长江航务局和四川省交通厅先后对长江干流航道进行大规模整治，并增加绞滩、航标、信号台等助航设施，同时还分别整治嘉陵江南充至重庆航段及渠江航道、乌江航道，并试点开辟金沙江航道，使重庆至宜宾段航标实现电气化、乌江绞滩实现机械化。1961年，四川航道里程17 181公里，比1957年净增5 073公里。此期，四川加快长江宜宾港、重庆港、涪陵港和万县港四大港口建设。扩大港口规模，增设泊位和锚地，增加缆车、浮吊、岸吊等设备，使其码头装卸条件大大改善，基本能适应运输需要。

1966—1976年，四川对长江大渡口至江津蓝家沱航道进行全面整治，将嘉陵江南充至广元木船航道开辟为轮船航道。交通部长江航务局在重庆蓝家沱、猫儿沱新建两个大型装卸作业区，四川省投资建成乐山王浩儿大件码头、四川维尼纶厂黄磏中转站码头、泸州天然气化工厂尿素码头。同时，各地集体航运企业自力更生发展机动船舶，全省70%的木船实现机械化，由此带动水运制造业的迅速发展。20世纪80年代，四川逐步建成由60多家大、中、小企业组成的协作配套的水运制造业体系，实现船舶的自造自修。

20世纪80年代，四川内河航运发展迅速。①轮船通航里程大幅度增加。1950年全省仅有长江干流和嘉陵江等约10%的航道能通行轮船。通过不断整治和渠化航道，到1996年全省轮船通航里程达4 724公里，比1950年增长近3倍。长江航道经过综合治理后，1 500吨～3 000吨级的大型船队可由上海直达重庆，长江川境段全面实现夜航。②部分港口装卸实现机械化。机械化的装卸码头分别与铁路、公路相衔接，实行水陆联运。③运输实现机动化。20世纪50年代初期，四川省地方航运部门仅有小轮船6艘（172吨、853客座、4 865千瓦），省内水路运输主要靠木船。1956年开始木船机动化改造，1996年，全省地方航运部门共有各种机动船1 127艘（24 515吨、109 654客座、221 035千瓦），运输驳船2 102艘（546 962吨），当年完成客运量和旅客周转量分别比1950年增长31.58倍和669倍，货运量和货物周转量分别比1950年增长14.72倍和33.07倍。④客货轮加快更新换代。20世纪80年代船舶更新换代更为迅速。客轮船型愈加美观，机型愈发先进，设施日趋齐全；货轮全部使用大功率内燃机，拖带能力成倍提高。川江船舶动力装置实现内燃机化，机型实现系列化，船体实现钢质化，蒸气机、杂牌柴油机和木质轮船被淘汰，高速气垫船、水翼船发展迅速。⑤水上旅游运输兴起。20世纪70年代末，长江水上旅游运输逐步兴起。其后大宁河、岷江、嘉陵江和乌江水上旅游运输发展迅速。至20世纪90年代中期，全省仅进出川旅游客运企业就发展到27家，旅游客船发展到122艘、5.24万客座。1996年，全省水上客运量达5 310万人次、旅客周转量达35.9亿人公里。⑥水运制造业有长足发展。全省有大中小型造船厂60多个，既能建造适合行驶中小河流的拖轮、客轮、驳船，又能建造行驶长江等大河的大型客货轮、高档豪华旅游船舶和高速气垫船舶，实现船舶建造不出省。采用的“双尾”和“平头涡尾”新船型，船舶时速由27公里提高到32公里，达到国内先进水平。

1997年，重庆市划归中央直辖，四川及时调整水运发展规划，一方面实施“以陆补水”政策，一方面加快水运基础设施建设，并积极探索水资源综合利用，走出一条“以电养航、滚动开发”“水陆并举、以副补航”的新路子。

“九五”期间，全省建成航电枢纽工程2个，渠化航道108公里，整治航道491公里、险滩73个，使全省3～7级航道达2 383公里，占航道总里程6 089公里的39.14%。2000年6月竣工的乐山大件码头，码头岸线长115米，设计750吨泊位1个。其直立式桥吊跨度39米、高28.5米，起重最大单件550吨，是当时国内内河起重和跨度最大的桥吊，被誉为“岷江大力神”。

“十五”期间，四川内河航运基础设施建设的重点是嘉陵江航道梯级开发，渠江渠化，二滩库区港口、南充港和宜宾菜园沱码头建设，并充分借用长江“黄金大通道”建成与高速公路衔接的水运主通道，以形成港航配套、干支相通、通江达海的水陆联运网络。2005年底，嘉陵江渠化开发初见成效，规划建设的13个航电枢纽已建成4个、在建7个，渠化四级航道112公里；建成渠江金盘子航电枢纽；完成岷江大件航道续建工程和岷江成都至乐山段航道整治工程，整治航道348公里；建成泸州集装箱码头、二滩库区港口、广安港、南充港一期工程等重点项目，新增港口泊位19个，全年港口新增吞吐能力318万吨、200万人次、集装箱2.5万标箱。建成农村渡口1 307个。

泸州港集装箱码头　　厅史志总编室 供稿

2008年，泸州港多用途码头二期工程进展顺利，泸州港二期续建工程及进港铁路、宜宾港志城作业区一期工程实现开工。长江干线宜宾以下全线实现千吨级船舶昼夜通航。嘉陵江航道渠化整治工程进展顺利，渠化四级航道216公里，建成新政等航电枢纽。

2009年，根据《泸州—宜宾—乐山港口群布局规划》《宜宾港总体规划》《乐山港总体规划》等规划，加快推进泸州港二期续建工程和宜宾港志城作业区一期工程建设，泸州港多用途码头二期工程形成生产能力，全省港口集装箱吞吐能力从2007年的5万标箱提升到50万标箱；长江宜宾至泸州段整治工程完工，宜宾以下实现千吨级船舶昼夜通航；嘉陵江川境段13级航电枢纽已建成8级、在建5级；《岷江（乐山—宜宾段）航电开发规划》经省政府批准实施，岷江航电综合开发和作为成都经济区水运口岸的乐山港项目前期工作全面启动。

2010年，水运港口建设迈上新台阶。宜宾港用两年时间建成并开港试运营，全省港口集装箱吞吐能力由3年前的5万标箱提升到100万标箱。广安港及渠江广安段航运工程实现当年制订规划和提出项目、当年开工建设，提前2年实现全省港口集装箱吞吐能力建成和在建规模达到200万标箱的目标。岷江航电和港口综合开发确定建设、养护、运营一体化模式和业主组建原则，前期工作加快推进。嘉陵江沙溪、凤仪场枢纽实现设计蓄水，嘉陵江川境段规划的13级航电枢纽累计建成11级，在建2级。

2011年，“四江六港”水运主通道和重要港口建设加快推进。全年完成投资25亿元。岷江港航电综合开发前期工作全面加快。宜宾港后方陆域及港区配套设施工程完工。泸州港进港铁路建成投运。泸州港二期续建工程、广安港一期工程加快建设。南充港、广元港开工建设，全省港口集装箱吞吐能力建成和在建规模达到233万标箱。嘉陵江渠化工程和渠江广安段航运工程等水运主通道加快建设。积极推进长江川境段航道等级提升工程，水富至宜宾段三级航道整治工程完成工程可行性研究编制。组织开展岷江（成都—乐山段）、渠江（达州—广安段）、沱江、涪江、金沙江等5条重要河流水运资源调查工作。

2012年，省政府出台《关于加快长江等内河水运发展的实施意见》，泸州港建成全省首个百万标箱大港，嘉陵江渠化工程、渠江广安段航运工程、南充港、广元港等水运重点项目加快推进，岷江港航电综合开发前期工作取得实质性进展。

2013年，广安港新东门作业区、南充港都京作业区一期工程投入试运营，全省港口集装箱年吞吐能力达193万标箱。嘉陵江苍溪航电枢纽工程全面建成。岷江港航电综合开发前期工作积极推进。渠江广安段航道整治工程加快推进。

2014年，内河水运建设加快推进。广元港红岩作业区一期工程、宜宾港志城作业区重件泊位、南充港化工园区专用码头建成投运。渠江四九滩至丹溪口航道整治工程基本完成。眉山市岷江汉阳航电枢纽建成投运。积极推进岷江港航电综合开发和嘉陵江川境段航运配套工程建设。全省新增三级高等级航道里程71公里，四级及以上高等级航道里程达到1 015公里；新增港口集装箱吞吐能力25万标箱，港口集装箱年吞吐能力达218万标箱。

2015年，南充港都京作业区一期工程总投资完成投资2.5亿元，为年度计划的100%。广元港红岩作业区一期工程主体全部完成，港务大楼装修、智能生产设备安装、控制系统施工处于收尾工作。广安港新东门作业区一期工程完成投资0.58亿元。南充港河西作业区化工园区专用码头工程完成投资4亿元，为年度计划的100%，12月30日开港试运行。

2016年，全省新增四级航道190公里，四级及以上高等级航道超过1 500公里；岷江犍为枢纽加快推进，嘉陵江航运配套二期工程等4个项目开工建设。

铁路交通 四川的铁路修建酝酿于清光绪二十九年（1903年）。时任四川总督的锡良奏准由四川自行集资修建成都经重庆至宜昌达汉口的川汉铁路，并于1904年1月在成都设立川汉铁路公司。辛亥革命终结清朝，川汉铁路停建。抗日战争时期，曾动工修建成渝铁路，但因财力物力困难未能铺设轨道。至1949年底，四川仅有一条全长67公里的准轨铁路——綦江铁路，专门为重庆钢铁厂运输煤焦和铁矿石，附带承担少量旅客和其他民用物资运输业务。

1952年7月，新中国第一条铁路成渝铁路全线建成通车，实现四川人民40年的愿望。1958年11月，第一条出川铁路宝成铁路建成通车。1959年11月，内昆铁路内江至安边段建成通车。1964年，中共中央制订加快西南“大三线”（战略后方基地）建设的重大决策，国务院把成昆、川黔、贵昆和襄渝铁路作为西南“大三线”建设的重点工程，组建西南铁路建设指挥部，调集铁道兵和铁路职工31万人参建。1965年7月，川黔铁路建成通车；1970年7月，成昆铁路建成通车；1973年10月，经陕西通往湖北的襄渝铁路全线通车。同时，配套建成一批铁路支线和专用线。

1975—1990年，四川铁路建设的重点为干线电气化改造。1975年7月，中国第一条电气化铁路宝成铁路实现全线电气化，襄渝铁路（达县以北）和成渝铁路也先后完成电气化改造。1990年，四川准轨铁路营运里程2 795公里，比中华人民共和国成立初期增长40倍，初步构成全省的铁路骨架，其中有4条干线出川，从东、南、北3个方向与全国铁路网连通。省内各类型牵引机车597辆，其中内燃、电力机车比重达73%，宝成、成渝、成昆、川黔线（四川境内段）的牵引动力全部实现电气化或内燃化。在成都铁路局所属的川铁路线中，50千克以上的重型钢轨占正线的90.4%；各类旅客列车1 349辆，品类齐全，乘坐舒适，部分卧车还装有空调设备；四川开行直达北京、上海、广州、合肥、浦口、西安、太原、郑州、武汉、兰州、乌鲁木齐、贵阳、昆明等大城市和省内沿线市县之间的特快、直快或其他旅客列车。1990年与1953年相比，客运量由359万人次增加到4 094万人次，增长10.4倍；货运量由240.7万吨增加到6 022万吨，增长24倍。1990年，铁路运输所承担的客、货周转量分别占四川综合运输体系客、货周转量的31.9%和75.2%。

1991年12月，川黔铁路实现全线电气化；1992年6月，达成铁路开工建设；1992年12月，宝成铁路（四川境内）复线开工建设；1993年，成昆铁路（四川境内）电气化改造开工；1997年，达万铁路（四川境内72公里）开工建设；1998年，内昆铁路新建水富至梅花山段（川境内25公里）开工建设；1999年，内宜铁路电气化建设开工。

至2001年底，达成铁路和成昆铁路电气化改造工程、宝成铁路复线工程、成都铁路枢纽工程相继竣工投入营运，内昆铁路、达万铁路、筠连铁路和泸叙铁路正加紧建设，全省铁路营运里程达4 000多公里。2002年，四川境内的宝成、成渝、内昆、襄渝等干线铁路全部实现电气化；总投资5亿元，历时近8年的成都铁路西环线通过验收投入试营运，成都成为中国率先拥有中心城市铁路环线的省会城市。渝怀、遂渝、万宜3条新线开工。

2012年，四川铁路客运量、旅客周转量分别为7 997万人次、303亿人公里，货运量、货物周转量分别为8 867万吨、818亿吨公里。

2013年，四川加快建设成绵乐城际铁路、兰渝铁路等在建铁路项目。西成客专于3月实现开工建设；成蒲铁路于8月底完成招标实现开工建设；成兰铁路取得环保部变更环评批复，于9月份恢复施工，全面开工建设；成贵铁路、成昆铁路扩能改造成峨段和米攀段3个项目于12月底实现开工建设。川藏铁路成都（朝阳湖）至雅安段可行性研究报告审批前置要件齐备，初步设计完成审查；川藏铁路雅安至康定（新都桥）段及成都枢纽接轨方案的可行性研究报告完成初审，国土、环保等要件编制工作加快推进；成昆铁路扩能改造峨眉至米易段项目建设书获批复。

2014年，四川铁路客运量、旅客周转量分别为8 778万人次、277亿人公里，货运量、货物周转量分别为7 165万吨、678亿吨公里。

2015年，四川铁路客运量、旅客周转量分别为9 078万人次、272亿人公里，货运量、货物周转量分别为6 146万吨、686亿吨公里。

2016年，四川铁路客运量、旅客周转量分别为11 321万人次、303亿人公里，货运量、货物周转量分别为5 619万吨、605亿吨公里。

航空交通 1931年8月，中国航空公司重庆办事处成立，为四川最早的民用航空机构。同年10月21日，沪蓉航线汉口至重庆航段通航。1933年6月4日，重庆至成都航段通航，全长1 981公里的沪蓉航线贯通。1935年，中国航空公司先后开辟重庆至贵阳、重庆至昆明航线；欧亚航空公司开辟西安至成都航线。同时，中国航空公司在重庆珊瑚坝建设机场。成都、南充、内江等地修建简易机场。1938年10月，四川航线由战前的8条增至17条。抗战胜利后，四川开通飞往越南河内、缅甸仰光等国际航线。1946年7月，四川有简易机场28个。

1949年底，中国人民革命军事委员会民航局驻渝办事处在重庆成立。1950年8月1日，开通天津经北京、汉口到重庆的航线。陆续开通重庆至成都、昆明、贵阳等地的航线。至1954年，四川先后开通12条国内航线，分别以重庆或成都为起点，通达北京、天津、上海等12个大中城市。

1956年，民航重庆管理处迁至成都，1957年1月，更名为民航成都管理处。至1978年，四川拥有各型民航飞机31架。同时，四川从1955年开始组建民航飞行队伍，到1978年共有各类空勤人员469名。1959年、1966年，成都双流机场和重庆白市驿机场先后改（扩）建，“三线”建设时期又新建西昌青山机场。1955—1978年，四川开辟新航线72条，分别通往省外各主要大中城市和省内的成都、重庆、西昌、南充、达县、泸州等；共飞行86 242个班次，完成运输总

成都地铁7号线崔家店停车场　　成都市交委 供稿

周转量20 399.11万吨公里、旅客运输量198.1万人次、货邮运输量111 785.6吨。1956年5月29日，四川使用CV-240型飞机飞越号称“世界屋脊”的喜马拉雅山脉，试航北京经成都至拉萨航线成功；1965年3月1日，四川使用伊尔-18型飞机正式开航该航线。成都双流国际机场1978年发运旅客第一次超过10万大关，达112 655人次。

1979—1998年，民航管理体制由军队领导为主的政企合一体制逐步改为企业体制。1986年9月19日，四川省航空公司（1992年更名为四川航空公司）成立。1987年10月15日，成都双流机场体制改革，独立经营核算。1998年，四川拥有波音、图-154、运-7、空客A321等各型运输和通用航空飞机59架。空勤人员总数增多，人员结构发生变化，飞行领航员、机械员、通信员较1978年前大为减少。1998年与1978年相比，空勤人员总数增加3.3倍，其中驾驶员增加2.6倍、乘务员增加15.2倍。同时，新建和改（扩）建一大批机场。成都双流国际机场改（扩）建后，3 600米的主跑道可供波音747-400型飞机起降；西昌青山机场改造后，成为可适应各类大型飞机起降的国家一级机场。此外，南充都尉坝、达川、宜宾、泸州等机场均进行了扩建；绵阳、广元和阆中等机场新建工程进展顺利。四川共开辟新航线323条，其中国内干线303条、地方航线13条、国际和地区航线7条，还开通成都至新加坡、泰国曼谷等国际航线以及成都至日本广岛、马来西亚吉隆坡等国际客货包机航线。1998年，四川经营飞行的航线达200余条，通达国内外70余个大中城市，仅成都飞往各地的航线就有53条。

美丽的高原空港——九寨黄龙机场　　厅史志总编室 供稿

1999年，泰国安琪尔航空公司开通曼谷至成都定期航线，成都双流国际机场首次接纳外航定期航班。2000年，中国西南航空公司引进波音737-800客机2架，新开辟成都—武汉—温州、成都—泰国普吉等国内、国际航线8条，至当年底，该公司已拥有以波音、空中客车为主体的飞机40架，开通飞行国际、地区和国内航线190多条，通航城市60余个，其航线总里程达21万公里，实现安全飞行10余万小时，并创造成都—拉萨航线安全飞行35年的纪录。2000年，四川航空公司在国内率先引进5架国产“新舟60”和5架巴西EMB145飞机，投入以中国西部地区为重点的支线航空运输，当年，该公司开通飞行国内航线130多条，形成以成都、重庆为基地，辐射全国各主要城市的干支线航空运输网络。此期，四川机场建设取得突破性进展。新建广元机场、绵阳机场、攀枝花机场、九寨黄龙机场、南充机场；成都双流国际机场扩建工程完工，成为中国五大航空港之一。2007年，四川民用航空完成的全社会客运量、货运量分别达1 713万人次、32万吨。2008年，20个国内航空公司和外国的航空公司开通飞行四川地区的航线，基本形成以成都双流机场为枢纽、涵盖省内和西藏的轮辐式航线网络。2009年，四川民用航空完成全社会客运量、货运量分别达1 947万人次、32万吨。2010年6月30日，四川省与中国民用航空局在成都签署《关于加快推进四川民航发展的会谈纪要》。民航局与四川省政府承诺在四川省民用机场体系的完善、成都双流国际机场航空枢纽建设、支线机场建设和运营、基地航空公司发展、通用航空业务发展等方面，加大政策、资金的支持力度，共同协调解决四川民航建设、改革与发展等重大问题，积极推进四川省民航重大项目建设与发展。

2013年，四川省进一步巩固和强化现有双流机场区域性枢纽机场优势地位，积极推进成都国家级国际航空枢纽和西部地区门户枢纽建设，加快成都新机场前期工作，推进支线机场项目建设。南充机场扩建工程、阿坝红原机场、稻城亚丁机场建设推进顺利，其中稻城亚丁机场9月16日正式通航，阿坝红原机场于9月进行校飞，南充机场民航扩建工程完工。开展成都新机场前期工作，项目选址报告已获得国家民航局批复，项目预可行性研究报告、立项申报相关要件专题报告已编制完成，并经过中咨公司预评审，立项请示于12月底报国务院、中央军委审批。巴中机场、乐山机场、甘孜机场、达州机场迁建选址报告已获国家民航局选址批复，并已编制完成预可行性研究报告，其中巴中、甘孜机场预可行性研究报告已报国务院、中央军委。

2014年，四川民用航空完成全社会客运量、货运量分别为3 752万人次、45万吨。

2015年，四川民用航空完成全社会客运量、货运量分别为4 204万人次、46万吨。

2016年，四川民用航空完成全社会客运量、货运量分别为4 609万人次、49万吨。

（本栏目撰稿人：岑　松）

大事记

DA SHI JI

2017

四川交通年鉴

2016年四川交通运输大事记

5日　省交通运输厅党组成员、副厅长黄英权带队值守由中共四川省纪委、省委宣传部、监察厅、省广电局联合主办，省纠风办、四川广播电视台联合承办的《阳光政务》政风行风热线节目。

Δ　全省交通运输行业首家省级工程实验室“四川省路面结构材料及养护工程实验室”获得正式批准。

11日　嘉陵江亭子口航电枢纽升船机开始主体设备安装。亭子口升船机是国内最大的钢丝绳卷扬全平衡垂直提升式升船机。其中，亭子口升船机承船厢也是世界最大的钢丝绳卷扬全平衡垂直提升式升船机承船厢结构。

19日　2016年全省交通运输工作会议在省政府小礼堂召开。会议由省政府副秘书长赵学谦主持，副省长曲木史哈出席会议并讲话，省交通运输厅党组书记、厅长彭琳在会上做题为“坚持五大发展理念 推进交通强省建设 为决胜全面小康建设经济强省提供坚实保障”的工作报告。

21日　厅监控结算中心高速公路服务热线“12122”话务班荣获四川省直属机关三八红旗集体。

22日　全国交通运输安全生产电视电话会议召开。省交通运输部党组书记、部长杨传堂出席会议并讲话。省交通运输厅党组书记、厅长彭琳作交流发言，从全力夯实筑牢普通公路安防基础、突出重点整治道路运输薄弱环节、持续着力消除水上交通安全隐患、坚持系统思维补齐安全监管的短板等四个方面介绍四川工作和下步重点。对此，杨传堂部长予以充分肯定，强调四川取得的经验来之不易、弥足珍贵，希望各地认真学习借鉴。吉林、福建等省省交通运输厅也作了交流发言。厅党组成员、副厅长黄英权，厅党组成员、安全总监胡大昌在四川分会场参会。

△　2016年全省航务海事暨党风廉政建设工作会议召开。

△　全省道路运输工作会议在成都召开。

26日　首批“插电式混合式动力”新能源公交车运抵宜宾市。

14日　春节大假期间（7—13日），全省累计疏运旅客2 219.35万人次（其中，完成道路旅客运量2 052.95万人次，水路客（渡）运量166.40万人次）。全省日均投入营运客车4.9万辆、客（渡）船3 149艘9.14万客位，道路运输准备应急车1 200辆，应急调用车200辆，应急加班389班次。道路客运累计发班155.45万次。

△　7—13日，全省高速公路出口总流量约为1 552万辆（MTC车道出口1 446万辆，ETC出口流量106万）。其中，客车总流量为1 517.1万辆；货车总流量34.9万辆。春节期间，Ⅰ类小车总流量为1 492万（MTC车道出口1 400.3万辆，ETC出口流量91.7万）。

23日　四川省7家媒体赴广元港体验“腾胜1号”旅游客船投运。该船是广元市建造的首艘大型旅游船舶，填补了嘉陵江南充段以上没有标准化专业化大型旅游船舶的空白。

3月

1日　交通运输部党组书记、部长杨传堂主持召开2016年全国交通运输财务审计工作电视电话会议。省交通运输厅党组书记、厅长彭琳在四川分会场做题为《坚持创新开放引领 拓展多元融资渠道 为交通运输持续健康发展提供坚实资金保障》的经验交流发言。

2日　凉山州开始实施金沙江“溜索改桥”项目建设。兴蜀公司建设管理的布拖县冯家坪金沙江“溜索改桥”项目实施开挖爆破，标志项目建设全面开工。

7日　春运期间全省道路旅客运输秩序良好，未发生旅客滞留，未发生道路旅客运输较大行车事故。

全省日均投入班线客车4.9万辆，城市公交车2.8万辆，出租车4.4万辆。累计完成道路旅客运量12 632.58万人次。客运站联网售票系统售票140万余张。全省道路水路共完成旅客运输量1.33亿人次。2月5日前后道路运输出现节前高峰，日运量峰值达346.99万人次。高速公路路网日均车流量为182.32万辆次，2月10日出现峰值达255.53万辆次，其中高速公路ETC通道通行车辆1821.43万辆次。全省“12328”交通运输服务监督电话共受理有效业务1.65万件。

△　召开四川省接驳运输联盟成立大会，全省50家长途客运企业参加。会议通过《四川省接驳运输联盟章程》，选举出联盟执委会成员单位11个，推选巴中运输集团公司为首届执委会主任单位。

8日　乐山市交委党组成员、市公路局局长王川、马边县交通运输局副局长李志强（省交通运输厅下派马边县精准扶贫干部）等一行7人在踏勘小凉山精准扶贫交通项目路途中，突遇道路边岩垮塌，2辆越野车均被垮塌岩体掩埋，乘员全部遇难。

22日　厅公路局印发《四川省公路基础数据库通村公路信息核查工作方案和外业信息采集技术指南》。

△　省政府常务会议审议通过《四川省道路旅客运输管理办法》《四川省道路货物运输管理办法》《四川省机动车维修管理办法》（修订版），6月1日起施行。

23日　省政府公布2016年全省十项“民生工程”、20件“民生大事”，“民生工程”交通项目：新（改）建农村公路1万公里、国省干线公路路面使用性能指数达81、实施渡改桥90座；“民生大事”交通项目：改善提升1万公里农村公路（其中完成县乡道改造3 000公里、建成通村硬化路7 000公里），建成农村渡口改桥90座（其中渡改公路桥30座）。

25日　全省“精准扶贫”普通公路项目已建成路基工程486公里，路面工程317公里，机械化养护中心2个。

31日　以色列驻成都总领事馆副总领事雅各布一行到厅拜访，省交通运输厅副巡视员寇小兵参加会见。

1日　《四川省高速公路车辆通行费收费标准与工程和服务质量挂钩管理办法》实施。

△　省交通运输厅被评为2015年度全省安全生产宣传工作先进单位。

5日　省交通运输厅召开干部大会，宣布中共四川省委、省人大常委会关于交通运输厅主要领导调整的决定。汪洋同志任交通运输厅党组成员、书记、厅长；免去彭琳同志交通运输厅党组书记、成员、厅长职务。

△　省政府批准《大小凉山地区2016—2018年公路水路交通建设推进方案》。

△　省公安厅、省交通运输厅和省邮政管理局联合发文，要求全省所有物流、邮政、快递企业和货运单位从4月1日起，严格执行三检制度。

7日　1—3月，全省水路运输累计完成货运量2 058万吨、货物周转量45.68亿吨公里，港口吞吐量2 520万吨、集装箱吞吐量16.09万标箱。

△　南京港与宜宾港投资合作协议签字仪式暨“宜宾—南京”集装箱直航快班首航仪式在宜宾港隆重举行。

△　汶马高速公路控制性工程狮子坪隧道索道桥正式交付使用。该桥跨径353米，宽6米，桥面设计高程2 550米，是国内跨径最长的索道桥。

12日　雅康高速公路大渡河兴康特大桥完成雅安岸隧道锚开挖。该桥是四川省第一大跨度的悬索桥，据目前可查阅的资料为世界第一长隧道锚。

△　厅运管局印发《四川省道路运输安全生产挂牌督办办法（试行）》。

22日　召开2016年全省交通运输党风廉政建设工作电视电话会议。

24-28日　四川交职学院举办全国高校辅导员示范培训班，来自全国30个省（自治区、直辖市）56所高职院校的58名优秀辅导员参加培训。

25日　2016年四川省第一批高速公路项目投资协议集中签约仪式举行。省政府副秘书长黄小平主持仪式，省政府副省长曲木史哈出席。本次集中签约的4个高速公路项目总里程446公里，总投资620亿元，分别是成都新机场高速公路、成都经济区环线高速公路蒲江至都江堰段、成安渝高速公路四川段、广安市过境高速公路。

26日　召开全省交通运输促投资稳增长电视电话会议。省交通运输厅党组书记、厅长汪洋出席会议并讲话。

△　省交通运输厅党组书记、厅长汪洋主持召开党组（扩大）会议。杜世相同志任省纪委监察厅派驻交通运输厅纪检组组长、监察专员和交通运输厅党组成员。

△　召开交通运输部机动车驾驶员培训工作座谈会。

△　召开全省高速公路管理系统党风廉政建设及党建工作会议。

28日　交通运输部和中华全国总工会联合举办“2015感动交通十大年度人物”视频报告会。四川省乐山市公路局王川英雄群体被追授“感动交通特别致敬人物”，凉山彝族自治州盐源县地方海事处沙国清荣获“2015感动交通十大年度人物”称号。

△　中国农业银行四川省分行各ETC服务网点开始发行高速公路ETC储值卡。

△　省交通运输厅召开全省部分市县出租汽车行业管理指导工作座谈会。

△　1—4月，全省水路运输累计完成货运量2 787万吨、货物周转量61.93亿吨公里，完成港口吞吐量3 436万吨、集装箱吞吐量21万标箱。全省完成公路客运量4.009 3亿人次、旅客周转量215.110 4亿人公里，公路货运量4.335 9亿吨、货物周转量477.532 1亿吨公里。

4日　四川省“五一”假期共出动执法人员2 811人次，执法车辆963辆次，巡逻总里程64 276公里；客运签单检查4 675辆次，检查货运车辆8 966辆次，处理违法行为88起，为营运公司追回路产损失61余万元；悬挂宣传标语171幅，为司乘人员提供服务2 119次。全省高速公路出口总流量约为695.75万（MTC车道出口616.7万辆，ETC出口流量79万辆）。

4—5日　交通运输部副部长戴东昌一行赴乐山市马边彝族自治县调研交通精准扶贫工作。

6日　厅公路设计院10个项目获得“2015年度四川省优秀工程勘察设计奖”。

10日　省政府召开全省旅游发展工作专题会议。

△　2016年省级防震救灾综合演练在宜宾市屏山县举行。

11日　香港特区援建的省道303线映（秀）卧（龙）路全线贯通，在南华隧道入口处举行通车仪式。

12日　省交通运输厅、公安厅、安全监督管理局联合下发《2016年“道路运输平安年”活动实施方案》。

18日　厅运管局开展《道路运输车辆技术管理规定》培训。

△　四川省首艘多功能大型救助船舶“宜宾救助1号”正式投入使用。该船是目前四川省最大的多功能且可拖带大型船舶的专业救助船舶。

20日　省交通运输厅召开全省交通运输防汛减灾和安全生产工作电视电话会。厅党组书记、厅长汪洋出席会议并讲话。

△　2016年度四川省城市公共交通协会会员大会在遂宁召开，全国公交协会理事长张国光到会指导。

23日　乐山市交通系统因公殉职扶贫人员表彰大会暨先进事迹报告会在金牛宾馆举行。

24日　省公安厅交警总队召开全省道路交通安全综合治理长效机制建设年新闻通气会。

△　中国西部地区公路学会2016年学术交流会在广元市召开。

25日　交通运输部职业资格中心在成都召开公路工程造价人员职业资格制度建设和注册工作座谈会。

30日　2016年全省交通精准扶贫脱贫攻坚项目集中开工活动在南充市、甘孜州、凉山州和乐山市同时举行，主会场设在南充市仪陇县国道245线新政镇至马鞍段改建工程工地。

△　1—5月，省政务中心交通运输厅窗口收到申请38 981件，受理38 860件，办结38 865件，行政审批事项现场办结率、按时办结率、群众测评满意率均为100%。

1日　《四川省道路旅客运输管理办法》《四川省道路货物运输管理办法》《四川省机动车维修管理办法》实施生效。

交通基础设施建设

JIAOTONG JICHU SHESHI JIANSHE

2017

四川交通年鉴

综　述　2016年，全省公路水运交通建设完成投资1 310亿元，连续六年超千亿元。其中，高速公路完成486亿元，国省干线完成429亿元，农村公路完成292亿元，站点建设完成48亿元，水运建设完成55亿元。

高速公路建设　新建成通车巴广渝剩余段（194公里）、宜叙（74公里）、叙古部分段（25公里）、遂广剩余段（10公里）、成安渝主要段（150公里）、仁沐新仁寿至井研试验段（50公里）等6个（段）高速公路项目，通车总里程达6 519公里，居全国第二、西部第一。新开工成都新机场高速、成彭扩容、仁沐新井研至新市段、成都三绕德阳至简阳段、康定过境段、泸黄扩容、峨眉至汉源、成都三绕蒲江至都江堰段、成乐扩容、广安绕城、绵阳至九寨沟等11个高速公路项目1 013公里。资阳至潼南、宜宾至攀枝花、叙永至威信等6个高速公路项目650公里完成前期工作。

国省干线及农村公路建设　新（改）建国省干线公路2 248公里、农村公路2.3万公里，超额完成中共四川省委、省政府确定的“民生工程”目标任务。国省干线公路路况和管理养护水平不断提升。

内河水运建设　岷江犍为航电枢纽工程、嘉陵江川境段航运配套工程一期工程、渠江富流滩船闸改扩建工程等重点项目建设有序推进，嘉陵江航运配套工程二期工程、唐家渡电航工程、广元港张家坝作业区一期工程实现开工建设。新增四级以上航道里程194公里，全省四级及以上高等级航道1 515公里。

汽车客运站建设　持续推进精准扶贫地区汽车客运站建设，县级客运站建成2个、在建6个，乡镇客运站建成100个、在建76个，村级招呼站建成500个、在建475个。推进道路客运枢纽全覆盖工程建设，建成道路客运枢纽8个，在建21个。继续实施汽车客运站提升改造工程，建成提升改造汽车客运站项目65个。

汶川、芦山地震灾后交通恢复重建工程　映秀至卧龙公路、巴朗山隧道及绵茂路汉旺至黑滩隧道段等建成通车，雅安乐英至夹金山等芦山地震灾后重建“3+5”干线公路项目全部建成通车，海拔4 378米的雀儿山隧道、全长8公里的雪山梁隧道实现贯通。

（厅建管处）

2016年5月11日，香港特别行政区政务司司长林郑月娥出席映（秀）卧（龙）路贯通仪式

厅公路设计院　供稿

高速公路建设
GAOSU GONGLU JIANSHE

成安渝高速公路（四川段）通车　2016年12月28日，成安渝高速公路（四川段）通车。路线起于成都绕城高速公路与成（都）洛（带）路交汇处，经洛带、养马、兴隆等地，止于安岳县忠义乡观音桥川渝界，全长174.54公里。采用双向六车道高速公路技术标准建设，设计时速100公里，路基宽33.5米，汽车荷载等级采用公路Ⅰ级。项目概算投资240.5亿元。

（厅质监局）

成安渝高速公路（四川段）　厅史志总编室　供稿

宜叙高速公路通车　2016年6月30日，宜叙高速公路建成通车。路线起于宜宾市翠屏区牟平镇绥庆村，经宜

宜叙高速公路　　宜叙公司 供稿

宾市翠屏区、长宁县、兴文县，止于泸州市叙永县双桥乡，与纳黔高速公路相接，全长114.07公里，其中主线96.109公里，宜叙、宜泸高速公路连接线17.964公里。采用双向四车道高速公路技术标准建设，设计时速80公里，路基宽24.5米，汽车荷载等级采用公路Ⅰ级。项目概算投资102亿元，是四川省精准扶贫工作开展以来，建成通往乌蒙山区第一条高速公路。

（厅质监局）

巴广渝高速公路（四川境）通车　2016年10月12日，巴广渝高速公路通车。路线起于巴中市枣林镇接巴中至桃园高速公路，经巴中市巴州区、兴文经济开发区、恩阳区，南充市仪陇县、营山县、蓬安县，广安市广安区、枣山物流园区、岳池县，止于岳池县伏龙镇张家祠堂附近，与重庆至广安高速公路相接，全长207.5公里。采用双向四车道高速公路技术标准建设，设计时速80公里，路基宽24.5米，汽车荷载等级采用公路Ⅰ级。项目概算投资174.19亿元。

（厅质监局）

巴广渝高速公路宴龙溪大桥　　厅史志总编室 供稿

叙古高速公路一期工程通车　2016年9月26日，叙古高速公路一期工程通车。路线起于叙永县震东乡灯盏坪互通接纳黔高速公路，经箭竹乡、德耀镇，玉田乡、永乐乡、太平镇，止于古蔺县二郎镇，跨越赤水河后，接贵州省在建仁（怀）赤（水）高速公路，全长65.74公里，概算总投资79.66亿元。一期工程为灯盏坪互通至古蔺西互通段，全长25公里。采用双向四车道高速公路技术标准建设，设计时速80公里，路基宽24.5米，汽车荷载等级采用公路Ⅰ级。

（厅质监局）

叙古高速公路　　叙古公司 供稿

仁沐新高速公路仁寿至井研试验段通车　2016年12月27日，仁沐新高速公路仁寿至井研试验段通车。路线起于仁寿县宝马乡周家湾，设满井枢纽互通与遂资眉高速公路相接，向南经钟祥、慈航、集益、井研，止于井研县三江镇，设三江枢纽互通与乐自高速公路相接，全长49.88公里。采用双向四车道高速公路技术标准建设，设计时速80公里，路基宽24.5米，汽车荷载等级采用公路Ⅰ级。

（厅质监局）

仁沐新高速公路仁寿至井研试验段　　监理处 供稿

雅康高速公路建设进展顺利 雅康高速公路是国家高速公路网雅安至叶城（新疆喀什）高速公路的重要组成部分。路线起于雅安市雨城区草坝镇，接乐雅高速公路，西经天全县、泸定县，止于康定城东，全长135公里。采用双向四车道高速公路技术标准建设，设计时速80公里，路基宽24.5米。桥隧比82%。交通运输部批复概算总投资230亿元，建设工期5年。项目区地形条件极其复杂、地质条件极其复杂、气候条件极其恶劣、生态环境极其脆弱、工程施工极其困难，是全省乃至全国在建桥隧比最高、施工难度最大的高速公路之一。

建设中的雅康高速公路荥经河大桥 雅康公司 供稿

2016年，雅康高速公路完成概算投资58亿元，为年度计划101%；累计完成129亿元，占概算56%。路基土石方完成总量的30%，累计完成73%；桥梁下部构造完成28%，累计完成60%；隧道开挖完成20%，累计完成46%。其中，草对段17公里于7月8日实现贯通，提前完成省重点项目建设办和中共雅安市委、市政府确定的贯通节点目标任务；二郎山特长隧道全长13.4公里，累计完成开挖77%；大渡河兴康特大桥入选央视《超级工程》，世界第一长隧道锚等两塔两锚下部构造全面完成，省内首次实现无人机穿索跨越大渡河，标志着川藏高速公路第一桥正式进入上部构造施工；泸康段隧道群高长险施工便道全部完成，隧道完成开挖25%。全线已完工程质量安全、环保水保处于良好受控状态。

（雅康公司）

汶马高速公路建设进展顺利 汶马高速公路起于汶川县城以南凤坪坝、接映汶高速公路止点，设汶川枢纽互通连接映汶高速公路、汶马高速公路和汶九高速公路；沿杂谷脑河上行、与国道317线平行布线，经理县克枯、龙溪、桃坪、通化、木卡、薛城、蒲溪、甘堡至理县县城，再经理县朴头、古尔沟、沙坝、夹壁至米亚罗镇，穿越鹧鸪山，沿梭磨河下行，经马尔康县梭磨、止于马尔康县卓克基，全长174公里。主线设置桥梁117座61 143米（包括互通及服务设施主线），隧道30座88 859米，桥隧比例为86.5%。设置互通式立交10处，服务区4处、停车区3处、管理分中心3处和养护工区4处、主线收费站1处。交通运输部批复总工期6年，项目总投资287亿元。汶马高速公路具有极其复杂的地形、极其复杂的地质、极其复杂的气候、极其脆弱的生态、极其复杂的工程建设环境等特征，控制性工程为鹧鸪山隧道、狮子坪隧道群、汶川枢纽互通立交。

2016年，汶马高速公路完成概算投资62亿元，为年度计划102%，累计完成109.7亿元，占概算38.2%。路基土石方完成1 085万立方米，占工程总量的61.2%；抗滑桩877根，占工程总量的75.7%；其他防护工程101万立方米，占工程总量的56.6%；桥梁工程桩基5 933根，占工程总量的76.6%；墩柱3 493根，占工程总量的62.2%；涵洞111道，占工程总量的42%；隧道工程双洞开挖支护56 817米，占工程总量的61.4%；二衬48 010米，占工程总量的51.9%。其中，鹧鸪山隧道累计完成双洞开挖支护7 411米，占工程总量的84.4%，二衬7 203米，占工程总量的82%；狮子坪1号隧道累计完成双洞开挖746米，占工程总量的11.2%，2号隧道累计完成双洞开挖757米，占工程总量的21.8%。

（汶马公司）

汶马高速公路克枯危岩体建设现场 汶马公司 供稿

国省干线重点公路建设

GUOSHENG GANXIAN ZHONGDIAN GONGLU JIANSHE

概　况　2016年，全省普通国省干线公路建设完成投资428.9亿元，新（改）建公路2 248公里，分别为年度目标的103.4%和112.4%。其中大小凉山彝区推进方案完成投资37.1亿元，占年度目标的87.7%；新（改）建公路467公里，为年度目标的103.8%。甘孜藏区推进方案完成投资24.2亿元，为年度目标的 103%；新（改）建公路50.2公里，为年度目标的100.4%。南充推进方案完成投资40亿元，为年度目标的 100%；新（改）建公路292公里，为年度目标的127%。达州推进方案完成投资30亿元，为年度目标的 100%；新（改）建公路53公里，占年度目标的44.2%。芦山地震灾后恢复重建完成投资20亿元，新（改）建公路195.1公里，灾后恢复重建除镇西山隧道外全面完工。映秀至卧龙公路、绵茂公路汉旺至黑滩隧道段建成通车，香港援建任务圆满完成，凉山州已于7月实现州府到县通三级及以上公路，甘孜州乡城、得荣县对外通道实现开工建设，巴朗山公路隧道建成通车，雀儿山隧道、雪山梁隧道等一批藏区高原特长公路隧道实现贯通。

公路建设方案实施　2016年，省政府印发了《甘孜藏族自治州（2016—2018年）交通建设推进方案》《大小凉山地区（2016—2018年）公路水路交通建设推进方案》《南充市（2016—2018年）公路水路交通建设推进方案》等3个专项方案，为普通公路补齐发展短板提供政策和项目支撑。厅公路局对专项方案和雅安灾后重建项目、国道213线映秀至汶川公路、香港援建的省道303线映秀至卧龙公路和绵茂公路等重点项目实行专人督导制度，每月形成专项工作报告，定期编制《全省普通国省干线公路建设情况简报》，并对相关专项存在的问题进行梳理，定期进行督导检查，确保项目顺利推进。

渡口改公路桥工程建设　2016年3月，省政府办公厅印发《渡口改桥2016—2020年建设推进方案》，计划实施渡口改公路桥223座90 936延米，估算总投资91.9亿元；项目涉及泸州、南充、达州、巴中、广安等17个市州62个县（市、区）。至年底，全省建成渡改公路桥62座，完成投资18亿元，分别占总计划的27.8%和19.6%。

2016年，泸州市纳溪区马镇真金滩“渡改桥”施工现场　　厅公路局 供稿

代建制推行　2016年，厅公路局在甘孜州、阿坝州、凉山州等建设任务重、技术力量薄弱的地区大力推行代建制，约40个项目采用代建制建设，建设里程约3 700公里，总投资约500亿元，包括已经贯通的超过8 000米的雪山梁特长隧道和位于海拔4 378米、全长7 079米的雀儿山特长隧道，以及主跨280米的金阳县对坪金沙江特大桥和主跨260米的布拖县冯家坪特大桥等项目。

（本栏目供稿单位：厅公路局）

农村公路建设

NONGCUN GONGLU JIANSHE

概　况　2016年，全省新（改）建农村公路2.3万公里。其中，县乡道改造工程4 995公里，村道改造工程7 469公里，新增通硬化路的乡镇57个（凉山州26个、甘孜州30个、阿坝州1个，阿坝州实现所有乡镇通硬化路），新增通硬化路的建制村2 880个（甘孜州475个、阿坝州149个、凉山州601个），为计划的288%。乡镇和建制村通硬化路率分别达到97%和92%，农村公路覆盖范围和通行服务水平显著提升。全省农村公路改善提升工程目标为建成6 000公里（省政府民生工程为3 000公里），涉及除甘孜州外的20个市州。全年建成总里程5 480公里，其中：成都、自贡、绵阳、广元、南充、广安、巴中、阿坝等市州顺利完成年度目标任务；攀枝花、泸州、内江、雅安等市完成年度目标90%以上。全省实施“溜索改桥”项目77座，其中车行桥72座、人行桥5座。至年底，已累计全面完工74座（含3座主体完工项目），在建项目3座。

农村公路精准扶贫脱贫攻坚　2016年，厅公路局重点开展以下工作：一是开展通村公路信息核查。组织各地对全省48 328个建制村通村公路信息进行核查，重点摸清11 501个贫困村通村硬化路建设情况，为加快脱贫村通村硬化路建设，尽快实现100%乡镇和建制村通硬化路奠定基础。二是建立精准脱贫攻坚管理台账。以项目为单位，分别建立脱贫摘帽贫困村通村硬化路、通乡油路、县乡道改善提升、省领导联系点等精准脱贫项目建设管理台账，逐月跟踪、通报和专报项目建设进展，并针对性开展督导工作。至年底，省政府确定的39个省（厅）级领导联系点的183个“精准扶贫”项目中，有35个省（厅）级领导联系点共计145个项目已建成。三是开展脱贫攻坚督导。由厅公路局领导带队进行片区督导，重点对甘孜州、凉山州通乡通村硬化路、溜索改桥等开展蹲点督导，定期形成专报。四是参与国家、省脱贫攻坚检查考核。厅公路局制订市、县党委领导班子脱贫攻坚工作考核交通行业工作方案和实施细则，组织开展并完成2016年摘帽贫困县和退出贫困村通村硬化路建设行业考核。配合完成中纪委及部省对交通扶贫工作检查和省主要领导脱贫攻坚现场蹲点督导调研。全年普通农村公路精准扶贫完成投资270亿元。南部县、蓬安县、广安区、前锋区、华蓥市等5个脱贫摘帽县实现“乡乡通油路，村村通硬化路”，2 437个退出贫困村实现100%通硬化路，贫困地区新增通硬化路的建制村2 566个。除金阳、布拖和北川县3座特大桥外，已完工74座溜索改桥。

2016年，宜宾江安红岩村党员带头修路　　厅公路局 供稿

农村公路路网结构改造项目　2016年，交通运输部下达四川农村公路路网结构改造项目建设目标为：建成公路安全生命防护工程1 860公里（含国省干线）；整治危（病）桥45座。截至年底，全省建成公路安全生命防护工程1 982.8公里，为计划的106.6%。其中国省干线98.8公里，农村公路1 884公里；全省整治危（病）桥103座，为计划的288.8%。

“四好农村路”建设　2016年，为贯彻落实交通运输部《关于推进“四好农村路”建设的意见》和省政府《关于进一步促进四川省农村公路建管养运协调发展的意见》，确保到2020年实现“建好、管好、护好、运营好”农村公路（以下简称“四好农村路”）的总目标，启动“四好农村路”建设工作：一是全面开展“四好农村路”建设。印发《四川省交通运输厅推进“四好农村路”建设工作方案》和《四川省“四好农村路”建设技术指南》。结合省政府印发的《四川省创建“四好农村路”示范县评定办法》、省交通运输厅印发的《四川省创建“四好农村路”示范县评定实施细则》。厅公路局对全省10个市州开展“四好农村路”建设督导调研，会同市州将30个县（市、区）作为重点创建“四好农村路”建设示范县进行培育。二是农村公路安全隐患整治。协调省级五部门组建联合工作组，完成16个市州2015年建成公路路侧护栏省级考核现场抽查工作。厅公路局会同厅运管局组织各地开展县乡道公路查漏补缺和已开通七座及以上客运班车村道公路路侧安全隐患排查，形成2016年农村公路安保工程（路侧护栏）建设方案》。组织开展农村公路桥梁安全隐患排查，对2011—2015年下达建设计划但未实施的项目（115座）进行“挂牌督办”。三是配合农村公路立法及制度建设。配合省政府法治办和省交通运输厅开展《四川省农村公路条例》起草、立法前评估和立法调研论证工作，条例已通过省政府审议并送省人大审定。编制《四川省农村公路养护管理办法》《四川省农村公路养护管理考核办法》和《四川省农村公路建设养护技术管理指导意见》等。

（本栏目供稿单位：厅公路局）

汽车站场建设

QICHE ZHANCHANG JIANSHE

成都十陵客运站改造工程 成都十陵客运站原址改造工程于2015年1月开工，2016年初完成。改造工程按《四川省汽车客运站建设标准》要求设计，提档升级。提升改造后的十陵客运站不仅提高了旅客出行乘车舒适度，提升了汽车客运站整体形象，更使十陵客运站上升到一个新的档次，成为成都市的一道亮丽的风景线。

场地设施改造 站前广场绿化错落有致；功能区分隔一目了然；下客区和停车场的地面基础重新填夯，浇注水泥地面，铺注沥青，全部进行地面黑化，区域重新规划布局，标识标线重新标画，合理组织人车分流；社会车辆停车场停车位增加至190多个，同时设立停车场电子收费系统，合理组织社会车辆进出；下客区重新安装不锈钢护栏，设置禁止标志。

发车设施改造 发车位增加至20个；发车站台雨棚延长7米，覆盖了客车后车门位置，保证旅客上车免受烈日的照射和雨淋；发班站台安装两面显示的LED屏；新建站台厕所20平方米。

车站主体建筑改造 建筑外立面采用赭色花岗石与LOW-E玻璃幕墙交错搭配，和谐典雅、稳重大气；进站大厅增加办公室两间，面积190平方米；车站售票厅面积扩大220平方米；售票窗口增加至14个；新增母婴候车室，面积27平方米；新增重点旅客候车区，面积30平方米；扩建咨询处，面积20平方米；改造小件寄存处，面积30平方米，咨询处、小件寄存处、三品安检处由候车厅调整至售票厅。各服务区功能应有尽有，合理分布，旅客购票、候车更加方便舒适；新建站务用房供司乘人员休息，面积1 554.6平方米；新建员工非机动车停车棚，面积150平方米。

服务设施改造 车站商业服务设施与车站功能区布局、风貌风格、标示标识整体相融；完善联网售票，新装3台售票终端取票设备；更新智能语音播报系统；更换售票厅LED显示屏和检票口的线路；完善站务各系统管理，新增2个售票窗口，1个重点人群购票窗口；更新车站内监控探头5个，新增探头57个，硬盘录像机3台，实行全天候24小时监控，图像清晰，内存容量大，方便

改造后的成都十陵客运站站前广场 厅运管局 供稿

视频资料调阅。重新铺设镀锌管管道，停车场室外消火栓重新安装增加至6个，消防沙池2个；待班区室外消火栓重新安装1个。

雅安市西门汽车站改造工程 雅安市西门汽车站提升改造工程于2016年2月开工建设，2016年12月主体工程竣工。

雅安市西门汽车站升级改造后外观　　厅运管局 供稿

站前广场部分改造。压缩原绿化区，增设出租车停靠点；主站房外墙重新装饰。

站场内功能区重新规划。增设防装栏杆，站台宽度增至3米；车辆安全例检室设置2条下穿式地沟；车站大厅布局重新规划，改造售票窗口、检票口、大厅吊顶、厕所；新增设下客区卫生间、发车区卫生间、自主检票口、母婴室、医务室、微型消防站和导视系统。

成都北门客运站改造工程 成都北门客运车站为四川省交通重点示范工程，原址改造，2015年开工，2016年工程竣工验收合格。新建第二候车室、青白江厅二层；扩建售票厅、起站大厅、小件快运房等设施，改（扩）建建筑、构筑物面积2 000平方米；装饰装修外立面、吊顶、墙柱面等5 223平方米；重新规划改造广场绿化区及机动车停放区域共1.5万平方米；更新对讲机系统、门禁、广播、监控、导视系统等信息化设施；河道改造、变压器扩容等附属设施改造。

成都北门客运站主站房升级改造后实景图　　厅运管局 供稿

四川宜宾高速公路客运站改造工程 四川宜宾长锋运业有限责任公司高速公路客运站位于宜宾市翠屏区，江北高速公路北入口右侧迎宾大道，2007年8月8日正式开业。原隶属于中韩合资四川宜宾锦湖长锋运业有限责任公司，2015年隶属于四川宜宾长锋运业有限责任公司。2015年投资1 600万元升级改造，2016年完成。总占地面积75 275平方米，总建筑面积13 800平方米，其中停车场1.8万平方米、候车大厅3 084平方米、售票284平方米，设计日发班车1 000班次、日均发送旅客量10 000人次。高客站建筑设计采取钢骨架机构，其构思新颖、独特，以彩钢瓦和铝塑板为外部建筑材料，整体建筑成银灰色，极具现代风范、气派、时尚，是四川省乃至西南地区功能最齐全、设施最先进的一级客运站。

宜宾高客站升级改造后的车站外观　　厅运管局 供稿

该站设计班线56条，其中市内发班线路2条、市际发班线路37条、省际发班线路9条、超长发班线路8条。平均日发班车206班次、日均输送旅客4 000余人。在城区、东区、西区和柏溪分别设置远程售票点，2011年12月开通网上售票，2015年2月加入四川票务网，2016年6月开通手机微信在线购票。

巴中市平昌县城东客运站新建工程 巴中市平昌县城东客运站位于巴达高速公路平昌东互通出口处，2014年开工建设，2016年全面完工。年内通过初验试运行。该站为二级客运站，项目业主为平昌县航运公司，投资7 420万元，总占地面积39 753.2平方米、总建筑面积13 359.8平方米、停车场面积1 1600平方米。

汉源汽车站改造工程 汉源汽车站提升改造工程于2016年6月开工建设，2016年12月竣工完成。重新规划站前广场停车区域布局，设置隔离护栏，改造大厅内售票厅、吊顶、厕所；新增设母婴室、医务室等功能区。

汉源汽车站升级改造后的外观　　厅运管局 供稿

广安客运枢纽站建设工程 广安客运枢纽站项目建设选址于枣山商贸物流园区，毗邻广安火车南站，与火车南站、公交中心由下穿通道连接，是广安公路客运一项重要公益性设施，将实现与铁路、公交、出租等多种运输方式有效衔接，实现无缝对接和零距离换乘。建设项目业主为广安发展建设集团广达置业有限公司，使用方为交投集团广安广顺运业有限公司。该枢纽站按一级客运站标准，设计发车位27个、日均发送旅客2万人次，地上客车停车位198个，地下小车停车位767个。规划用地面积58 029平方米，建筑总面积43 210.82平方米，其中地上建筑13 971.75平方米，含长途客运中心、司乘公寓楼、维修美容中心、安检及洗车车间、客运发展中心；地下建筑29 239.07平方米，含下穿通道、地下停车库以及配电、消防等配套设施建筑。项目分两期实施。一期工程2015年10月开工建设，2016年项目竣工，完成建设总投资2.3亿元。 2016年11月8日开始试运行。该枢纽站建设规模大、设施设备完善、信息化程度高、智能化集中，售票系统将实现银行卡、现金、微信扫码售取票自动化，全天候网络信息售票和发车时刻自助查询；自动翼闸检票、驾乘人员自助打单将有效减少旅客检票上车时间；报班系统、检票系统、打单系统、结算系统、上报统计系统、广播系统、信息公示系统、公益宣传系统在原有的基础上进行改造升级。客车进站、安全例检、报班载客、“六不出站”一卡全通；安防（反恐防暴）联动、安全消防控制、防火防盗设施、楼宇自动控制等实现监控全覆盖全域，反恐防爆更是采用最新的人脸识别高清摄像头，确保全站安全级别更高。

普格汽车客运站原址新建工程 普格汽车站原址新建工程项目建设地址位于普格汽车站站内，该项目总投资1 500万元，其中申请省交通运输厅站点建设配套补助资金720万元，其余部分由企业自筹。该项目占地面积7 095.34平方米，于2016年底主体完工，其中站前广场546.6平方米，停车场4 000平方米，年日均发送旅客达1 500余人次，最高峰日发送旅客2 500余人次。该项目按照《四川省汽车客运站建设标准（试行）》要求设计，采取计算机售票、验票，计算机报班等智能化管理，并设有全覆盖监控系统、LED显示系统、计算机播音系统等设施设备。在安全管理方面严格按照人车分流原则，“三不进站、五不出站”（详见《附录》）对进站参营车辆进行管理；设有车辆安检台，所有发班车辆必须安检发班；候车室进口设有X光行包安检设备，所有进站候车旅客需通过行包安检后方能进入候车室候车。

普格汽车站原址新建工程项目是普格县城的标志性建筑，还将成为县农村客运、班线客运、旅游客运、公交客运旅客集散中心。

喜德县新汽车客运站改造工程 喜德县新汽车客运站为交通运输部三级资质客运站，2016年完工，隶属喜德县国有资产经营管理有限责任公司。位于四川省凉山州喜德县光明大道430号，东面为规划的西环路（阳光小区），西面为农区房，背面为阳光大道，两面临路，交通便捷。升级改造的主要内容有：总平面场地设施改造。站前交通组织优化、营运停车场交通组织优化，重新规划出租车待客区域、站前公交站台，增设自动洗车区域，新建发车位雨棚、安检地沟及雨棚、车辆维修间，绿化区完善等。建筑设施改造。站房一层由388平方米增至594平方米，规划售票厅面积90.5平方米，新增购票窗口4个、残疾人购票窗口及问询处，候车厅面积379平方米，新增3个检票口和母婴候车室，站务用房，增设落客区厕所、进出站管理用房等。室内外装修改造。站房外立面美化装饰，售票厅、候车厅、厕所等内部装修美化。导视系统改造。公共区域部分导视系统完善。信息化系统改造。智能化中心平台改造、增设站务管理系统、联网售票系统、触摸屏查询系统、增设安全防范系统、自动洗车设备。

（本栏目供稿单位：厅运管局）

公路养护

GONGLU YANGHU

公路养护管理排名提升 2016年，在交通运输部组织开展的“十二五”国省干线公路养护检查中，四川省普通国省干线公路养护管理全国综合排名第20位，较“十一五”期间提升9位，路况综合排名从第29位上升到第24位，规范化管理排名从第29位上升到第13位。其中路况集中抽检抽中路段排名全国第8，达到东部地区水平，普通国省干线公路养护工作排名取得历史性的重大突破，被交通运输部授予“十二五”干线公路养护管理工作进步单位荣誉称号。

养护管理制度 2016年，为构建现代公路养护管理体系的工作目标，厅公路局完善公路养护管理制度：一是修订《四川省普通国省干线公路养护管理检查考核办法》，进一步完善了养护年终考核体系。二是印发《四川省普通国省道养护管理内业资料管理办法（试行）》和《四川省普通国省道养护管理规范化建设实施标准》，为养护信息化奠定了坚实基础。三是完成《四川省普通国省干线公路大中修工程专项补助办法》修订工作的基础工作，为下一步专题研究奠定基础。四是印发《四川省普通国省干线公路隧道养护管理办法》。五是制订《四川省普通国省干线公路标志标线清理完善实施方案》。六是印发《四川省公路养护站和应急保通中心外观形象设计标准（试行）》，推进基层养护单位外观形象统一工作。七是研究提出全省普通国省干线公路机械化养护与应急保通中心专项规划方案报省交通运输厅审定。

公路养护专项工程 2016年，全省下达普通国省干线公路大中修项目146个、1 673.6公里，补助资金20亿元。全年累计完成2 022.3公里，累计完成投资31.148亿元，超额完成2 000公里的年度目标。全年建成养护中心25个、在建14个、14个处于前期工作阶段；建成养护站49个、在建29个、处于前期阶段61个。普通国省道危桥改造项目完工20座1 706延米，累计完成投资 6 440万元，使用交通运输部补助资金3 286万元，完工项目数占计划安排的57.1%；在建9个1 040延米，占计划安排个数的25.7%。灾害防治项目完成10个，在建3个。公路安保工程项目完成9个项目98.823公里，未完工的2个项目，已完成招投标工作。

2016年，新建的省道105线青川公路机械化养护应急处置中心
厅公路局 供稿

公路应急抢险 2016年，厅公路局制作省级《2016年普通公路防汛重点工作示意图》，并建立重大隐患台账，登记公路沿线隐患点5 231处，其中国省干线公路隐患点1 279处（含高速公路），农村公路隐患点3 319处，在建工程隐患点643处。2016年汛期，泸州、凉山、攀枝花等市州公路基础设施受损严重，造成多条国省干线公路阻断，厅公路局均派出工作组赶赴现场参与抢险救灾工作，并及时搜集汇总各地灾情，上报交通运输部，积极争取部对四川水毁恢复工程的资金支持。

公路桥隧督察 2016年，厅公路局根据全省桥梁年度检查情况，对全省普通国省干线公路94座四五类危桥进行安全状况预警。二是汛前在全省范围内组织开展国省干线公路桥梁为重点对象的全面隐患排查，对受河道采砂影响大的德阳、成都、绵阳、资阳、南充、遂宁、自贡、达州、乐山等市州重点进行了现场督查。三是有序推进年度普通国省干线公路桥隧抽检和巡查工作。

（本栏目供稿单位：厅公路局）

航道建设

HANGDAO JIANSHE

岷江航道建设 犍为航电枢纽工程位于乐山市犍为县，建设三级船闸和装机容量50万千瓦电站各1座，船闸尺度为220×34×4.5米，单向年通过能力为1 474.67万吨，渠化航道20.2公里，于2015年12月25日实现开工建设，累计完成投资22.8亿元，2016年完成投资15亿元，为年度计划的116%。湖泥坝320米高程以上工程开挖完成预验收，鲢鱼湾水保措施完成施工，临时航道及闸坝累计完成土石方开挖101万立方米，厂房基坑累计完成土石方开挖85万立方米，左岸施工区监控系统已验收并投产运行。

（厅航务局）

2016年，岷江犍为航电枢纽建设现场　　厅航务局 供稿

嘉陵江航道建设 嘉陵江川境段航运配套工程一期工程，于2015年开工建设，累计完成投资6.3亿元，2016年完成投资3.5亿元，为年度计划的100%，完成滩险整治总工程量67.45%，准备实施马回船闸改造。

嘉陵江川境段航运配套工程二期工程，于2016年开工建设，累计完成投资1.8亿元，2016年完成投资1.8亿元，为年度计划的100%。

嘉陵江亭子口枢纽位于广元市苍溪县，按照四级航道标准建设500吨级垂直升船机1座，渠化航道150公里，装机110万千瓦，投资168亿元。2009年11月开工建设，累计完成投资77.9亿元，2016年完成投资11.8亿元，为年度计划的102%。工程主体已基本建成，升船机土建工程已基本完成，处于金属结构和承船设备安装调试阶段，力争2017年底投入运营。

（厅航务局）

2016年，嘉陵江川境段航运配套工程二期工程施工现场
厅航务局 供稿

渠江富流滩船闸改扩建工程 增建三级船闸1座，尺度为200×23×4.2米（长×宽×门槛水深），于2011年开工建设，累计完成投资5.3亿元，2016年完成投资0.7亿元，为年度计划的100%。船闸主体建筑工程完成100%，设备采购及安装完成80%。

（厅航务局）

金沙江航道建设 向家坝枢纽通航建筑物工程位于四川省宜宾县，按照四级航道标准建设2×500吨级垂直升船机1座。通航建筑物土建工程已基本完成，处于金属结构和承船设备安装调试阶段，力争2017年底投入运营。

（厅航务局）

高等级航道达标升级专项工程方案 为落实国务

院批准的《全国内河航道与港口布局规划》有关高等级航道达标要求，助推四川构建现代综合交通运输体系，2016年，经省领导同意批准实施《高等级航道达标升级2016—2020年专项工程方案》。该《方案》重点实施岷江犍为等22个建设项目，共涉及项目总投资582亿元。方案实施时限2016—2020年，共5年。至2020年，实现长江干线全面升级，岷江、嘉陵江全线达标，渠江全线贯通，金沙江有序开发，高等级航道网络基本建成，全省高等级航道通过能力提升1倍以上。

（厅航务局）

航道养护技术考核 2016年10月31日—11月19日，厅航务局检查组对广元、南充、宜宾、自贡等市2015年度航道养护技术进行考核，并开展四川省内河高等级航道养护管理体制调研。检查组一行听取相关市航道管理部门关于2015年度航道养护管理技术总结，详细了解并检查航道日常养护管理、资料归档、航道养护专项资金投入、航道维护设备保养等工作情况。按照《航道养护管理规定》相关要求，检查组对各地航道养护管理考核项目进行评分，对检查中发现的问题给出综合评价意见。从考评的总体情况看，全省航道养护管理符合相关技术规范，基本达到航道养护效果。

（厅航务局）

航道立法专题会 2016年12月14日，省交通运输厅党组成员、总工程师陈乐生主持召开《四川省航道管理条例》立法专题会议。厅航务局、厅政策法规处先后就四川省航道立法的必要性、立法依据、调研起草过程、解决的主要问题，以及草案代拟稿征求意见、推动立法进程等情况作简要汇报。会议对《条例》的前阶段立法工作给予充分肯定，重点围绕草案代拟稿的立法思路、主要内容、重要条款、制度创新、新增措施等展开深入研讨，并提出进一步修改完善的意见。会议强调：一是要用更高、更广的视野，妥善处理好航道立法与相关部门及社会各方的关系；二是要切实找准、抓实急需通过立法解决的问题，进一步提高四川省航道立法的针对性、实用性；三是要继续注重学习借鉴，不断将有关航道管理的新做法、好经验充分借鉴和提炼吸纳。

（厅航务局）

航电枢纽建设概况 2016年，全省航电枢纽建设累计完成投资38.87亿元。岷江航电枢纽前期工作有序推进。龙溪口航电枢纽除工程可行性研究报告外33项前置专题要件全部取得批复，老木孔航电枢纽前期工作涉及的42项专题要件批复已取得36项。重点水运基础设施建设加快推进。岷江犍为航电枢纽进入第一个枯期施工高峰期，左岸正式下河且主体工程进入混凝土浇筑阶段。嘉陵江航运配套一期工程按计划完成，二期工程开工建设。富流滩船闸主体工程施工完成。电力生产经营管理持续强化。全年完成上网电量25.03亿千瓦时，实现收入6.73亿元（含税，下同）。其中，苍溪航电枢纽完成上网电量1.78亿千瓦时，实现收入0.48亿元；沙溪航电枢纽完成上网电量2.53亿千瓦，实现收入0.75亿元；金银台航电枢纽完成上网电量3.89亿千瓦时，实现产值1.05亿元；新政航电枢纽完成上网电量3.39亿千瓦时，实现产值0.88亿元；金溪航电枢纽完成上网电量4.41亿千瓦时，实现产值1.12亿元；凤仪航电枢纽完成上网电量2.73亿千瓦时，实现产值0.75亿元；小龙门航电枢纽完成上网电量1.55亿千瓦时，实现产值0.43亿元；桐子壕航电枢纽完成上网电量3.68亿千瓦时，实现产值0.98亿元；金盘子航电枢纽完成上网电量1.08亿千瓦时，实现产值0.29亿元。

（省港航公司）

王雁飞调研岷江犍为航电枢纽 2016年1月7日，中共四川省委常委、省纪委书记王雁飞一行到岷江犍为航电枢纽工程施工现场调研。中共乐山市委书记唐坚，乐山市市长张彤，省港航公司董事长贺晓春等领导及有关人员陪同调研。

王雁飞一行实地察看犍为航电枢纽工程坝址，并听取关于项目概况和建设进度的工作汇报，对乐山市、项目业主做出的工作给予充分肯定，希望下一步继续加大工作力度，做好项目建设管理工作。

（省港航公司）

2016年1月7日，中共四川省委常委、省纪委书记王雁飞（前排右）调研犍为航电枢纽
省港航公司 供稿

陈乐生到新政航电枢纽检查汛前安全工作 2016年3月22日，省交通运输厅总工程师陈乐生到新政航电枢纽检查指导汛前安全生产工作。

陈乐生实地察看枢纽大坝和水工建筑物、防洪设备设施的运行情况，认真听取有关枢纽防汛组织机构、防汛规章制度建设及汛前物资储备等防汛准备情况的汇报。他对公司防洪度汛准备工作给予高度肯定，要求公司一是要加强组织领导，明确职责分工，认真落实防汛目标任务；二是要做好水情传递和汛期值守工作，组织落实好应急处置的各项措施；三是要抓好汛期安全检查工作，加强对关键设备的巡视检查和及时维护，抓好隐患的整改落实。

（省港航公司）

岷江港航电综合开发工作会 2016年1月20日，省岷江港航电综合开发推进工作组在成都召开工作例会。省交通运输厅副厅长张琪主持会议。

会议先后听取省推进办、乐山市政府、省交投集团关于岷江港航电项目前期工作推进情况及工作建议等方面的汇报，重点围绕《2016年岷江老木孔、龙溪口枢纽前期工作推进方案（送审稿）》及存在的相关问题进行研究和讨论，并提出针对性的意见和建议。张琪强调，岷江港航电开发是省政府贯彻落实长江经济带发展战略的重要举措，有关各方要加强协作，坚持问题导向，各责任单位要针对问题、落实措施，加快解决难题；明确责任，继续强化推进组机制，乐山市政府、项目业主进一步强化组织领导，确保各项工作落到实处。

2016年1月20日，省交通运输厅副厅长张琪主持召开省岷江港航电综合开发推进工作组2016年第一次工作例会　省港航公司　供稿

（省港航公司）

岷江龙溪口航电枢纽工程可行性研究报告评审会 2016年3月30日—4月1日，岷江龙溪口航电枢纽工程可行性研究报告评审会在成都召开。与会专家到龙溪口枢纽坝址及防护区进行现场踏勘，并听取报告编制单位关于岷江龙溪口航电枢纽工程可行性研究报告编制情况的汇报。专家组就有关问题与报告编制单位进行沟通，从水文地质、概算经评、水工枢纽、机电金结、施工、水库环评等方面，对报告成果进行科学严谨、全面细致地审查，并形成宝贵的指导意见。

（省港航公司）

2016年3月30日—4月1日，岷江龙溪口航电枢纽工程可行性研究报告内审会在成都召开　省港航公司　供稿

沙溪航电枢纽蓄水移民工作通过现场验收 2016年4月20日—22日，省扶贫和移民工作局组织专家组对沙溪航电枢纽蓄水移民工作进行现场验收。专家组通过现场查勘和资料检查，重点对枢纽移民安置、移民档案、蓄水条件、库底清理、项目复检等工作进行验收，一致认为枢纽蓄水移民工作各项验收资料完善，移民档案规范，移民安置资金使用合理，符合蓄水移民验收的相关要求。

（省港航公司）

岷江老木孔龙溪口航电枢纽通航条件影响评价报告通过审查 2016年6月28日—29日，厅航务局在成都组织召开《岷江老木孔、龙溪口航电枢纽工程航道通航条件影响评价报告》评审会。

评审期间，评审专家实地踏勘现场，一致认为报告依据的基础资料翔实，内容较为全面，对枢纽梯级衔接、枢纽及船闸布置、船闸通过能力、通航水流条件、施工期通航和通航安全保障措施等方面的评价符合国家的法律法规、技术标准和行业规范。评价成果合理可信，同意通过审查。

（省港航公司）

金溪航电枢纽完成大坝安全换证注册 2016年7月8日，国家能源局大坝安全监察中心正式批复，金溪航电枢纽大坝安全注册等级由乙级升为甲级。年内，金溪航电枢纽严格按照《水电站大坝安全监督管理规定》要求，进一步加强大坝运行管理，健全大坝安全管理规程，强化大坝安全管理培训，顺利通过国家能源局组织的换证注册现场检查。

（省港航公司）

部委督查组调研岷江犍为航电枢纽项目 2016年11月7日，交通运输部、国家发展改革委组织督查组调研岷江犍为航电枢纽项目。省交通运输厅，乐山市，犍为县政府及省港航公司相关领导陪同调研。

督查组实地踏勘犍为航电枢纽工程现场，认真听取有关四川省“十三五”内河水运发展规划、岷江港航电综合开发推进情况的汇报，详细了解了犍为航电枢纽工程建设、征地移民安置、投资完成等情况，对项目所取得的成绩给予肯定。督查组指出，国家加快实施“一带一路”开放战略和依托黄金水道推动长江经济带发展战略，在产业政策、基础设施、生态环境等方面将给予西部地区更多的倾斜和支持，为四川进一步加快内河水运发展提供重要的战略发展机遇。省港航公司高效优质推进岷江犍为航电枢纽工程建设，取得突出的成绩，下一步要根据岷江港航电综合开发规划，抢抓机会，发挥优势，全力推进龙溪口、老木孔航电枢纽开工建设，加快东风岩、下游81公里航道整治及乐山港建设工作，国家有关部委将继续密切关注和支持岷江港航电综合开发项目推进和发展。

（省港航公司）

岷江犍为航电枢纽土建Ⅰ标段首仓混凝土浇筑 2016年12月28日，岷江犍为航电枢纽工程土建Ⅰ标段顺利实现临时航道右侧导墙上游段首仓混凝土浇筑，标志着一枯临时航道及闸坝施工由开挖向混凝土浇筑转序，为确保顺利完成一枯施工临时航道建设目标打下坚实基础。

岷江犍为航电枢纽作为四川省政府“项目年”重点督办项目，省港航公司及岷江公司积极发挥业主单位的组织协调作用，不断强化项目管控，密切加强与参建各方的沟通协调，合力攻坚，抓质量重安全，抓管理重效率，不断推进项目标准化和规范化管理，圆满完成年度工程建设目标任务。

（省港航公司）

港口建设

GANGKOU JIANSHE

重点港口建设 南充港都京作业区一期工程总投资13.32亿元，累计完成12.1亿元，完成总投资的91%，2016年完成投资1亿元，为年度计划的100%。港口总体完成土建工程100%，设备采购安装完成37.3%。前沿框架全部完成，后方陆域和生产辅助区基本完成，港口生产机械基本完成安装并投入运行，港务大楼主体结构完成，港务大楼内部装修和堆场仓库以及控制系统施工完成，2台门机、1台岸机完成安装。

南充港都京作业区一期工程　　厅航务局 供稿

广安港新东门作业区一期工程总投资12.59亿元，2013年1月开港试运行，累计完成投资9.53亿元，完成总投资的76%，2016年完成投资0.2亿元，为年度计划的200%。工程港口前沿框架、陆域堆场、生产辅助区基本建设完成，完成交工验收准备。设备采购及安装完成40%。

南充港河西作业区化工园区专用码头工程总投资8.9亿元，为一类河港，建设8个500吨级泊位，中远期停靠1 000吨级船舶，设计年吞吐量件杂货每年195吨。累计完成投资8.87亿元，完成总投资的99.7%，2016年完成投资1.69亿元，占年度计划的85%。已于2015年12月开港试运行。

（厅航务局）

广元港张家坝作业区一区（一期）工程开工 2016年12月30日9时，广元港张家坝作业区一区（一期）工程在苍溪县陵江镇张家坝村举行开工仪式。该项目建设内容为4个500吨级多用途泊位（中远期停靠1 000吨级船舶），设计年吞吐量213万吨设计年通过能力228万吨，占用岸线338米，占地23.48公顷。建设工期为36个月，项目业主是广元腾胜港航开发有限公司，项目总投资77 085.14万元。广元港张家坝作业区一区（一期）工程是广元港重要组成部分，也是“十三五”期重点建设项目之一，建成后对于发挥广元港综合运输效益，实现嘉陵江航运复兴，促进广元市特别是苍溪县工业园区、港口物流、沿江经济带发展以及城市建设具有重要意义。

（厅航务局）

2016年12月30日，广元港张家坝作业区一区（一期）工程开工仪式
厅航务局 供稿

渡改人行桥建设 2010—2016年，全省渡改人行桥下达计划总数为675座，截至2016年12月底已完成505座，占计划总数的75%，在建158座，未开工12座，其中2015年下达计划111座，已完成79座，在建29座，未开工3座，完成率53.7%。2016年建设完成75座，超额完成年度70座建设目标。

（厅航务局）

绵阳北川龙芽渡改人行桥 厅航务局 供稿

王雁飞到泸州港调研 2016年4月12日，中共四川省委常委、省纪委书记王雁飞，省纪委常委罗智波到泸州港调研。中共泸州市委书记蒋辅义等领导陪同调研。

王雁飞一行实地查看港口前沿平台，听取有关港口生产经营和临港产业园发展情况的汇报，对泸州港近年来的快速发展给予充分肯定，希望泸州港继续加大生产经营工作力度，提升港口市场竞争力，服务好区域经济发展。

（省港航公司）

高烽调研南充港 2016年2月19日，省政协副主席、秘书长高烽到南充港调研。

高烽实地查看南充港都京作业区一期工程现场，并听取关于工程建设进度及港口仓储物流及商贸物流等业务开展情况的汇报。高烽强调，南充港要及时研究把握经济新常态下的市场发展方向，创新思维模式，充分利用好自身优势，积极拓展现代物流产业，促进沿江经济带和外向型经济发展。要进一步加强港口安全生产，制订切实可行的防洪方案，确保汛期应急措施落实到位。

（省港航公司）

2016年2月16日，四川省政协副主席、秘书长高烽（右二）到南充港调研
省港航公司 供稿

汪洋调研泸州港 2016年 7月12日，省交通运输厅厅长汪洋到泸州港调研，中共泸州市委书记蒋辅义等领导陪同调研。

汪洋实地查看码头堆场和前沿平台，认真听取泸州港集疏运体系、港口战略合作和铁水联运等情况汇报，详细了解泸州港“一环六射”的公路路网交通、生产经营及货源情况，充分肯定泸州港在多式联运、进境粮食等方面取得的成绩，要求泸州港要充分利用综合交通运输体系，合理构筑产业布局、促进优化衔接，加快提升港口综合运输服务水平。

（省港航公司）

泸州港多用途码头二期工程顺利通过竣工验收 2016年4月15日，厅航务局组织对泸州港多用途码头二期工程进行竣工验收。专家组按照相关法律法规和验收方案，对工程进行现场核查和资料审查，一致认为工程建设和施工管理严格遵照国家法定建设程序，满足设计要求，符合国家验收标准，同意通过竣工验收。

自工程开工建设以来，泸州港严格落实建设任务，加强组织协调，强化施工管理，顺利完成泊位前沿平台、堆场道路、口岸联检大楼及相关配套设施建设和配备，共计完成投资3.01亿元。工程投运后，泸州港年集装箱吞吐能力、年重件及件杂货吞吐能力分别提高80%和200%，有效提升港口的货物运输能力和市场竞争力。

（省港航公司）

泸州港海关全域通系统与港口生产系统正式实现数据互通 2016年4月19日，泸州港海关全域通系统与港口集装箱管理系统的数据通道正式实现互通，成为继成都双流国际机场之后，全省第二家实现监管与生产系统直接关联的企业。

泸州港通过畅通监管信息通道，使港口作业系统能够实时接收海关的放行数据，并及时向海关推送货运信息，同时便于客户实时查询货物放行信息。该系统的使用为泸州港信息系统升级和泸州—长江物流公共信息平台的建设奠定基础，进一步提升泸州港的口岸服务功能。

（省港航公司）

泸州港首批进口美国木材顺利抵港 2016年7月4日，泸州港首批进口木材从美国萨凡纳运抵港口。这批木材是泸州港代理进口的南方黄松，主要供应成都家具企业用材。预计第二批进口木材将于8月中旬到达。这对泸州港进一步加强对接太仓港、张家港等港口，培育运输市场，加快形成运输通道优势，承接长江下游及东部地区木材产业转移具有重要意义。

（省港航公司）

省政府安委会督查组到泸州港督查汛期安全工作 2016年7月14日，省政府安委会汛期安全生产第七督查组到泸州港督导汛期安全生产工作。

督查组实地检查港口作业现场的安全生产情况，详细了解港口汛期安全、“安全生产月”活动和隐患排查治理等工作的开展情况，对泸州港安全标准化建设、安全制度制定落实、应急预案培训演等安全工作给予充分肯定，要求泸州港继续加强港口安全管理，夯实基础、查漏补缺，加强隐患排查治理，确保港口安全稳定运行。

（省港航公司）

广安港公用型保税仓库顺利通过成都海关验收 2016年8月18日，成都海关人员组织验收组严格按照海关验收程序对广安港公用型保税仓库进行验收。验收组实地勘察保税仓库后，认真听取保税仓库建设情况的汇报，认定满足验收条件符合国家有关规定，一致同意通过验收。标志着川东北经济区拥有首个公用型保税仓库，将进一步降低企业贸易成本，有利于加快周边地区贸易转型升级和川东北地区外向型经济的发展。

广安港是广安—南充—广元港口群的重要组成部分，常年满足千吨级船舶通达上海，出口货物主要来自广安及周边市州的电子产品。

（省港航公司）

2016年8月18日，广安港保税仓库通过成都海关验收

省港航公司 供稿

交通运输部公安局到泸州港检查反恐治安工作 2016年9月22日，交通运输部公安局检查组到泸州港检查反恐防恐和治安保卫工作。

检查组巡视港区堆场等区域，详细了解港口治安防控设施建设、联网监控实施情况，以及公司反恐应急预案及预案演练，信息监控等工作情况，对泸州港反恐防恐和治安保卫工作给予充分肯定，要求公司继续加强与长航公安、地方公安联系，确保反恐及治安工作经费、人员、设施投入，切实抓好不稳定因素的疏导工作，为港口生产经营发展提供和谐、平安、稳定的治安环境。

（省港航公司）

泸州港与中铁联集昆明分公司签订战略合作框架协议 2016年10月12日，泸州港与中铁联合国际集装箱有限公司昆明分公司在昆明签订战略合作框架协议，双方将在“昆明—昭通—泸州”物流通道建设和多式联运综合运输服务等方面进一步深化合作，有效整合客户资源、运营网络、物流平台，促进铁水联运一体化和信息互联共享。协议的签订将有助于拓展泸州港向云南腹地的辐射深度和广度，提升泸州港西部物流中心地位，对泸州港积极融入国家“一带一路”和长江经济带战略，加快建设以港口为核心的物流通道网络，实现港口持续健康发展具有重要意义。

（省港航公司）

公路水路勘察设计

GONGLU SHUILU KANCHA SHEJI

厅公路设计院工作概况 2016年，省交通运输厅公路设计院市场营销、生产、科研等工作继续取得进展。新增合同额、产值、利润总额分别比上年增长21%、12%和33%。

市场营销 全年签订合同409份，合同总金额10亿元，利润总额5 600余万元。高速公路市场继续巩固，中标沿金沙江高速公路初步设计、九绵高速公路施工图勘察设计等多个省重点高速公路项目，约占同期全省高速公路勘察设计招投标项目市场份额40%。地方及省外市场持续拓展，取得乐山市省道308线和省道215线过境公路勘察设计、渝黔高速公路扩能项目初步勘察设计等一批地方及省外项目，约占全院合同总额45%。业务延伸实现实质性突破，取得大批前期报告编制项目、6个省外咨询审查项目、5个代部审查项目，产业链两端业务量快速增长；取得第一个高速公路EPC项目，实现该领域零的突破；取得第一个公路、轨道两用市政项目——泸州市蓝田长江五桥，对于丰富提升业绩具有重要意义。经营合作进一步加强，与攀枝花市、中交一公院等签署战略合作协议，与新疆自治区交通运输厅、建设兵团建立合作关系，加快融入“一带一路”步伐，为巩固和深入地方与省外市场打下坚实基础。资质建设有序推进，完成“三证合一”工作，取得2项资质延续换证、1个资质增项，公路行业甲级设计资质申办成功。

生产任务 完成勘察设计产值6.2亿元，非勘察设计产值2亿元。配合厅项目储备工作，完成《四川省交通运输“十三五”发展规划》等6项规划任务；完善泸黄路等一批重点高速公路项目和乡城至得荣等一批地方重点公路项目工程可行性研究、工程预可行性研究工作。厅重点项目前期保障工作推进，确保承担的新开工项目、力争开工项目和加快前期工作项目共30余项工程可行性研究、初步设计、施工图设计，按要求提交各阶段设计文件，保证目标任务完成。地方国省干线及省外重点项目推进顺利，履约良好。全年实现安全生产零事故。

科研成果 新立项12个科研项目，取得3项科技进步奖，3项发明专利和16项实用新型专利获得授权；21个项目获得优秀质量奖。其中，南宁英华大桥获2016年度国家优质工程奖，9个项目获省部级优秀成果一等奖。

基地与标准化建设 推进两个实验室建设，“地质灾害防治技术国家工程实验室温江试验中心”主要设备系统已试运行，“四川省路面结构材料及养护工程实验室”基建及设备安装调试已完成，相关业务正常开展；“四川省公路智能服务系统”建设完成一期工程；博士后创新实践基地引进1名博士后进站开展科研工作；综合信息化平台建设一期工程于7月建成运行。继续开展“四川公路设计产品标准化研究与应用”研究，按照2015版行业规范积极推进桥梁、隧道、路基、建筑等专业的通用图编制工作，发布通用图26册。

管理工作 强化技术质量管控，完成质量、环境、职业健康安全三标合一管理体系升级改版，强化过程管理和质量控制；加快技术与设备更新，引进高效绘图《方案设计师》软件，购买无人机投入生产使用；组建BIM中心，建筑分院BIM试点工作取得初步成效；组建测绘分院，推进测绘先进技术的应用。加强技术服务，全年派出常驻工地设计代表53人，组织院级设计回访19次；增加雅康、汶马等重点工程隧道、地质等专业设计代表人数；采用无人机等先进手段探明滑坡等重大不良地质，利用北斗卫星技术监测滑坡体变形；利用微信等工具开展远程会诊，有效解决施工中存在的技术问题；加强应急技术支持保障，编制发布《SCHD地震重点危险区公路抢通保通技术保障应急预案》，及时派出应急技术小组参与绵竹汉青路小岗剑山体垮塌、省道103线峨马路边坡垮塌、攀枝花山洪泥石流等灾害抢险，为地方公路交通提供技术支持。勘察设计五分院推行的“保姆式”技术服务和交通工程分院推行的“五心”服务赢得了广大客户好评。创新干部人才队伍建设，提拔和调整干部27人；加强人才梯队建设，引进新员工34人，推荐各类专家40多人次，以“专家讲堂”为主阵地，开展各类教育培训，覆盖面达98.4%。牟廷敏获首届“四川杰出人才奖”，5人获“全国公路优秀科技工作者”等荣誉称号。

（匡成刚）

学术交流 2016年5月31日，台湾社团法人中国土木水利工程学会组织19位土木工程界知名专家、学者访问厅公路设计院，召开“川台高速公路设计建设学术交流会”。双方分享最新学术成果，深化交流合作。下午，台湾代表团参观考察雅西高速公路。

8月31日，厅公路设计院与湖南省交通规划勘察设计院座谈交流岩土专业的生产、经营、钻探等管理模式。10月19日，与河北省交通规划设计院交流座谈产业发展和市政、科技示范和绿色公路规划设计等业务项目。

（匡成刚）

仁沐新高速公路初步设计通过评审 2016年6月27日—29日，交通运输部在成都组织召开国道4216线仁寿经沐川至屏山新市（含马边支线）段高速公路初步设计咨询审查会。专家组详细考察项目现场，项目初步设计通过评审。

仁沐新高速公路是国家高速公路网及四川省高速公路规划网组成部分，路线全长201公里，采用双向四车道高速公路技术标准设计，设计时速80公里，路基宽25.5米。

（勘察设计一分院）

召开信用评价管理专题会议 2016年7月1日，为贯彻落实《四川省重点公路建设从业单位信用管理办法（2015年修订）》，厅公路设计院召开信用评价管理和投标工作管理专题会议，要求各生产单位高度重视信用评价管理，确定项目各级人员为主体责任人；加强与项目业主和行业主管单位沟通联系，做好项目生产及服务；加强投标工作管理，防范信用评价风险。

（生产经营处）

六盘山超特长隧道通车 2016年7月3日，厅公路设计院监理的青岛至兰州公路国道22线宁夏境东毛高速公路六盘山超特长隧道建成通车。隧道长9 490米，海拔2 070米~2 230米，是国内已建成高原地区高速公路最长隧道。项目监理历时49个月，12位专业技术人员常驻工地现场，地质、隧道、路面、机电等方面专家10余批次40余人次赴现场技术指导，克服技术困难，协助施工推进新技术、新工艺、新设备应用，实现22项技术创新。

（监理所）

成乐高速公路扩容工程可行性研究报告通过评审 2016年7月8日，厅公路设计院承担的国道0512线成都至乐山高速公路扩容建设工程可行性研究报告通过交通运输部评审。项目位于四川省成都市、眉山市和乐山市境内，是《国家公路网规划（2013—2020年）》重要联络线之一，是连接成都与眉山、乐山两市最便捷的高速公路大通道，也是连接成都双流国际机场又一条快速通道。路线全长139.986公里，分段采用双向六车道和八车道高速公路技术标准设计，建成后将缓解成乐高速公路交通压力，优化高速公路网络结构。

（综合交通规划分院）

院校科研项目合作 2016年7月20日，中国工程院院士郑皆连及广西大学专家一行到厅公路设计院商谈“提高进藏高速公路和铁路桥梁抗灾能力的战略研究”科研项目合作事宜。厅公路设计院以雅西高速公路建设为例，汇报在进藏高速公路桥梁减震抗灾技术设计上的探索和思考。郑院士对该院山区桥梁设计经验表示肯定，希望进一步总结提炼进藏高速公路桥梁抗灾技术设计特色和经验，继续探索钢管混凝土桁架桥推广与应用，为中国桥梁事业做出更大贡献。

（匡成刚）

召开峨汉高速公路初步设计评审会 2016年8月12日，省交通运输厅组织召开峨眉至汉源高速公路初步设计评审会。设计单位厅公路设计院汇报项目初步设计基本情况，并就路线、互通、桥梁等设计方案与参会单位讨论和沟通。

（匡成刚）

汶马高速公路维关隧道右线贯通 2016年9月18日，厅公路设计院设计的汶马高速公路维关隧道右线贯通，成为汶马高速公路全线首座贯通的1公里以上长隧道。

（李泳伸）

召开“提高进藏高速公路和铁路桥梁抗灾能力的战略研究”分课题二研讨会 2016年10月25日—26日，厅公路设计院在泸定承办“提高进藏高速公路和铁路桥梁抗灾能力的战略研究”分课题二研讨会，总工程师庄卫林专题汇报课题研究成果。中国工程院郑皆连、王景全、陈政清院士及广西大学、中交一院等单位专家30余人参加会议。专家组现场考察雅康高速公路大渡河特大桥、大仁烟大桥等工点。

（匡成刚）

巴朗山隧道通过交工验收 2016年10月28日，厅公路设计院设计的国道350线巴朗山隧道通过交工验收。隧道主洞长7 954米，洞口海拔高度3 850米，是世界上最长的超高海拔公路隧道。隧道设置为“主洞+平导”型，单洞对向通行，2011年6月开工，历时5年建成。隧道通车后，从成都驾车3小时可直达四姑娘山。

（匡成刚）

南宁英华大桥获奖 2016年12月，厅公路设计院设计的南宁市英华大桥获2016—2017年度“国家优质工程奖”，是中国工程建设质量最高奖项。南宁市英华大桥于2014年12月建成通车，是南宁市政基础设施重点项目，主桥采用跨径45+410+45米双塔单索面悬索桥，主梁采用流线型钢箱梁，主塔采用“羊角编钟”造型，具有鲜明的地方民族文化特色。

（孙 璐）

四川省“十三五”综合交通运输发展规划简介 2016年，厅公路设计院编制完成四川省“十三五”综合交通运输发展规划，通过省政府审议。规划确定四川省“十三五”综合交通运输发展目标为：到2020年基本建成“互连贯通、功能完备、无缝对接、安全高效”的现代综合交通运输体系，建成西部综合交通枢纽。覆盖更广泛、结构更优化、衔接更顺畅、服务更优质、运行更智慧、生产更安全、发展更绿色，适应全面建成小康社会需要。铁路营业里程达6 000公里，设计时速200公里及以上的铁路里程达2 100公里。公路网总里程达34万公里，高速公路通车里程达8 000公里，普通国道二级及以上、普通省道三级及以上比重分别达70%和50%，建制村通硬化路率达100%，具备条件的建制村通客车。长江航道川境段基本达Ⅱ级标准，全省Ⅳ级及以上高等级航道超1 600公里，港口集装箱吞吐能力达300万TEU。民用运输机场建成17个，68%县（市、区）在直线距离50公里范围内享受通用航空服务。有条件的农村地区实现建制村邮件直投到村，快递网点乡镇覆盖率达90%。城市轨道交通运营里程达500公里以上。战略布局为：构建“互连贯通、功能完备、无缝对接、安全高效”的现代综合交通运输体系，由“一个网络（多种运输方式共同组成的基础设施网络）、两个系统（安全便捷的人本化客运服务系统和集约高效的物流化货运服务系统）、三个平台（综合交通运输信息服务平台、安全保障平台和行业管理平台）”共同组成的综合交通运输有机整体。重点任务为：完善基础设施网络，优化运输服务系统，夯实支持保障平台，促进交通绿色发展。

“十三五”期，全省综合交通运输建设规划完成投资10 300亿元。其中铁路建设完成投资2 300亿元，公路建设完成投资4 800亿元，水运建设完成投资200亿元，民航建设完成投资900亿元，城市轨道交通建设完成投资2 100亿元。

（综合交通规划分院）

四川省公路水路交通运输“十三五”发展规划简介 2016年，厅公路设计院编制完成四川省公路水路交通运输“十三五”发展规划，通过省交通运输厅审议，印发执行。规划确定四川省公路水路交通运输“十三五”发展目标为：基本建成畅通安全高效的现代综合交通运输体系，交通运输总体发展水平达到全国先进、西部领先。提出高速公路通车里程超8 000公里，建成和在建里程达10 000公里，累计建成进出川大通道24条，建成高速公路覆盖全省135个县；普通国道二级及以上公路比重达70%，内地二级、三州三级及以上比重达90%以上，普通省道三级及以上比重达到50%；实现所有乡镇通油路（水泥路）、建制村通硬化路；Ⅳ级及以上航道总里程突破1 600公里，港口吞吐能力突破1.5亿吨，集装箱年吞吐能力突破300万标箱。规划投资5 000亿元，其中高速公路2 200亿元，国省干线公路1 500亿元，农村公路760亿元，公路运输站场160亿元，水运200亿元，信息化30亿元，养护及其他专项150亿元。

（综合交通规划分院）

四川省“十三五”高速公路建设规划简介 2016年，厅公路设计院编制完成四川省“十三五”高速公路建设规划，通过省交通运输厅审议。规划确定四川省“十三五”高速公路建设目标为：围绕基本建成畅通安全高效的现代综合交通运输体系的总体战略目标，至2020年底，基本建成“外畅内联、结构合理、安全高效”的高速公路网。提出高速公路通车总里程突破8 000公里，建成及在建高速公路总里程超10 000公里，规模进入全国前三；六车道及以上高速公路通车总里程达1 350公里，新建六车道及以上高速公路占新增总里程35%以上；全省高速公路网密度每百平方公里1.65公里，其中，内地每百平方公里3.95公里。成都平原城市群与川南、川东北城市群之间高速公路通道均达6条及以上；新增高速公路进出川大通道8条，累计建成24条，建成及在建32条。建成高速公路覆盖全省所有市州政府所在地，覆盖全省135个县、较“十二五”末新增10个，直接服务全省90%以上的人口，城镇人口10万以上和20万以上城市覆盖率分别达到96%和99%；建成及在建高速公路覆盖全省154个县、较“十二五”末新增16个。“十三五”期，四川省高速公路建设总规模5 631公里（国家高速公路项目2 910公里，地方高速公路项目2 721公里），其中，续建项目1 512公里，新开工项目4 119公里。

（综合交通规划分院）

“高烈度地震条件深水库区大跨连续刚构桥梁设计施工关键技术”项目简介 2016年，厅公路设计院主研的“高烈度地震条件深水库区大跨连续刚构桥梁设计施工关键技术”科研项目获四川省科技进步二等奖。项目围绕连续刚构桥应用于高烈度库区存在的桥梁结构抗震、深水基础施工、桥墩结构设计等技术瓶颈，取得创新成果。新结构方面，首创桩柱式连续刚构结构体系，从源头解决上述3个技术瓶颈；新方法方面，通过数值仿真和大比例尺桥梁模型试验，研究提出桩柱式连续刚构桥上下部混合段、桩基、桥台设计计算方法和构造设计方法；新工艺方面，研发以大型浮箱龙门架吊装系统为主体的桩柱式连续刚构桥成套技术。

（总工办）

“四川省公路安全风险调查及防控对策研究”项目简介　2016年，厅公路设计院推进“四川省公路安全风险调查及防控对策研究”项目研究。课题以调查收集的统计资料和事件样本为基础，结合国内外公路安全风险管理文献资料，对四川省公路基础设施安全风险管理对象、风险事件和风险致因进行梳理和辨识，对风险事件和致因进行分析和评估，初步提出安全风险防控的对策和建议：一是打造全寿命周期的安全风险防控体系；二是打破行业壁垒，全方位加强行业联动和资源共享；三是建设全方位公路安全风险管理体系。

（总工办）

九绵高速公路设计简介　2016年9月19日，九寨沟（甘川界）至绵阳段高速公路开工建设。项目是《国家高速公路网规划（2013—2030年）》平凉至绵阳高速公路和《四川省高速公路网规划（2014—2030年）》成都经绵阳、九寨沟至甘肃放射线重要组成部分，北接拟建的国道8513线平凉至绵阳高速公路甘肃段，南连国道5线京昆高速公路广元至绵阳段和国道93线成渝地区环线绵阳至遂宁段，构成川甘两省便捷的省际公路运输大通道。沿线生态条件敏感、环境本底良好、自然风光优美、旅游资源丰富，被交通运输部列为全国第二批绿色公路示范工程。

九绵高速公路位于阿坝州九寨沟县和绵阳市的平武县、北川县、江油市、游仙区，全长244.026公里。全线按双向四车道高速公路技术标准设计，设计行车时速80公里，路基宽25.5米，桥隧比81.50%，设互通式立交17处、服务区6处，造价约410亿元。厅公路设计院承担100.594公里勘察设计任务，其中白马隧道全长13.006公里，是项目控制性工程。

（勘察设计一分院）

惠清高速公路设计简介　2016年12月30日，惠州至清远高速公路全线开工建设。路线起于广东省惠州市龙门县永汉镇，接广（州）河（源）高速公路，经龙门县永汉镇、从化市良口镇、佛冈县汤塘镇和龙山镇、清远市飞来峡镇，分别与大（庆）广（州）、（北）京珠（海）、广（州）乐（昌）、清（远）连（州）等高速公路交叉，止于清远市清新区太和镇，接汕湛高速公路清远至云浮段，全长128.3公里。厅公路设计院负责设计的A3合同段（佛冈至清新段），全长42.663公里，设计行车时速100公里，路基宽33.5米，桥隧比49.73%，设飞来峡、东城枢纽（接广乐高速）、黄腾峡、凤城、太和、清新枢纽（接清西大桥连接线工程）共6处互通。项目是广东省高速公路网规划“二横”重要组成部分，建成后将加快汕头至湛江高速公路全线贯通，对完善广东省高速公路网布局，加快北部山区开发，促进广东省东、西部经济文化交流，促进区域经济发展，带动沿线旅游发展有重要意义。

惠清高速公路飞来峡互通立交效果图　　厅公路设计院 供稿

（勘察设计一分院）

香丽高速公路设计简介　厅公路设计院参与设计的香格里拉至丽江高速公路是国家高速公路网北京至西藏高速公路西（宁）丽（江）联络线（国道0613线）重要路段，路线向南经大（理）丽（江）高速公路与国高网国道56线杭（州）瑞（丽）高速公路相接，形成滇西北地区主骨架布局，是进出西藏主要通道之一。项目建设对完善中国高速公路网，“融入‘一带一路’，建成中国面向西南开放重要桥头堡”战略部署有重要意义。

路线起于香格里拉以南益松村，经香格里拉连接线接国道214线德钦至香格里拉段，止于丽江白汉场，全长124.55公里，其中新建路段118.013公里，利用大丽高速公路松园桥连接线改（扩）建6.537公里，同步建设香

香丽高速公路小中甸互通式立交效果图　　厅公路设计院 供稿

格里拉连接线15.755公里。主线按双向四车道高速公路技术标准设计，设计行车时速80公里，路基宽24.5米；香格里拉连接线按一级公路技术标准设计，设计时速80公里，路基宽24.5米。厅公路设计院承担SJ-2合同段全长64.046公里，其中主线48.291公里，桥隧比38.79%，设置互通式立交、服务区、停车区各1处；香格里拉连接线15.755公里。

（勘察设计一分院）

天府大道北延线设计简介　2016年11月10日，厅公路设计院设计的天府大道北延线开工建设。路线起于成都市新都区与德阳市分界处，沿东北方向跨青白江，穿成汶铁路后，跨蒋家河、成兰铁路、成都第二绕城高速公路、跨白肚河、濛阳河，经南兴镇东侧洪家院子与汉彭公路交叉后跨马牧河，与三星大道交叉，跨湔江（鸭子河）、广岳铁路、北京大道，在三圣寺附近跨石亭江进入德阳市旌阳区，经金沙江路，穿德茂公路、德天铁路，止于青衣江路延伸线，全长34.701公里。全线按双向十二车道（主道八车道+辅道四车道）城市主干路技术标准设计，主线设计行车时速80公里，辅道设计时速40公里，道路红线宽80米。

（勘察设计四分院）

省道308线改线工程设计简介　2016年12月28日，厅公路设计院设计的省道308线改线工程建成通车。路线起于牟子镇杨湾，经龙头村跨岷江，止于省道305线对接乐峨大道，全长9.461公里。全线按双向六车道一级公路技术标准设计，设计行车时速80公里，沥青混凝土路面，整体式路基宽32米，分离式路基宽16米，桥涵设计汽车荷载采用公路I级。设岷江特大桥1座1 296米，大中桥6座465.5米；挖方231.58万立方米，填方218.79万立方米，批复概算金额82 969万元，其中，建安费55 591万元。

（勘察设计四分院）

宜牛至达日公路改建工程可行性研究简介　2016年12月29日，厅公路设计院编制的国道345线石渠县宜牛乡至达日县（四川境段）公路改建工程可行性研究报告通过省发展改革委评审并获得批复。路线起于四川省石渠县和青海省达日县交界的马崩山垭口，经阿日扎乡沿既有道路改建，至宜牛乡接省道456线，经新荣乡、蒙宜乡止于石渠县城，全长126.804公里，其中建设里程97.804公里，设计时速40公里，路基宽8.5米，估算投资11.53亿元。

（勘察设计二分院）

卓克基至小金段公路改造工程设计简介　2016年，厅公路设计院完成省道217线（原省道210线）卓克基至小金段公路改造工程设计。项目是阿坝州境内南北向重要干线通道，路线起于马尔康市卓克基镇国道317线与省道217线平交口、经纳足沟、梦笔山、两河口、抚边、木坡、八角，止于小金县城猛固桥，全长119.532公里，海拔高度2 100～4 560米。全线按三级公路技术标准设计，路基宽8.5米，设大桥8座1 109.64米、中桥29座1 865.7米、小桥2座32米，特长隧道1座3 380米，概算投资21.56亿元，桥隧比5.3%。

（勘察设计二分院）

天府新区籍田连村路设计简介　2016年，厅公路设计院设计的天府新区籍田连村路以“安全、环保、便捷、经济”“创新、灵活、精细、优质”的设计理念，被誉为最美乡村路。项目位于天府新区籍田镇境内，总体呈东西、南北走向，路线起于籍田镇东南部，与天府大道南延线（K24+229）平交，经粮丰村、鱼

省道308线改线工程岷江特大桥效果图　　厅公路设计院 供稿

2016年，天府新区籍田连村路被誉为最美乡村路　　厅公路设计院 供稿

鹤村，与国道213线平交，跨柴山河，穿清华村、红阳村、五圣村，改建原有道路，经铧炉村、与老籍黄路平交，经西安村，跨鹿溪河，止于籍田镇西侧，与新籍黄路平交，全长11.804公里。全线采用对向双车道四级公路技术标准设计，设计时速20公里，路基宽6.5米，桥梁与路基同宽，沥青混凝土路面，桥涵设计汽车荷载采用公路Ⅱ级。

（勘察设计四分院）

合江长江公路大桥设计简介　厅公路设计院设计的合江长江公路大桥是省道438线跨越长江的重要桥梁，是连接泸渝高速公路与国道353线的重要纽带，是合江县城唯一过江通道。项目按全向四车道一级公路技术标准设计，设计行车时速60公里，桥面宽27米，桥涵设计汽车荷载采用公路Ⅰ级，全长约1 420米，其中主桥长668米，引桥长（含桥台）752米。项目主跨钢管混凝土系杆拱桥长507米，是同类桥型世界第一跨径；采用钢管混凝土结构、超静定“工”型格子梁和钢—混凝土组合桥面板，节约工程造价9 000万元以上。

2015年底，项目开工建设。

（桥梁勘察设计分院）

2016年，合江长江公路大桥建设场景　　厅公路设计院 供稿

映汶路恢复重建工程隧道群设计简介　国道213线映秀至汶川段公路“7·9”山洪泥石流灾害恢复重建工程位于“5·12”汶川地震震中区域，是除映汶高速公路外，阿坝州通往映秀、成都的又一条重要生命通道。项目沿线地质结构复杂，地质灾害隐患点多，受“7·9”山洪泥石流灾害影响，该段公路损毁严重，部分路段完全丧失通行能力。受沿线严重次生地质灾害影响，国道213线抗灾能力明显不足，亟需通过增设隧道、综合交通保障及加强灾害治理等手段提高道路通行条件、服务标准和抗灾害能力。2016年，厅公路设计院完成项目隧道群两阶段初步设计和施工图勘察设计。

路线全长53.779公里，隧道群采用二级公路技术标准设计，设计行车时速40公里，采用新建隧道、明洞，既有隧道、明洞加宽或延长，以及既有隧道病害处治或利用等多种重建手段，共新建、改建隧道或明洞15座13 271.5米，病害处治或利用隧道9座8 242.5米。

项目3座新建隧道上跨映汶高速公路隧道，其中新建羊店隧道上跨映汶高速公路桃关2号隧道，隧道间最小净距3.98米，隧道开挖爆破震动改变局部区域应力分布，对既有隧道正常运营构成较大风险。项目测设组经过专项安全评估，对3处上跨交叉段落进行专项勘察设计，通过对新建隧道基底注浆和优化仰拱结构、对被交隧道设置临时工字钢和钢带加固等手段，使交叠段施工顺利开展。除空间交叠段外，在明洞加宽、新旧隧道联络道、新建隧道与既有隧道接缝防水、既有隧道反坡排水、明洞洞顶回填土保护板等专项设计中进行创新和局部优化。

（隧道与地下工程分院）

竹巴笼至得荣二龙桥公路隧道群设计简介　2016年，厅公路设计院完成巴塘竹巴笼（西藏界）至得荣二龙桥（云南界）公路（二期工程）隧道群施工图勘察设计。项目位于甘孜州巴塘县、得荣县境内，两县西隔金沙江与西藏芒康、云南德钦相望。原路全长294公里，是川西地区进滇入藏重要通道，是《国家公路网规划（2013—2030年）》及四川省《西部综合交通枢纽规划》新规划国道215线重要部分。

路线起于国道318线竹巴笼金沙江大桥，止于苏洼龙乡，与国道215线苏洼龙至得荣二龙桥项目起点顺接，全长

竹巴笼至得荣二龙桥公路沿线地形地质条件复杂　　厅公路设计院 供稿

44.273公里，概算总投资21.22亿元。设隧道14座20.062公里，占路线总长45.31%，按三级公路技术标准设计，设计时速40公里。隧道群沿金沙江深切河谷布设，平均海拔2 500米，地形、地质条件复杂，勘察设计工作艰巨。测设项目组完善地质勘察工作、查明隧址区主要不良地质病害，通过细化围岩等级、优化隧道结构设计、改善洞口段路线方案、采用抗灾能力强的隧道洞门型式等手段，确保隧道整体安全和稳定。项目于2016年开工建设。

（隧道与地下工程分院）

无名山隧道设计简介　2016年，厅公路设计院完成无名山隧道两阶段初步设计、施工图勘察设计。项目位于国道549线桑堆经乡城至省道460线然乌段公路，是原省道217线桑堆至然乌路段改建工程。根据《国家公路网规划（2013—2030年）》和《四川省普通省道网布局规划（2014—2030年）》对国省道布局调整，原省道217线桑堆至然乌段分别调整为国道549线稻城至乡城一段和省道460线乡城至然乌一段，新建隧道将有效改善路段行车条件。

项目为单洞对向行车隧道，按三级公路技术标准设计，设计时速40公里，全长4 417米，进口端设置平行导洞（救援通道）1座1 462米，洞口平均海拔4 342米，是省内海拔高度仅次于国道318线雀儿山隧道的一座高寒高海拔地区特长公路隧道。项目测设组加强隧道地质勘察和水文资料收集，强化监控量测和地质超前预报，合理评估不良地质的施工风险，充分估计涌突水对施工的不利影响，加强针对施工过程的动态设计；针对项目高寒、高海拔、低含氧量恶劣施工条件，以“以人为本”设计理念，针对供氧、保温、抗防冻等措施专项设计，确保隧道施工安全并缩短建设工期。

项目于2016年开工建设。

（隧道与地下工程分院）

无名山隧道效果图　　厅公路设计院 供稿

椅子垭口隧道设计简介　2016年，厅公路设计院完成椅子垭口隧道施工图勘察设计。项目位于省道309线乐山市、凉山州交界路段，地处峨边、美姑县间，是峨美路控制性工程。

项目为单洞对向行车隧道，按二级公路技术标准设计，设计时速40公里，全长3 130米；连接线按三级公路技术标准设计，设计时速30公里。概算总投资3.68亿元。

项目地处凉山腹地，是全国最大的彝族聚居区，雨量充沛，植被极为发育，路线穿越黑竹沟自然保护区和大风顶自然保护区实验区，并以隧道形式通过大风顶自然保护区缓冲区。测设组3次进场，完成全部外业勘测和地质勘察工作，内业设计阶段在彝族地区建筑风格装饰与景观设计、高寒地区隧道抗防冻、高降雨量及高地下水位地区隧道排水方案和高原隧道冬期施工方案及对策等方面作出针对性优化设计。

（隧道与地下工程分院）

厅交通设计院工作概况 2016年，厅交通设计院继续推进生产经营、科研创新、勘察设计、内控体系等工作。

生产任务 完成省交通运输厅计划开工建设的7个水运重点项目、参与的17个高速公路项目前期工作；推进41个交通规划项目（完成16个）、104个水运项目（完成62个）、295个地方公路项目（完成139个）技术服务工作；咨询审查取得新突破，首次承担甘肃省景泰至中川机场高速公路初设代部技术咨询工作，完成12个代省发展改革委、13个代省交通运输厅、50余个地方交通项目技术审查工作；强化后期服务，常驻工地设计代表64人，完成重大设计变更112个，组织院级设计回访23次；开展18个水运监理项目、137个公路监理项目、30个试验检测项目、5个共710公里“甘推”“凉推”项目代建管理工作。

市场经营 新增合同金额7.56亿元，比上年增长13.9%，超年度力争目标28.3%（其中公路勘察设计4.81亿元，水运勘察设计0.95亿元，独立地勘、测量307万元，监理、试验检测1.77亿元）；完成产值4.81亿元，比上年增长9%，超年度力争目标25.3%（其中公路勘察设计2.97亿元，水运勘察设计0.5亿元，监理、试验检测1.34亿元）；营业收入5.13亿元，比上年增长3.8%，超年度力争目标13.2%（其中公路主营业务3.1亿元，水运主营业务0.68亿元，科研项目720万元，监理、试验检测业务1.28亿元）。

科研项目 推进29项科研项目（厅局24项，自揽3项，院立项2项），完成并通过验收10项，申报省交通运输厅2017年度科研项目22项；主编完成部颁《港口与航道水文规范》，参编完成《河港总体设计规范》等3项部颁水运工程规范、标准；申请专利4项，取得专利3项，获得中国公路学会科学技术奖1项；在部省级技术刊物上发表论文61篇，出版专著1本；BIM技术开发应用取得成绩，一方面大力引进BIM技术人才，组建研发团队21人，购置软件6类45套，另一方面着力推进成果应用，在26个交通项目应用BIM技术；与川高公司、藏区公司联合研发施工管理应用平台，取得初步成果；参与交通运输部《水运工程设计信息模型应用标准》编制，承担省交通运输厅科研项目《基于BIM开发与应用的交通行业勘察设计标准化研究》；2个项目分别获中国勘察设计协会综合市政优秀BIM应用奖、最佳公路与城市道路BIM应用奖，3个项目在2016年四川省第四届建筑信息模型设计大赛上获奖。

质量管理 严格监督审核，确保QES三标体系正常运行和持续改进，实施重大技术方案会审制度，出院产品合格率达100%。加强质量控制，跟踪项目进度，实行清单化管理，开展体系运行情况“飞行检查”，组织重大技术方案会审17次；强化体系建设，加强对运行项目数据统计分析，严格内部审核发现问题整改，新增（修订）程序文件、作业文件和管理记录29项，通过第三方监督审核；举办技术交流、专业培训、学术研讨等活动46次。

2016年，厅交通设计院获中国公路勘察设计协会优秀勘察设计奖5项、中国水运建设行业协会咨询成果奖1项、省级优秀勘察设计奖5项。获全国交通运输文化建设优秀单位称号，概预算处被省妇联表彰为“三八红旗集体”，水运一处被省总工会授予为“工人先锋号”，环保设计处被团省委和省人社厅联合授予“青年文明号”。

（厅交通设计院）

四川省“十三五”内河水运发展专项规划简介 2016年，厅交通设计院牵头完成四川省内河水运“十三五”发展规划。规划突出一个专项（高等级航道达标升级专项），统筹四大任务（重点港口功能完善、推进监测巡航救助一体化工程、研究实施江海联运专项工程、做好港航项目储备），实现五大提升（基础设施提档升级、运输服务提质增效、保障能力显著提升、管理水平持续提高、水运经济协同发展），最终实现四川水运基本构建干支衔接、通达通畅的“5+2”航道体系和结构优化、枢纽互通的“6+6”现代化港口体系。至2020年，全省高等级航道1 692公里全线达标，达标率100%，航道通过能力提升1倍，船舶总运力达到130万吨；全省港口吞吐能力突破1.5亿吨，集装箱年吞吐能力突破300万标箱；长江干线救助船舶应急到达时间不超过45分钟，其余水域不超过90分钟，长江干线溢油应急机动力量到达时间不超过4小时，水上交通安全形势持续稳定。

（厅交通设计院）

乐山至西昌高速公路工程可行性研究简介 2016年7月25日，厅交通设计院编制完成的乐山至西昌高速公路工程可行性研究报告通过省交通运输厅评审。乐西高速公路位于乐山市、凉山州境内，是《四川省高速公路网规划（2014—2030年）》8条纵线的第7纵。路线起于乐山市，经沙湾区、马边县、美姑县，止于昭觉县城南，与规划的西昭高速公路相接，全长279公里，其中新建里程约257公里。全线按双向四车道高速公路技术标准设计，设计时速80公里，路基宽25.5米，桥隧比64.2%。估算总投资434亿元。

（厅交通设计院）

成都经济区环线高速公路蒲江至都江堰段工程可行性研究简介 2016年9月23日，厅交通设计院编制的成都经济区环线高速公路蒲江至都江堰段工程可行性研究报告获四川省发展改革委批复，路线起于蒲江县成雅高速公路，跨西河进入都江堰市，经大观、中兴，在玉堂南接都汶高速公路，全长101.3公里。主线按双向六车道高速公路技术标准设计，设计时速120公里，路基宽33.5米，桥隧比38.4%，估算投资161.90亿元。连接线起于成都二绕高速公路廖家互通匝道与白云路相交，跨黑石河经观胜镇南侧，止于川西旅游环线与街子镇会唐路相交处，全长16.341公里。连接线按一级公路技术标准设计，设计时速80公里，路基宽24.5米，估算投资10.63亿元。估算总投资合计172.53亿元。

（厅交通设计院）

成都至宜宾高速公路工程可行性研究简介 2016年9月28日，厅交通设计院编制的成都至宜宾高速公路工程可行性研究报告通过评审。项目是《四川省高速公路网规划（2014—2030年）》16条成都放射线高速公路之一，起于成都经济区环线高速公路（成都第三绕城高速公路），接成都新机场高速公路南线，经仁寿、荣县，止于国道93线成渝经济环线高速（乐宜高速公路段），对接宜宾市过境高速公路西段，全长157公里。全线按双向六车道高速公路技术标准设计，设计时速120公里，路基宽34.5米。估算总投资246亿元。

（厅交通设计院）

沿金沙江高速公路宁攀A标段设计简介 2016年，厅交通设计院与中交规划院完成宜宾至攀枝花沿金沙江高速公路宁攀A标段初步设计。项目是国道4216线成都至丽江高速公路一段，路线经凉山州宁南县、会东县、会理县，攀枝花市盐边县、仁和区五区县，主线全长168.862公里，按高速公路技术标准设计，设计时速80公里，路基宽25.5米。设桥梁207座74 485米（特大桥12座18 593米），隧道37座51 959米（特长隧道4座21 957米，长隧道13座19 724米），桥隧比例74.8%。互通立交11座，服务区、停车区7座。盐边连接线全长17公里，按二级公路技术标准设计，设计时速60公里，路基宽12米，桥隧比30.18%。项目控制性工程有：大火山隧道8 443米、火山隧道6 979米，黑水河特大桥（单跨钢桁梁悬索桥）832米、金江特大桥（预应力混凝土矮塔斜拉桥）3 392米。

（厅交通设计院）

桑堆至然乌公路改建工程设计简介 2016年6月21日，厅交通设计院编制稻城桑堆至乡城然乌公路改建工程可行性研究报告获省发展改革委批复。2016年10月开工建设。

项目由国道549线稻城桑堆至乡城段和省道460线乡城至然乌段组成，是甘孜州稻城和乡城地区连接云南省的省级干线公路，纳入《四川省甘孜藏族自治州2016—2018年公路建设推进方案》。路线起于稻城县桑堆乡，接国道227线理塘至稻城段公路，以新建路线方式设隧道穿越无名山，经沙贡乡、水洼乡、乡城县城，设香巴拉大桥跨硕曲河后经青麦乡、黑达村，止于然乌桥右岸桥头，全长103.14公里。全线按三级公路技术标准设计，设计时速30公里、路基宽7.5米，乡城县城及桑堆乡过境段路基宽分别为10米和8.5米。概算总投资21.42亿元。

（厅交通设计院）

沿金沙江高速公路火山隧道效果图 厅交通设计院 供稿

亚龙至锣锅梁子段公路改建工程设计简介 2016年10月，厅交通设计院设计的省道455线色达亚龙至甘孜县锣锅梁子段公路改建工程开工建设，是《四川省普通省道网布局规划（2014—2030年）》一条联络线。路线起于色达县亚龙乡与省道454线色达至青海达日县公路平面交叉附近，经色达县亚龙乡、塔子乡，甘孜县泥柯乡、四通达乡，炉霍县充古乡，止于甘孜县下雄乡锣锅梁子，与国道317线相接，全长101.518公里。全线按三级公路技术标准设计，设计时速30～40公里，路基宽7.5～8.5米，新

亚龙至锣锅梁子段公路沿线风貌　　厅交通设计院 供稿

建桥涵设计汽车荷载采用公路I级。概算总投资9.4亿元。

（厅交通设计院）

石棉至九龙公路工程可行性研究简介　2016年12月16日，厅交通设计院编制的国道549线雅安石棉至甘孜九龙段公路工程可行性研究报告通过交通运输部审查。项目位于四川省西南部雅安石棉县和甘孜九龙县境内，是《国家公路网（四川境）线位规划研究》中国道549线石棉至得荣公路一段。路线起于雅安市石棉县城国道108线大渡河大桥，经安顺乡、蟹螺乡、白水河、九龙县湾坝乡、两叉河、小卡子山、锅底凼、雪洼、麻窝、立次山、四大牛场、热枯沟，止于甘孜州九龙县，接国道248线，全长179公里。全线设计时速30公里，路基宽7.5米。估算总投资45亿元。

（厅交通设计院）

道孚至二嘎里公路设计简介　2016年12月16日，厅交通设计院完成省道220线道孚至二嘎里（阿坝界）公路初步设计，获厅公路局批复。路线起于省道220线甘孜阿坝交界处金川县三家寨，经银恩乡、维他乡、贾宗乡、七美乡，跨越鲜水河后，止于道孚县，与国道350线相接，全长95.44公里。全线按双向两车道三级公路技术标准设计，设计时速30公里，路基宽7.5米，沥青混凝土路面。设中桥1座54米，小桥5座134米，涵洞135道，平面交叉8处，批复概算总投资7.4亿元。

（厅交通设计院）

会东县城至野牛坪段公路改建工程设计简介　2016年12月23日，厅交通设计院编制的省道468线会东县城经铅锌镇至野牛坪段公路改建工程初步设计通过审查。项目是凉山州会东县东西横向重要通道，沿线发箐乡、铅锌镇、老铁矿等地矿产资源丰富。路线起于会东县城小岔河桥，经拉马乡、满银沟镇、双堰、铅锌镇、小街、松坪镇，止于野牛坪乡金东大桥桥头，与云南省境内国道248线相接，全长111.669公里。全线按三级公路技术标准设计，设计时速30公里，路基宽7.5米（桥梁宽8米），沥青混凝土路面。设大中桥22座1 129.28米，隧道1座2 677米，概算总投资12.23亿元。

（厅交通设计院）

中江至仓山公路改建工程可行性研究报告简介　2016年，厅交通设计院完成国道350线（原省道106线）中江至仓山段公路改建工程可行性研究报告。项目位于德阳市中江县，是骨干线路网南北向中的一段。路线起于国道350线与中江县二环路平交路口（德中路口），经玉兴镇、龙台镇、继光水库（西侧）、双龙镇、继光镇、广福镇、会龙镇、仓山镇，止于中江大英界胜利桥头，全长79.147公里（新建路段40.2公里，原路改〈扩〉建26.6公里，路面改造7.7公里，利用4.647公里，新建段占路线总长50.8%）。全线按一级公路技术标准设计，设计时速60～80公里，路基宽23～54米，设大桥12座2 868米、中

道孚至二嘎里公路沿线风貌　　厅交通设计院 供稿

桥19座1 394米、小桥14座508米，桥隧比6.03%。

（厅交通设计院）

五通桥至沐川快速公路设计简介 2016年，厅交通设计院编制完成乐山五通桥经犍为（高铁站）至沐川快速公路（五通段）施工图设计，属于既有乐宜高速公路五通连接线改（扩）建项目，原道路按二级公路技术标准设计，设计时速60公里，路基宽12米。路线起于乐宜高速公路五通桥收费站，设桥梁上跨乐山市进港大道，在岷江和涌斯江分别设岷江特大桥和涌斯江大桥，止点接省道104线，全长3.834公里，其中控制性工程岷江特大桥长1 138米。改建后路基标准横断面40米。

新建五通桥岷江特大桥左右幅分幅布置，主桥长360米，箱梁为三向预应力结构，主墩为钢筋混凝土箱形墩，承台接群桩基础，每个主墩承台下设21根直径2.2米的钻孔灌注桩基础；引桥上部为简支T梁，下部结构桥墩为圆柱式桥墩，桩基为钻孔灌注桩；起点采用桩板式组合桥台接群桩基础，止点采用桩柱式桥台。

（厅交通设计院）

吴忠段航运建设一期工程设计简介 2016年7月，厅交通设计院设计的黄河吴忠段航运建设一期工程通过交工验收。项目位于吴忠市境内，起于青铜峡大坝，止于京藏高速公路吴忠特大桥段，航道全长47.5公里，按内河Ⅴ级航道标准建设，尺度1.3×22×270米（水深×直线段宽度×弯曲半径），包括整治8个滩险，建设4个码头（其中利通中心码头为海事搜救中心），河段按内河三类标准建设航标工程，总投资1.58亿元。航道整治为适应河段水沙条件，采用“塞克格宾丁坝+雷诺护垫护岸”工程措施，将黄河多汊河流改为单一河流，取得较好效果。工程建设为促进吴忠市黄河水上旅游事业发展，对改善交通条件、完善综合交通运输体系有重要意义。

（厅交通设计院）

采用“塞克格宾丁坝+雷诺护垫护岸”工程措施整治航道　　厅交通设计院 供稿

绵阳港三江湖码头设计简介 2016年9月19日，厅交通设计院设计的绵阳港三江湖码头主体建设完工。项目位于绵阳市区涪江、安昌河及芙蓉溪交汇处，由三江半岛码头、新龙舟码头及相关景观配套工程组成。

绵阳港三江湖码头鸟瞰图　　厅交通设计院 供稿

项目设14个泊位，其中旅游客运泊位8个，海事行政执法船泊位1个，航标维护泊位1个，餐饮趸船泊位4个。设计理念结合绵阳科技文化资源及多元文化优势，以生态、休闲、运动、科技四个主题内容发展带动绵阳城市旅游产业发展。

（厅交通设计院）

南长滩至沙坡头段航运建设工程设计简介 2016年10月，厅交通设计院设计的中卫市南长滩至沙坡头段航运建设工程完工。项目位于宁夏自治区中西部，航道全长56公里，按内河Ⅴ级航道标准建设，尺度1.6×40×270米（水深×直线段宽度×弯曲半径），包括整治13个滩险，修建5个旅游码头、1个航标工作船码头、1个海事搜救中心等。河段按内河三类标准建设航标工程，总投资1.42亿元。项目促进中卫市黄河沿岸地区旅游事业发展，对改善交通条件、完善综合交通运输体系有重要意义。

（厅交通设计院）

2016年，黄河航运建设工程中卫段建设场景　厅交通设计院 供稿

广州白坭水道航道整治工程设计简介　2016年11月1日，厅交通设计院设计的广州白坭水道航道整治工程通过竣工验收。项目内容为整治白坭水道54.8公里（含流溪河7.1公里）航道，共分为四段：白坭圩至赤坭荷塘河段，全长6.3公里，按内河5级限制性航道标准建设，尺度2.5×35×115米（水深×直线段宽度×弯曲半径，下同），代表船型为300吨级机动驳单船；赤坭荷塘至花都港河段，全长12公里，按内河Ⅲ级限制性航道标准建设，尺度3.2×45×275米，代表船型为1 000吨级机动驳单船；花都港至珠江东桥河段，全长29.4公里，按内河3级港澳线航道标准建设，尺度4.0×60×275米，代表船型为1 000吨级机动驳单船；流溪河江村铁路桥至文教口河段，全长7.1公里，按内河3级港澳线航道标准建设，尺度4.0×60×275米，代表船型为1 000吨级机动驳单船。总投资21 051.6万元。

（厅交通设计院）

起凤廊桥设计简介　厅交通设计院设计的巴中市恩阳区起凤廊桥是恩阳区2016年重点建设项目。廊桥位于恩阳古镇，下部由30.6米+34.2米+30.6米三跨上承式空腹拱桥组成，空腹拱侧面设置混凝土板，上粘青石板。上部由廊、门楼、阁楼组合而成，桥身长116.25米，两端牌楼进深各7.5米；桥廊全长122米，宽16米，内通道主道宽6米，辅道各宽3米，辅道旁休闲通道各宽2米；廊桥底层檐口高4.5米，二层檐口高7.25米，中部景观楼最高顶16.8米。廊桥底层建筑面积2 360.8平方米，牌楼与景观楼二层建筑面积549.5平方米，合计建筑面积2 910.4平方米。

（厅交通设计院）

起凤廊桥效果图　厅交通设计院 供稿

拖乌至冕宁县城段公路工程可行性研究简介　2016年，监理公司公路工程设计院编制完成省道219线拖乌至冕宁县城段公路工程可行性研究报告。路线起于凉山州冕宁县拖乌乡，经彝海乡、大桥镇、冕宁、泸沽、西昌琅环、太和、佑君、阿七、德昌，止于米易县普威镇，全长61.043公里，按三级公路技术标准设计，估算总投资5.87亿元。项目兼具红色旅游功能，是凉山州开发彝海风景区旅游资源、大桥水库（安宁湖）水资源、灵山寺佛教文化的重要部署。

（监理公司公路工程设计院）

简阳市农村公路改善提升工程设计简介　监理公司公路工程设计院完成简阳市2016年农村公路改善提升工程施工图勘察设计。项目主要包含东三路、宏五路、金简路，合计里程53.8公里，采用二级公路技术标准设计，设计时速30公里；部分困难路段降低技术指标，采用四级公路技术标准设计，设计时速20公里，路基宽8米，概算总投资3.837 8亿元。

（监理公司公路工程设计院）

西藏公路危桥改造工程施工图勘察设计简介　2016年，监理公司公路工程设计院完成西藏提前实施“十三五”公路危桥改造工程施工图勘察设计。项目位于西藏那曲县和安多县，地处唐古拉山、可可西里山和托尔火山、桑卡山脉的高寒、高海拔地区（海拔高于4 500米）。项目改建桥梁68座（那曲县42座桥、安多县26座桥），其中大桥1座，中桥33座，小桥34座。老桥改造总长度1 737米，面积7 817平方米；新建桥梁总长度2 749米，面积25 566平方米。概算总投资3.2亿元。

（监理公司公路工程设计院）

专 文

穿越“地质灾害博物馆”

——厅公路设计院省道303线映秀至卧龙公路勘察设计纪实

匡成刚　胡栋才

2016年10月，省道303线映秀至卧龙公路建成通车。45公里，二级公路，历时11年。这条被称为“地质灾害博物馆”的公路，建设难度之大、时间之长，史无前例。

映秀至卧龙公路，沿线风景秀美，是通往卧龙大熊猫保护区最便捷的途径，是马尔康、金川的第二条生命通道，是连通小金、黑水、红原、九寨沟，形成大九寨旅游环线的重要路段。这项万众瞩目的工程能够浴火重生，其勘察设计经历了怎样的艰难曲折、千难万险，征服了多少世界级难题？项目设计单位——厅公路设计院自有攻坚克难的绝技妙招。

建成后的省道303线映卧路　　厅公路设计院 供稿

难于上青天的生命通道重建

2005年9月，映卧路启动建设，四川提出要打造“中国的黄石公园公路”。2008年，就在道路初步建成准备铺设路面时，“5·12”汶川特大地震突然发生，映卧路遭受毁灭性的破坏。2009年初，映卧路开始灾后重建，2010年百年不遇的“8·14”特大山洪泥石流再次给造成毁灭性破坏。2012年7月，映卧路再一次开工建设。

大地震造成沿线滑坡、泥石流、坍塌总量数亿立方米，地质灾害极其发育，各类崩塌、滑坡、泥石流、堰塞湖灾害连续分布，面广量大，高位、高危，而震后相当一段时间也是次生灾害的高发期。据震后现场调查和遥感解译，沿线次生地质病害点达200多处，灾害潜在物源总量达数亿方。特别是映秀至耿达段由于距离震中很近，几乎全部被掩埋在崩塌堆积体下，在高达千米以上的山坡上，地震震垮、震裂、震松的山体高悬，余震、风吹、鸟飞都会导致崩塌落石，遇雨则爆发滑坡、泥石流等大型次生灾害。沿线震后河道堵塞形成了大大小小10多处堰塞湖，呈串珠状排列。“地质灾害博物馆”因此得名，公路穿越必须攻克地震烈度高，震后（潜在）次生地质灾害的判识、评估极其困难，次生地质灾害极其发育，选择安全的线位极其困难，走廊唯一、无可替代通道等诸多极其重大的技术难题。

生死踏勘+尖端技术：步步深入探明灾情

如何尽快探明道路灾情，抢通便道，如何完成全线地灾信息的收集和处理的，尽快恢复重建？设计者们为此付出了极其艰苦的努力，也采用了先进的技术手段。

三次冒险徒步探路。2008年5—6月，厅公路设计院先后组织3批20多人次的专业技术突击队，冒着生命危险，徒步走通了映秀—耿达段20多公里，这在救灾部队官兵和当地受灾群众看来也几乎不可能走通的道路。他们历经生死考验，克服重重困难，经受住了体力、毅力、精神和心理的极限挑战，手足并用一步一步、一段一段爬过，徒步走通全路段，完成了对沿线路基、挡防、桥涵构造物的情况调查，初步摸清了山体滑坡、崩塌、泥石流、堰塞堆积等病害情况，收集到了详实的第一手资料，逐段提出了可行的打通技术方案和施工组织计划，为上级决策部署抢通工作提供了基础资料和科学依据，他们是交通系统最先徒步走通这段路的探路先锋。

高科技先进设备跟进。项目沿线地质灾害类型多，分布范围广，地形条件差，单靠人力进行外业调查风险极大、效率极低。为进一步探明有关情况，应用高空间分辨率的Quick Bird图像与高精度无人机航片，进行了地质灾害的解译，结合外业现场核实调查，在短时间内就完成了区域内地灾识别、灾害分类与信息集成，大大提高了调查广度和效率，更全面地掌握了地质信息，为线位的合理选择、灾害的防治提供了翔实准确的基础数据。在外业测量中，还创新运用三维激光扫描技术，高效完成了高陡斜坡危岩分布与地形测量，测量速度和精度都得到很大提高，有效解决了常规测量手段受限的问题。

持续跟踪调查。从地震发生后的应急调查开始，每个雨季之后，每次灾害之后，设计人员一直对沿线地质灾害的发生、发展进行跟踪调查，对潜在灾害进行排查，并对设计方案的安全性进行核查和评估。

科研成果+技术创新：天路神奇穿越“地质灾害博物馆”

面对重重困难，唯有通过大力开展科研攻关，不断创新设计理念、设计技术，才能攻坚克难。

多个科研课题协力攻关。结合本项目的恢复重建工程，开展了4个专项科研课题以提供技术支持。另外还有2个科研课题也是以本项目作为依托工程之一。《地震地质灾害安全风险评估技术研究》全面收集掌握了灾害体地质信息，建立了沿线灾害信息库，并合理评价潜在灾害体稳定性，进行灾害体安全风险评估，确定合理的处治策略；《地震地质灾害预警技术研

映卧路银厂隧道出口柔性棚洞　　厅公路设计院 供稿

究》引进全新的灾害预警新技术、新方法，建立全线或大型工点的灾害预警系统，通过全线设置自动雨量计对重要工点触发摄像系统，进行实时预警；《地震次生地质灾害综合防治技术研究》对崩塌滚石和泥石流这两种主要灾害形式提出了针对性的解决办法，采用钢结构棚洞和轻型结构棚洞防飞石，并设有减震结构，棚洞顶铺设EPS吸能材料，对桥墩采用双层缓冲耗能防撞装置；《映卧路堆积体上路基修筑技术研究》通过对堆积体的特性研究，采用冲击碾压、普夯措施对基础补强，并提出填筑路基的质量检测指标、试验方法及评价标准。

创新设计理念确保安全。经反复总结推敲，项目总体设计理念遵循抗灾能力优先原则，路线选择贯彻“地质选线”“安全选线”，在确保路线安全的同时，尽量完善路网安全。“避、让、治”——合理选择路、桥、隧通过方式。起点至耿达段为次生地质灾害集中和严重路段，设计主要以隧道、桥梁方式进行绕避。全段设置了南华、盘龙山等6座傍山隧道和5座桥梁跨河换岸，桥隧比达76%。隧道洞口均选择在相对安全的位置，对主要泥石流沟，通过绕避或拐入山体下穿的方式通过。“宁高勿低”——合理选取路线标高。映卧路面临的潜在最大威胁是山洪泥石流下泄至主河道中，淤积、抬高河床，掩埋、淹没道路或隧道。路线高程在高于累次淤高高程的前提下，尽量预留一定的安全高度，特别是桥隧等结构物。“应急优先”——多设置横洞及应急通道。利用傍山隧道的特点，合理设置横洞，并设置应急通道将横洞与加高、加固后的便道相接，有利于紧急情况下逃生使用，提高隧道的应急抗灾能力，同时结合隧道横洞的设置，增加施工工作面，并通过横向通风，降低运营费用。

创新技术提升防灾抗震能力。防灾抗震是该工程的第一要务，设计上采取了多项技术措施。合理设置支挡结构。渔子溪河道临河冲刷严重，导致挡墙冲刷损毁极多，在恢复重建中，较多采用了桩基承台挡墙型式，基础采用桩基承台，上设挡墙，经检验起到了良好的效果。部分路段采用横向约束、墙后承重板减荷等综合措施，增加支护结构抗震性能、减小结构尺寸，增加支护结构抗震性能。针对坡面塌滑、飞石灾害严重路段，设计了轻型结构棚洞，在立柱与梁板节点设置可更换的金属耗能器，在梁板顶面设置有EPS吸能垫层，可有效防止坡面飞石和坡面坍塌对道路的影响。三向限位弹塑性型钢挡块。地震中桥梁的破坏更易威胁人员安全的是由于上部梁板在纵、横向地震波的作用下，发生位移而滑落或被抛出。为此，设计者创新使用了三向限位的弹塑性型钢挡块，可防止竖向加速度较大时，近断层的桥梁支座抛落后，引起桥梁较大损伤或落梁。多级设防分级耗能保护桥梁。设计中对桥梁的防护提出“多级设防，分级耗能”的思想，对灾害体和桥梁本身分别采用多级措施防护，将次生灾害对桥梁的影响降到最低。如针对边坡飞石，除对坡面进行排危、设置被动网或拦石墙以外，对桥梁易遭飞石区采用柔性棚洞进行防护；对易遭落石撞击的桥墩，采用双层耗能防撞装置或对桥梁墩柱外套钢管、喷涂拜铁膜处理进行桥墩防护，相当于给桥墩穿上“棉袄”，有效保护桥梁墩柱的安全。地灾监测和预警新技术。由于强震后山体破碎，地灾风险防不胜防，为提高道路的运营安全，在沿线设置自动雨量计，并在关键位置设置摄像系统，当降雨量达到一定峰值时，就会自动触发摄像系统，进而实时预警监控，有效保证了道路安全运行。

相关链接

“省道303线映卧路”：映秀至卧龙公路是九环线映秀至日隆旅游公路的重要组成部分，是四川九寨黄龙、大草原、四姑娘山构成的“黄金旅游环线”的重要路段，是通往卧龙大熊猫自然保护区及“东方圣山”四姑娘山的唯一道路，是省道303线的一段，也是川西北小金、丹巴等县与省会成都最便捷的通道，同时也是救灾“生命线”。

路线起于映秀，沿渔子溪一路上行，经耿达，止于卧龙。全线采用二级公路技术标准建设，设计时速40公里，路基宽8.5米，全长44.89公里，8次反复跨越渔子溪，跨河桥长1.211公里；设置隧道8座16.652公里；桥隧占路线总长的39.8%。其中映秀至耿达段19.7公里范围内，主要以隧道和桥梁进行绕避，隧道6座14 044米，6跨渔子溪桥梁6座995米，该段桥隧比达76.3%，为省内二级公路桥隧比最高的路段。

映卧路紫荆隧道　　厅公路设计院 供稿

交通运输

JIAOTONG YUNSHU

2017

四川交通年鉴

综　述　2016年，四川道路运输客运量、旅客周转量、货运量、货物周转量、高速公路货运量分别完成10.97亿人次、597.84亿人公里、14.60亿吨、1 565.31亿吨公里、12.25亿吨，比上年分别增长-11.53%、-10.99%、5.36%、5.72%、9.1%。水路运输客运量、旅客周转量、货运量、货物周转量、港口货物吞吐量、集装箱吞吐量分别完成2 573.47万人次、2.43亿人公里、8 130.60万吨、222.71亿吨公里、9 476.97万吨、80.21万标箱，比上年分别增长-5.05%、-6.57%和-6.41%、21.40%、-0.91%、29.2%。

年内，四川交通运输状况呈现以下特点：一是道路水路运输基础设施网络建设成效显著。完成道路运输站场建设投资35.2亿元，建成各类场站678个，在建578个。精准扶贫地区建设县级客运站8个、乡镇客运站176个、村级招呼站975个。客运枢纽全覆盖工程建成8个项目，新开工10个项目，建成和在建项目达29个。汽车客运站提升改造工程建成49个项目，完成规划建设任务。中国西部现代物流港西部铁路物流园等3个货运枢纽（物流园区）加快建设。岷江汉阳航电枢纽建成投入运行，泸州纳溪永利煤码头一期工程、宜宾港志城作业区一期工程等3个项目通过竣工验收，嘉陵江航运配套二期工程、涪江唐家渡枢纽2个项目开工建设。二是运输服务能力明显提高。道路客运运力结构进一步优化。2016年高级客车达13 710辆，占比27.8%，较上年提高6.8个百分点；新增城市公交车1 447辆，城市公交车总数发展到2.91万辆；轨道交通（成都市）新开通3、4号两条地铁线（42.4公里），累计开通4条地铁线，运营里程达108公里，安全运营2 226天，年客运量达5.62亿人次。全省接驳运输联盟成立，在297条长途客运线路、1 149辆车辆上试点推进接驳运输。城市公共交通一卡通互联互通工程持续推进，成都、乐山、绵阳、泸州、内江5城市加入全国交通一卡通网络，实现全国一卡互联互通。稳慎推进出租汽车行业改革，代省政府拟稿并出台《四川省深化出租汽车行业改革实施方案》。农村客运全年新增通客车建制村1 299个，全省乡镇、建制村通客车率达95%和80.7%。完成1 713辆农村客运车辆提档升级工作。运输服务信息化程度不断提升。完成“12328”电话系统部、省、市三级联网工作任务，完善《四川省交通运输厅12328交通运输服务监督电话运行管理考核办法》。高速公路ETC专用车道达1 044条，覆盖470个收费站，客服网点1 689个，用户180万个。三是道路货运物流体系建设加快推进。全省营运货车52万辆（比上年增加2%）、总吨位327.23万吨（比上年增长9.4%），集装箱车辆1 669辆（比上年增长14.9%）。全省运输船舶7 265艘（比上年降低2.99%）、总吨位122万吨（比上年增长2.91%）。会同省政府物流办共同开展无车承运人试点工作，确定“成都天地汇顺邦供应链管理有限公司”等13家企业为全省无车承运人试点企业。大力推行甩挂运输、多式联运等先进运输组织模式，交通运输部定点的5个甩挂运输试点项目成效明显。成都国际铁路港集装箱铁公水多式联运示范工程入选交通运输部第一批示范工程项目，金桥物流、驹马物流、安吉物流等一批骨干物流企业和卡行天下、川流天下等货运平台快速发展。四是重大运输保障能力不断提升。圆满完成春运、十一“黄金周”运输任务等重大道路运输保障任务。春运疏运旅客1.33亿人次，比上年下降13.15%。其中，道路客运共运送旅客1.26亿人次，比上年下降13.62 %；水路客运共运送旅客662.66万人次，比上年下降3.18%。深化三峡通航保障合作机制，保障601班重点急运物资和集装箱快班轮优先过闸；完成岷江航道大件运输89批次、1.59万吨。五是水路运输市场发展持续向好。省际水运企业79家，万吨以上的水运企业29家。新投入营运1 000载重吨以上标准船舶2艘、8071载重吨。全省三级四类以上船舶生产企业68家，船舶工业实现产值2亿元。三峡过闸船舶标准化率达83%。开通宜宾至南京集装箱直航快班和泸州港至攀枝花、宜宾至昆明集装箱铁水联运班列，正式启动泸州港—昆明铁水联运供应链一体化项目。全省累计开通泸州、宜宾至上海等集装箱班轮航线8条，每周发班30余班。

（厅运输处）

道路运输

DAOLU YUNSHU

城市客运　2016年，全省进一步提升城市客运运能，优化城市客运综合体系，基本确立公共交通在城市交通系统中的主体地位，公共交通的服务能力和服务质量显著提升，公众满意度大幅提高。一是深化开展出租汽车行业改革。7月，国家层面相继印发《国务院办公厅关于深化改革推进出租汽车行业健康发展的指导意见》、交通运输部印发《网络预约出租汽车经营服务管理暂行办法》、召开深化出租汽车行业改革动员电视电话会议。按照国家深化改革精神，全省组织开展贯彻落实工作。召开深化出租汽车行业改革动员会，副省长杨洪波出席会议并讲话；省政府办公厅印发《四川省深化出租汽车行业改革实施方案》，明确地方政府、相关部门的工作责任，特别是对省级相关部门的具体任务进行细化分解，强化行业指导和协调联动；制订出台《关于贯彻落实交通运输部关于修改出租汽车驾驶员从业资格管理规定的决定的通知》《四川省网络预约出租汽车服务许可工作规范（试行）》，统筹细化明确全省从业资格管理工作和网约车许可管理工作。

绵阳市启动出租汽车爱心送考活动　　厅运管局 供稿

二是组织开展交通一卡通互联互通建设。省交通运输厅印发《四川省城市公共交通一卡通互联互通实施方案》，明确在全省开展交通一卡通互联互通建设。按照《方案》部署，成都、泸州等城市率先开展建设，并相继在年内实现初步互联互通。在此基础上，社会公众持交通运输互联互通标准的卡片，可在互联互通城市间直接刷卡乘坐城市公交。三是城市轨道交通运营总里程突破100公里。2年内，成都市先后开通地铁4号线一期、3号线一期的试运营，运营总里程突破100公里，达108公里。

（孙　坤）

春　运　2016年1月24日—3月3日，在为期40天的春运中，全省道路累计输运旅客1.26亿人次，比上年下降13.62%。春运主要呈现两方面特点：一是安全生产形势基本稳定。春运期间道路客运未发生较大以上安全事故，实现行车事故和死亡人数双下降，分别下降52%和58%。二是服务质量明显提升。运输组织更加高效，中转换乘更加便捷，便民服务更加多样化。春运期间，全省主要客运站未出现大量旅客滞留，未发生重大服务质量投诉事件，旅客投诉比上年减少20%，旅客出行满意度大幅提高。春运期间，各级道路运输管理机构、运输企业、客运站按照“安全第一、保障有力、方便快捷、服务至上”原则，在总结历年春运工作行之有效的经验和做法的基础上，进一步加强运输组织，完善应急预案，强化安全管理，加强秩序监管，提升服务水平，使道路春运组织工作水平得到进一步提升。一是加强领导，健全机制，安排部署科学有序。根据交通运输部、省交通运输厅关于2016年道路春运的有关精神和部署要求，厅运管局制订《2016年道路春运工作方案》，印发《关于认真做好2016年道路春运工作的通知》，全面安排春运工作，做到早动员、早部署、早行动。为加强春运组织领导，全省各级道路运输管理机构、运输企业、客运站成立由主要领导负责的春运领导小组，建立上下联动、横向协作、指挥有力、反应迅速的春运工作指挥体系。厅运管局成立以局长为组长的春运工作和“情满旅途”活动领导小组，全面组织领导行业春运工作，积极与公安、安监、公路等会商，进一步完善春运工作协调机制，特别是应急保障机制和“一牵头三联动”的打非治违长效机制。二是严查隐患，强化监管，安全生产形势基本稳定。全省各级道路运输管理机构和运输企业严格强化“红线意识”，坚守春运安全“底线思维”，以落实运输企业安全生产责任和安全管理规定为重点，加强督查和隐患排查，确保安全形势基本稳定，春运期间未发生较大以上安全事故。三是统筹兼顾，加强调度，运输组织更加高效。一方面做好运力准备。春运前，全省5.1万辆客车全部进行技术检测，符合条件的全部投入，保障春运期间运力供给，同时还组织2 500辆旅游车、300辆储备运力，采取加班车和民工包车等方式投入高峰期紧急运输。同时开展预售客票和联网售票，提高车辆组织的计划性。另一方面加强运力组织和车辆调度，针对春节前后客流单向集中流动的特点，各地加强衔接，密切协作，有序调度车辆相互支援，重点加强高速公路沿线重要节点城镇的运输组织，加大发班密度，发挥车辆运输效率，有效缓解重点地区旅客疏运压力。四是完善预案，强化联动，应急保障更加有力。各级运输机构主动与公路管理和公安部门加强协作，进一步完善春运高峰期应急预案，发挥联勤联动工作机制的合力，及时处置各类突发情况。根据2016年春运出现的新情况，完善夜间返程客车在春运高峰时期发生大雾或交通拥堵等特殊情况下，车辆夜间2点至5点运行的应急预案；在春运高峰时段，对客运班线起讫地之间有多条高速公路联通的，允许客运车辆采取“双线运行”的方式，选择通行速度最快的线路运行，极大地提高运输效率。五是打非治违，大力整治，运输市场更加有序。各级运管机构与公安、安检等部门密切配合，加大打击非法经营和违规经营行为的力度，从严查处以高速公路客运、旅游包车客运、出租车客运市场为重点的非法经营行为，大力整治汽车客运车站周边环境。春运期间，全省运政执法8 547次，出动运政执法人员19 083人次，抽检车辆30 463辆次，查获违规经营车辆3 377辆。同时，各地严格落实“12328”“96515”投诉电话24小时值班制度，及时受理各类投诉和咨询。六是以人为本，完善措施，运输服务更加优质。为积极营造和谐春运，让广大旅客“走得好、走得满意”，各级道路运输管理机构、运输企业、客运站充分发挥春运服务主体作用，为旅客提供安全、优质、便捷的运输服务：各地加强道路客运与铁路、民航的信息沟通与运输衔接，着力畅通旅客出行“最先和最后一公里”，努力做好道路运输衔接疏运工作，共安排接续接驳运力14 319辆，其中班线客车2 875辆，公交车3 632辆（夜间运力183台），出租车7 812辆；运输企业、客运站开展以“情满旅途”“务工人民平安返乡”、志愿者“暖冬行动”等人性化的优质服务活动；各客运站积极采取增设售票窗口、延长售票时间，为老、弱、病、残及军人提供专门通道和购票窗口等措施方便旅客购票乘车；各重点客运站设立母婴哺乳区、老幼病残孕旅客候车室和医疗服务点，充分发挥汽车客运站提升改造后完备的服务功能，为旅客提供更加舒适宽敞的候车环境和更人性化候车服务；充分利用主流媒体的宣传作用，营造良好氛围，加大对春运工作的宣传力度，及时让公众掌握春运动态信息，引导旅客错峰出行。

（文德立）

道路运输信息化建设 2016年，省交通运输厅进一步加强全省道路运输信息化建设，主要采取以下措施一是联网售票系统建设加速推进。完成“两个中心”（即全省道路客运数据中心、全省道路客运联网售票数据中心）和“四大系统”（即联网售票系统、公众出行系统、清分结算系统、行业监管决策及辅助系统）系统建设，实现联网售票车站222个，拓展开通手机APP、微信公众号售票等多种售票方式，全年联网售票系统出票达900万张，日最高售票量达10万张。二是客运站WiFi推广应用。印发《四川省道路运输汽车客运站及客运车辆WiFi覆盖应用要求（试行）》，统一各地安装标准。年内，全省212个三级以上客运站安装免费WiFi，客运车6 023辆安装免费WiFi。三是启动电子客票试点工作，并取得良好效果。电子客票在德阳南站、南充嘉陵汽车站、雅安西门汽车站全面完成试点工作，实现乘客凭二代身份证和电子客票凭证通过闸机。以德阳南站为例：德阳汽车客运南站投入8个自助检票闸机，原来每个检票口需配备1名检票人员，现在8个检票口仅配备1名巡检工作人员，大幅提升检票通道通行效率和用户体验，并大大节约车站人力投入。四是卫星定位系统推广应用。全省全年道路运输车辆安装卫星定位装置242 309台（其中三类以上班线客运12 374台、超长客运1 123台、旅游包车6 132台、农村客运23 851台，危货车辆11 156台、重型货运及半挂牵引车155 196台、普通货运车6 633台，出租车23 700台，公交车1 529台，其他车辆615台），1.8万辆重点营运客车安装3G视频监控系统。

成都东站联网售票点　　田智猛 摄

（田智猛）

道路运输法治建设 2016年，省交通运输厅继续加强全省道路运输法治化建设，主要措施一是加快立法进程。厅运管局修订并经省人民政府第109次常务委员会通过新的《四川省道路旅客运输管理办法》等三部政府规章，于2016年6月1日正式施行。继续开展《四川省机动车驾驶员培训管理办法》《四川省公共汽车客运管理办法》和《四川省出租汽车管理办法》等政府规章收集资料、立法前调研等前期准备工作。二是行政审批制度改革深化。进一步梳理道路运输省市县三级行政审批事项，组织各市州运管处（局）重新规范行政审批办理流程和服务指南，完善审批标准、格式文本及示范文本，加快推进行政审批标准化建设。加快网上行政审批服务平台建设，制订厅运管局实施方案并明确各环节时间节点，完成省级审批事项办理流程、办事指南的编制，配合软件公司进行省级审批平台开发工作。加强政务中心窗口建设，全年窗口接办客运线路许可申请1 498 件，受理1 444件；道路旅客运输经营许申请可67件，受理（52件）；外商投资道路运输业立项审批 9件，办结率和群众评议满意率均为100%。三是政府监管体制改革深化。全面梳理完善省市县三级权责清单，共梳理出道路运输业行政处罚111项，行政强制5项，行政检查2项，行政裁决1项，其他行政权力12项。全面梳理省市县三级公共服务事项清单。加强行政权力监管，每月通报局行权运行情况，监督局各业务处室及时将行权事项录入行权平台。出台《厅运管局“双随机、一公开”工作实施细则》，开展“双公示”工作，切实加强事中事后监管。推进道路运输信用体系建设工作，提高行业服务水平。四是依法行政决策水平提高。研究制订

厅法规处召开宣传贯彻暨培训会向全省运管法治干部讲解三部规章
黄于孜 摄

《四川省交通运输厅道路运输管理局重大行政决策程序规定（试行）》《四川省交通运输厅道路运输管理局合同管理制度》。继续实行法律顾问和专家评审制度，充实四川省道路运输专家库，增加专家库子库类别一个，新增专家12名，对专家库实行动态管理。五是普法宣传教育加强。开展《四川省旅客运输及客运站管理办法》等三部政府规章的宣贯工作，编制《道路运输法律法规汇编》。开展“七五普法”“法律七进”等工作，厅运管局通过开展交通法律法规“法律七进”活动，利用“12·4”法治宣传日、春运、“黄金周”及寒暑假等运输高峰期开展普法教育宣传活动。坚持厅运管局办公会学法治度，组织全局人员参加法治培训，发放法律书籍。组织全省运政机构法治干部依法行政专题学习班。

（黄于孜）

水路运输

SHUILU YUNSHU

水路货物运输 2016年，全省完成水路运输货运量8131万吨、货物周转量222.71亿吨公里，分别比上年增长-6.41%和21.4%。主要货物运输量总体保持较快增长，煤炭及制品、石油、非金属矿石、矿建材料等运输量有不同程度增长。岷江大件运输完成89批次、1.59万吨，分别比上年增长23.6%、-4.79%。

（厅航务局）

港口货物吞吐量 2016年，全省港口累计完成货物吞吐量9 477万吨，比上年减少0.91%。其中，泸州港、宜宾港货物吞吐量分别完成3 459万吨、1 870万吨，分别比上年增长6.53%、4.59%。全省港口集装箱吞吐量达80万标箱，比上年增长29.2%。其中，泸州港、宜宾港集装箱吞吐量分别完成50万标箱、30万标箱，分别比上年增长19.17%、50.42%。

（厅航务局）

水路旅客运输 2016年，全省完成水路客运量2 573万人次、旅客周转量2.43亿人公里，比上年分别下降6.36%和7.6%。春运期间，全省日均投放客（渡）船2 774艘78 957客位，完成旅客运输量681.66万人次，比上年增加2.9%。十一“黄金周”期间，全省日均投放客（渡）船3 050艘8.7万客位，完成旅客运输量192.88万人次，比上年增长8.1%。通过精心组织、合理调配运力、强化现场监管，重大节假日期间未发生旅客滞留、投诉，水路客运秩序井然。

（厅航务局）

水运企业及运力 2016年底，全省拥有水运企业198家。其中，省际水运企业81家，万吨船舶运力以上水运企业29家。全省拥有运输船舶7 489艘、总运力达118.6万载重吨，省际船舶552艘84万载重吨，其中通过三峡船闸船舶达到279艘68.68万载重吨，过闸船舶标准化率达79.9%。全省有1 000载重吨以上标准船舶317艘80万载重吨，新投入营运1 000载重吨以上标准船舶8艘3.53万载重吨。

（厅航务局）

共建长江“黄金水道”四川段“2+2”座谈会 2016年11月16日，共建长江“黄金水道”四川段“2+2”座谈会在成都召开。省政府副秘书长黄小平就全力推进和保障长江“黄金水道”四川段建设提出具体要求。交通运输部长航局局长唐冠军出席会议并表示，长航局将和四川方面共同努力，进一步提升长江航运对四川经济社会发展的服务能力和保障水平。省交通运输厅副厅长周道平出席会议并表示，合力共建长江“黄金水道”四川段“2+2”模式找准了发展共赢的着力点；共同发力，努力探索“十三五”期同频共振的新亮点；团结协作，构筑推动长江“黄金水道”建设创新发展的新格局。

（厅航务局）

长运公司公铁水综合运输管理信息平台通过验收 2016年5月5日，省政府物流办组织专家组对长运公司公铁水综合运输管理信息平台进行验收。专家组对项目的软件、硬件设备及执行情况、财务管理情况等进行现场查验，一致认为项目管理规范、资金到位、建设得力、运行良好，且成功实现与省物流办的数据对接，项目社会效益和经济效益达到预期目标，同意通过验收。

2016年5月5日，长运公司公铁水综合运输管理信息平台顺利通过验收　　省港航公司 供稿

该项目的成功运行有利于整合省内特别是川南片区物流资源，实现物流通道互补、物流信息共享，提高公司市场竞争能力。

（省港航公司）

泸州港多式联运工程入选全国首批多式联运示范项目 2016年6月2日，交通运输部与国家发展改革委联合公布第一批多式联运示范工程项目名单，泸州港合作实施的“四川省成都国际铁路港集装箱铁路公路水路多式联运示范工程”入选。

四川省成都国际铁路港集装箱铁路公路水路多式联运示范工程由泸州港与成都国际铁路港以组合港的形式实施。项目通过简化托运、结算及理赔手续等，进一步降低运输成本，缩短货物运输时间，减少货损货差事故，从而提高货运质量和运输管理水平，实现运输合理化管控，提升外贸和物流服务水平。

（省港航公司）

泸州港“公铁水多式联运+甩挂物流”联盟战略合作正式签约 2016年8月31日，省物流服务联盟发展大会在泸州举行。泸州港负责人作专题推介发言，同时四川甩挂（专线）物流服务联盟、四川公水物流服务联盟、四川铁水物流服务联盟签订长期战略合作协议。泸州港“公铁水多式联运+甩挂物流”模式的战略合作，有利于发挥多式联运优势，提升物流运作效率，降低整体物流运作成本，有利于增强市场竞争力，打造绿色物流体系，实现运输资源的高效整合和运输组织的无缝衔接，促进四川物流服务联盟实现加速“抱团”发展。

（省港航公司）

交通运输部检查组开展水运建设市场检查 2016年8月30日—9月2日，交通运输部检查组分别对岷江犍为航电枢纽、渠江富流滩船闸改（扩）建工程、广安港新东门作业区一期工程和南充港都京作业区一期工程开展水运建设市场检查。检查组一行通过实地察看工程现场、查阅项目资料、听取情况汇报等方式对项目建设质量、进度、资金、建设程序等进行检查，一致认为各项目总体情况良好，工程建设程序基本执行到位，对项目工程制度建设、工期控制、质量安全责任履行、信用评价体系建设等工作给予充分肯定，强调公司要继续加强水运建设项目质量、进度、安全、投资和廉政管理，提高建设项目管理标准化和精细化水平，确保工程建设按期完成。

（省港航公司）

2016年8月30日—9月2日，交通运输部到港航公司控股水运项目开展水运建设市场检查　　省港航公司 供稿

省港航公司参加第三届中国国际物流发展大会暨第四届中国（四川）国际物流博览会 2016年10月30日—11月1日，省港航公司受邀参加在遂宁召开的第三届中国国际物流发展大会暨第四届中国(四川)国际物流博览会。参展期间，公司通过展柜、视频、现场解说等多种形式，形象生动地展示公司港口、物流产业的发展历程、发展思路和发展规划，并参加“物流业供给侧结构性改革高峰论坛”等多场活动，与国内外知名企业、专家进行座谈交流。此次参会有助于公司进一步推广品牌，挖掘更多潜在合作伙伴，构建良性、多赢的行业生态，为公司物流板块提高运行效率，拓展市场、降低区域物流成本寻找更多的合作机遇。

（省港航公司）

2016年10月30日—11月1日，省港航公司参加第三届中国国际物流发展大会　　省港航公司 供稿

交通管理

JIAOTONG GUANLI

2017

四川交通年鉴

交通规划

JIAOTONG GUIHUA

规划编制 2016年，省交通运输厅围绕构建畅通安全高效的现代综合交通运输体系总体目标，充分对接长江经济带、“一带一路”等国家战略和中共四川省委、省政府重大决策部署，不断强化规划，优化完善交通发展规划体系。一是研究完成《全省公路水路交通运输“十三五”发展规划》《综合交通运输“十三五”发展规划》；二是研究制定新一轮“甘推”“凉推”“南推”等3个扶贫专项工程，经省政府批准后已全面实施；三是编制完成新一轮渡口改桥方案、高等级航道达标升级工程、“互联网+交通运输”专项行动、道路客运枢纽全覆盖工程等4个专项工程，经省政府批准后已全面实施。四是开展普通省道提档升级推进方案、农村公路改善提升中期调整等专项方案研究编制工作，形成初步成果。

项目前期工作 2016年，省交通运输厅合理制订项目前期工作计划，加快推进项目前期工作。一是以“11+8”高速公路项目为重点，全力推进高速公路前期工作。成都经济区环线高速公路蒲江至都江堰段等13个项目开工建设，全年累计实现新开工项目1 164公里，超额完成年初确定的“开工500公里”的年度工作目标并全力做好项目储备。屏山新市至攀枝花高速等29个项目、3 500公里工程可行性研究报告编制完成，具备启动BOT招标或报批条件；成南路扩容改造等7个项目通过厅行政审查会审查。二是积极推进重大水运项目前期工作，岷江老木孔、龙溪口枢纽等重大项目前期工作推进顺利，为尽早获得工程可行性研究报告批复奠定坚实基础。三是积极指导和督促各地有序推进国省干线公路、渡改桥、客运站场、交通信息化等项目前期工作，已完成24个具备条件国省干线公路项目行业审查工作，四川省道路运输综合管理与服务信息平台、四川省普通国省干线公路监测预警系统等信息化项目前期工作有序推进。

2016年，新一轮“甘推”建设中的理亚路油面施工　　交通宣传中心 供稿

计划管理 2016年，省交通运输厅完善计划管理机制，加强计划工作管理。一是围绕年度交通中心工作，及时分解下达年度投资目标，并编制下达《2016年全省重点公路水路交通项目年度建设任务分解方案》，保障

年度投资目标的顺利完成和重点建设项目的有序推进。二是根据年度建设投资计划和交通精准扶贫攻坚、新一轮“甘推”方案等12个专项工程推进情况，开展交通建设投资计划编报和下达工作。累计下达部省补助资金311.6亿元。三是进一步强化计划管理。修订印发《四川省交通建设计划管理办法》，并研究提出2016年计划管理“负面名单”警告建议方案。全省公路水路建设完成投资1 310亿元，连续第6年超千亿元，全年建成高速公路项目6个、503公里，高速公路通车总里程达6 519公里，提升三个位次跃居全国第二。

建设资金保障 2016年，省交通运输厅为切实做好交通建设资金保障工作，确保交通建设顺利高效实施，积极加强汇报。一是努力争取补助资金。已争取到位交通运输部补助资金170亿元，落实中央专项建设基金77亿元。二是主动对接交通运输部“十三五”规划等相关规划，在项目规划、资金安排等方面全力争取国家倾斜支持。已落实交通运输部“十三五”补助资金近千亿元。三是认真做好2017年交通运输部补助资金争取工作，按程序上报2017年交通建设项目申请部投资建议计划，已初步落实2017年第一批部补助资金。

收费公路规范管理 2016年，省交通运输厅继续强化公路收费项目审批。一是进一步完善收费管理机制。制订出台《四川省高速公路车辆通行费与工程建设与运营服务质量挂钩管理办法》，积极开展《工程建设与运营服务质量评价细则》研究制订工作。二是及时开展通车项目收费审核审查工作。组织完成成都第二绕城高速公路等高速公路项目试收费审核审批以及国道318线遂宁过境段等一级公路政府还贷项目的立项审核审批。完成南充绕城高速公路东段停止收费工作，督促调整成都机场高速公路收费标准，协调解决乐山绕城高速公路收费相关工作。三是做好重大节假日小型客车免费通行工作，确保路网平稳运行。

交通统计 2016年，省交通运输厅积极做好交通统计报送工作。组织完成《交通运输综合统计报表》《港口综合统计报表》《全国农村公路基础数据和电子地图年度更新》等20余项统计年报。加强交通运输经济运行分析，定期形成全省交通运输经济运行情况分析报告。加快推进“国家公路网交通情况调查数据采集与服务系统”省级工程建设。

（本栏目供稿单位：厅规划处）

建设管理

JIANSHE GUANLI

高速公路建设管理 2016年，省交通运输厅以省政府交通建设联席办公室名义印发《2016年四川省高速公路项目推进工作实施方案》，细化任务、明确责任，按季实施考核；依托省交通建设联席会议机制，加强与省级部门、市州政府、项目业主、厅内单位的联动协调，统筹形成合力，加强信息沟通，及时解决问题；针对年内通车项目，专门制定督导方案，实行跟踪督导。

针对多年积累的运营项目竣工验收滞后问题，建立全省高速公路通车项目竣工验收准备工作台账，统筹行业管理力量，明确责任分工，优化工作流程，推动竣工验收工作步入规范化轨道。逐个梳理试运营期超过2年及以上的通车项目专项验收工作及项目审计情况，分年度制订详细验收工作推进计划，逐一细化落实目标任务，及时动态跟踪督促落实。

招投标管理 2016年，省交通运输厅严格监督招投标活动，严格执行招投标公示公告制度、双信封资格后审制度、集中进场交易制度、保证金基本账户转出制度和信用评价与招标投标活动挂勾等制度，维护公开公平公正的招投标市场秩序。推进公路建设招标投标改革，以贯彻落实《公路工程建设项目招标投标管理办法》为契机，坚持公开公平和竞争择优的原则，优化评标方法，依法推动实现合理低价法等多种评标方法综合运用。加快构建交通建设招投标体系，根据交通运输部关于公路和水运建设项目招标投标管理的规章，结合《四川省国家投资工程建设项目招标投标条例》修订意见，拟订

《四川省公路建设项目招标投标管理实施细则》，会同厅航务局拟订《四川省水运建设项目招标投标管理实施细则》。

从业单位信用管理 2016年，省交通运输厅完成重点公路建设从业单位信用管理办法修订，对评价程序、评价方法、信用奖罚以及评分计算方法等进行完善，依据修订后《办法》完成2016年度信用评价工作。深化信用管理应用，启动信用管理办法修订研究工作，将项目投资人、项目公司、代建单位等纳入信用评价范围，建立对主要从业人员的信用评价和记录制度，突出对主要人员的信用奖惩，发挥信用评价和信息公开在引导和规范从业单位市场行为的激励惩戒作用。

建设市场管理 2016年，省交通运输厅按照交通运输部专项治理活动安排部署，持续深入开展全省公路水路建设市场秩序专项整治行动，检查项目209个，合同段647个，从业单位581个，整改问题20个，落实建设单位在项目建设管理中的主体责任，强化各级交通运输主管部门监管责任，打击遏制建设市场的违法违规行为。贯彻落实国家、部、省关于切实减轻企业负担精神，研究制订《关于贯彻落实清理规范公路水运工程建设领域保证金有关工作的实施意见》，组织开展为期3个月的工程建设领域保证金清理规范工作，减轻建筑企业负担，激发建筑企业发展动力和活力。

（本栏目供稿单位：厅建管处）

运输管理
YUNSHU GUANLI

概　况 2016年，全省道路水路运输管理工作有序有效。完成全省道路水路春运工作组织任务，强化行业春运考核评价，提升春运服务质量和水平；继续推进全省改进提升交通运输服务工作；完善“12328”交通运输服务监督电话运行管理考核办法；印发《四川省城市公共交通一卡通互联互通实施方案》，成都、乐山、绵阳、泸州、内江5个城市实现全国交通一卡通；印发《关于“十三五”期开展国家公交都市建设示范工程有关事项的通知》，明确“十三五”期全省成功申报2～6个公交都市的创建目标；稳慎推进出租汽车行业改革和稳定工作，代省政府拟稿出台《四川省深化出租汽车行业改革实施方案》，加强研判行业稳定形势和对重点地区的工作指导，建立出租汽车行业稳定信息横向沟通和纵向收集机制；继续推进行业“营改增”试点；完善大件运输协调工作机制，召集相关部门研究讨论重要设备交通运输保障工作方案，完成重要设备运输任务；推动泸州市进入全国第一批综合运输服务示范城市；贯彻落实《四川省物流业发展中长期发展规划（2015—2020）》，推进重点交通物流项目建设；推进全省“第一批多式联运示范工程”项目——成都国际陆港集装箱铁公水多式联运示范工程建设；会同省政府物流办共同开展全省无车承运人试点；继续推进四川省交通运输物流公共信息平台建设；做好全省交通物流数据统计报送和季度分析，参与研究2016年重点项目推进方案及省物流工作要点；加强全省汽车客运站提升改造工程督导；落实省政府关于四川省服务业发展工作要求，完成年度交通运输服务业发展速度指标任务；推进旅游运输的规范、有序发展；进一步加强全省外商投资道路运输业立项审批；配合省级有关部门做好企业减负、旅游运输调

广泛宣传“12328”交通运输服务监督电话系统　厅运输处　供稿

座。高速公路全面消除四、五类桥梁，整治事故多发路段5处、隧道隐患63处、重点桥梁下空间安全隐患143处。

安全监管基础工作 2016年，省交通运输厅继续夯实安全监管基础工作。迎接国务院安委会巡查工作，全面梳理2015年以来行业安全监管工作内容，按要求逐项完善基础台账；第一时间完成巡查组交办任务，指导被巡查的8个市州交通运输主管部门做好迎检工作，得到省政府安委会肯定。首次编制全省交通运输安全发展、应急保障两个专项规划，指导全省“十三五”安全应急监管工作。出台全省公路水路安全生产事故综合分析报告规则，“全覆盖”检查督导2010年以来较大及以上事故责任人的处理到位情况。制订并实施6 200公里普通公路安保工程（路侧护栏）建设方案。制订完成水上交通安全监测巡航救助一体化建设专项方案。建成渡改桥120座，溜索改桥任务基本完成。厅及厅直行业管理机构举办安全管理干部培训班12期，培训人数达2 130人。推进公路水运施工企业安全管理人员培训改革，完成2批次、2 600名人员考核工作。安全检查督导方式更加务实常态化，初步建立“两公开一随机”制度、媒体曝光的违法违规安全行为跟踪督办机制、重点领域结合微信等新媒体的举报评价机制，事中、事后监管到位。

安全应急保障 2016年，省交通运输厅在G20峰会等特殊时段和重要节假日行业安全应急保障有力。元旦后强降温极端天气灾害、德阳“1·19”汉青路灾害、乐山“3·8”省道103线公路灾害、广元“6·4”白龙湖沉船等安全突发事件应对处置有效；成功组织交通运输部下达的地震公路交通军地联合应急演练、公路地质灾害部省市县四级联合应急演练，得到交通运输部高度肯定，圆满完成省政府下达的地震应急综合演练交通运输保障任务；分类梳理并完成全省公路抢险、道路水路应急运输和建设施工抢险等领域应急队伍数据采集工作，统一纳入省政府应急队伍数据库管理。

“6·4”广元白龙湖重大沉船事故 2016年6月4日14时40分左右，四川省广元市利州区三堆镇周丕东、周丕强所有的“川广元客1008”船舶在广元市利州区白龙湖张家嘴水域翻沉，造成船上18人(其中2名船员，1名随船家属，15名乘客)全部落水。经自救互救，共有4人获救上岸，其中1名小孩经抢救无效罹难，事故共造成15人死亡。

事故发生后，国务院副总理马凯，交通运输部部长杨传堂、副部长何建中，中共四川省委书记王东明、省长尹力等领导做出重要批示指示，要求全力搜救落水人员。四川省共出动武警、消防、民兵、交通、海事、医疗卫生、应急救援等各方救援队伍700余人（含水上搜救专业救援队伍5支136人），出动船艇40余艘，动用轻重潜设备8套、声纳探测仪5台、水下成像仪3台、空压机2台、马克头盔1顶、水下机器人1台，成功打捞出全部15名遇难者遗体。四川省安全生产监督管理局《关于广元市白龙湖“6·4”重大沉船事故结案的通知》将该次事故定性为突发局地对流天气带来的强风骤雨并伴大浪导致的重大沉船事故。

白龙湖翻船救捞平台　　交通宣传中心 供稿

6月5日，省交通运输厅召开专题会议，研究落实副省长杨洪波关于“6·4”广元白龙湖船舶翻沉应急救援指示，积极配合地方政府和相关部门做好善后处置工作。代省政府拟订《四川省人民政府办公厅关于进一步加强交通运输安全生产工作的紧急通知》，部署全行业安全生产工作。要求全面落实水上交通安全各项制度、扎实抓好道路运输安全生产、切实加强公路安全监测防治和加强在建项目安全生产，同时要求全力做好安全预警和应急处置。6月8日，召开全省汛期交通运输安全生产工作电视电话紧急会议，贯彻落实国务院、交通运输部和中共四川省委、省政府领导关于近期安全生产的重要批示精神，传达全省汛期安全生产工作紧急电视电话会议精神，对全省汛期交通运输安全生产工作进行再强调、再部署。

（本栏目供稿单位：厅安全处）

专文

道路交通安全综合治理行动

厅安全处

自2013年12月21日起，按照中共四川省委、省政府的统一部署，全省交通运输系统在3年内圆满完成道路交通安全综合治理攻坚、深化巩固和长效机制建设行动任务，成效显著，得到国务院副总理马凯、中共中央政法委员会书记孟建柱、国务委员王勇等国家领导和交通运输部、公安部领导的肯定性批示。截至2016年底，全省道路运输33个月重大以上事故"零发生"，客运死亡人数和较大事故连续3年"双下降"；高速公路基本实现违法超限1吨以上的货车"零驶入"；国省干线公路平均超限率控制在3.6%以内。

一、"1+N+X"的"治超"体系构架全面成型。"1"就是盯牢"治超"链条中的高速公路这一重要环节，全面禁止违法超载超限货车进入高速公路。"N"就是在国省干线重要节点合理布局并建设N个固定治超检测站和不停车自动检测系统，辅以流动"治超"模式，严打货车违法超载超限行为。"X"就是以县为单位，地方运政机构积极汇报同级党委、政府，认真排查梳理货物装载地X个重点源头，并以政府名义向社会公布，严禁违法超载超限货车出场上路。

二、全面建立运转高效的监管执法机制。高速公路建立货车"入口检测放行、出口计重收费"模式和违法超限货车数据出、入口核实核查机制，以及定期通报和追责制度，全面落实营运高速公路公司的主体责任。交通运输、公安部门建立违法超载超限货车"联合执法、一站式查处"机制，以及交通路政与运政机构的信息抄告制度，形成监管合力。与周边省（市、区）建立区域联动"治超"工作机制，有力推动"区域治超"和"全国一棋盘治超"。推动建立地方政府（1）主导、货源单位的行业主管部门（x）牵头、交通运输和公安部门（2）联合巡查的"1+x+2"的货运源头治理模式和运行机制。

三、全面夯实交通基础设施保障能力。大力实施公路安保工程（路侧护栏）建设，三年累计投资62.5亿元，建成2.44万公里，基本实现乡道及以上公路临水临崖高差3米以上危险路段安保工程全覆盖。全面推进高速公路入口管控点建设，在523个高速公路入口安装计重设备，"动态秤改静态秤"工作有序推进。积极推进普通公路超限检测站建设，三年建成固定超限检测站并投入使用142个（占规划建设172个的82.6%），基本实现国省干线网格化"治超"格局。

四、创新突破重点领域难点问题。建立交通运输部门牵头，公安部门、高速公路沿线地方人民政府和高速公路营运公司共同参与的"一路四方"协调机制，及时协调解决"治超"突出问题。在全国率先统一"双超"（即货车超载、超限）治理的装载、处罚标准，有效消除执法标准不一致问题。实行商品车专用运输车辆"上下单排装载、无拖尾"的"1+1"运行模式。制订出台四川省高速公路正常装载合法运输车辆通行费优惠政策，对于合法装载的三轴以下（含三轴）货车公路通行费优费20%，四轴以上（含四轴）优费30%，鼓励和引导货车正常装载合法运输行为，累计优惠车辆通行费约46亿元。

五、不断强化交通运输安全源头监管。针对驾驶员，全面清理道路客、货运驾驶员从业资格，建成道路运输从业信息全省联网信息系统，配合公安部门建成车辆及驾驶人信息共享平台，建立道路客、货运驾驶员重点监控名单和"黑名单"制度。累计曝光违法违规驾驶员1 225名，吊销（注销）从业资格证并列入"黑名单"的驾驶员951名，会同公安"双吊销"（即吊销驾驶证、从业资格证）驾驶员597名。全面推广安装使用具有行驶记录功能的车辆卫星定位装置。截至2016年，全省"两客一危"（详见《附录》）车辆共计安装29 492辆，安装率100%；重型货车及半挂牵引车共计安装112 835辆，安装率84%。在全省范围内开展重点营运车辆卫星定位装置安装的清理，未安装的坚决停运。重点客运车辆安装3G视频监控设备1.3万辆，实现重点班线客车、旅游包车动态监控可视可控。针对维修企业，会同工商、质监、公安等部门全面排查改装机动车企业和机动车维修企业，严厉打击非法改拼装货车行为和客货营运车辆挂而不管、汽车维修企业二级维护弄虚作假等违法违规行为。累计排查企业19 489户，取缔无证经营56家，暂扣超范围经营12家，吊销经营许可证79家。针对货运企业，交通运输部门与货运企业、业主和货场一对一签订"一律不得超载超限"的安全责任书和承诺书，签订率达99.79%，公告注销货车7.78万辆，有力促进主体责任的落实。

六、严格落实安全综合治理工作责任。省政府出台《四川省道路交通安全责任追究暂行办法》，因道路交通安全综合治理不力造成道路交通事故的，依法调查处理事故责任外，还对相关责任进行倒查和追究。省交通运输厅将道路交通安全综合治理工作纳入厅年度交通运输工作目标绩效考核及年度行业安全生产目标管理考核重要内容。对于重点工作任务完成滞后的地区，一票否决；严重滞后的，纳入厅"负面清单"。对治超工作推进不力、违法超载超限车辆反弹严重地区，采取通报、约谈、新闻媒体曝光等方式，督促各地各单位切实将综合整治各项工作责任和措施落到实处。

道路交通安全综合治理工作取得了显著成效，积累的重要经验，归纳起来主要是“五个始终”：一是始终坚持政府主导。高规格的领导小组（即省长任组长，分管交通运输、公安、安全的副省长任副组长）是高效推进综合治理工作的坚强保障。二是始终坚持齐抓共管。道路交通安全是一项系统工程，主体责任单位担当担责，协同部门思想统一、行动一致，才能形成强大的监管合力。三是始终坚持源头治理。只有落实车、货两个源头单位及其行业主管部门的责任，坚决杜绝不符合安全条件的车出场上路，道路交通安全工作才能事半功倍。四是始终坚持夯实基础。以规划为统领、以项目为抓手，持续推进公路生命防护工程等基础建设，不断补齐安全基础保障“短板”，消除安全隐患。五是始终坚持严管重处。提高违法代价，坚决顶格从严查惩非法违法行为，建立并落实安全生产重点监管名单、“黑名单”和曝光制度，形成强大震慑。

高速公路管理暨交通执法

GAOSU GONGLU GUANLI JI JIAOTONG ZHIFA

高速公路法治建设 2016年，厅高管局（厅高速公路交通执法总队）继续推进高速公路法治体系建设。起草《<四川省高速公路条例>释义》，出台《四川省高速公路车辆通行费收费标准与工程和服务质量挂钩管理办法》，在全国率先探索建立收费标准动态调整机制。制订清障救援、交通标志标线管理、收费站拥堵评价等配套制度。

（厅高管局）

高速公路超限治理 2016年，厅高管局（厅高速公路交通执法总队）持续推进高速公路超限治理，治超网络全面形成，多部门联合管控机制逐步完善。组织高速公路交通安全综合治理长效机制建设年行动，贯彻超限治理新标准，完成100处高速公路入口治超点“动改静”，32台违法超限车辆被纳入“黑名单”管理，高速公路基本实现违法超限车辆“零驶入”。

（厅高管局）

高速公路“智慧交通”建设 2016年，厅高管局（厅高速公路交通执法总队）完成灾备中心建设项目立项。基本完成专用通信网改造配套工程。升级完善路段监控系统。全面完成76处国家级交调站建设。累计开通ETC车道1 309条，实现ETC车辆收费站全覆盖。试点优化ETC专用车道通行速度。有序推进OBU市场开放，开通ETC储值卡业务。ETC客服网点开通1 689个，用户突破180万；日均交易额突破1 200万元，同比增长80.22%。

（厅高管局）

2016年，四川高速公路监控系统调用图像8 000余路 厅高管局 供稿

高速公路交通执法 2016年，厅高管局（厅高速公路交通执法总队）进一步规范交通综合执法。全面梳理高速公路交通执法和行业监管职能职责，厘清与公安交警及地方政府职责边界，清理规范权责清单73个事项，健全完善操作流程。初步建立联动机制，协调广安、内江、泸州、宜宾、乐山、自贡市地方政府及有关部门开展“一路四方”联动试点，探索联合实施非标治理、应

急保障及服务区安全和卫生监督等新机制，全年整治违法非标278块。逐步深化审批改革，按照放、管、服要求，清理规范行政审批事项2个，基本实现超限运输审批“两集中、两到位”，建成超限运输审批省界收费站代办点3个，办理超限运输审批突破9万件。加快整合执法资源，48个基层执法大队（占基层执法大队总数的46%）实行“一路‘一大队’”管理模式及“一片‘一分队’”应急处置模式，联合巡查、路产赔（补）偿监督及调解机制逐步建立。不断规范内部管理，制作高速公路交通执法形象规范化建设指导手册，统一规范交通执法外观形象、内部形象、办公用品等3个大项、75个小项，机关办公环境显著改善。协调公安交警启动调整高速公路限速标志，督促落实客运车辆凌晨2点至5点休息制度，加强危化品运输车辆监督，切实维护群众生命财产安全。

（厅高管局）

高速公路公共服务 2016年，厅高管局（厅高速公路交通执法总队）不断优化高速公路收费服务、服务区服务、信息服务等公共服务。完成49处收费站改造，组织评定星级收费员9 200余名；按规定落实绿色通道、货车计重收费优惠及重大节假日小型客车免费通行等政策，减免及优惠车辆通行费46.16亿元；配合实施收费公路审计；加快规范联网收费高速公路车辆通行费结算清分工作，全年清分车辆通行费170余亿元。推动服务区服务提档升级，创建达万高速公路开江等12对星级服务区，完成23对星级服务区复审工作；成雅高速公路蒲江等5对服务区实现提档升级，成都二绕高速公路花源等21处服务区基础服务功能得到完善。信息服务更加及时高效，整合微信微博等信息发布渠道，通过新浪微博及时发布路况及阻断信息，服务区基本实现免费WiFi服务、信息查询服务全覆盖；四川交通广播、移动通讯信号基本覆盖高速公路主干线，出行信息发布的及时性准确性明显增强。持续规范清障救援，统一规范全省高速公路清障救援收费标准、服务标准、着装标准及外观标识，群众满意度不断提升。服务监督效果明显，以高速公路运营服务质量评价为载体，推动服务监督由事后评价向事前指导和事中监督转变，完善评价标准，精简评价流程，建立健全评价及抽查、复核、通报机制，各营运公司整改服务等方面问题1.1万余个。稳步加强应急保障，圆满完成G20财长会、西博会、重大节假日及部、省、市、县四级公路地质灾害应急联合演练、应对地震军地联合应急演练高速公路交通保障任务；探索使用直升机开展高速公路应急救援的新模式。开展共产党员服务车行动，免费为群众提供医疗救助、信息咨询、应急维修等服务1 800余次。

（厅高管局）

2016年，共产党员服务车工作人员检查客运车辆　　厅高管局 供稿

高速公路养护监督 2016年，厅高管局（厅高速公路交通执法总队）继续加强高速公路养护监督。各营运公司结合道路技术状况制订年度养护计划，明确重点路面大中修工程目标，投入养护资金23亿元，实施大中修里程942车道·公里，路面使用性能指数总体保持优等。加快推进绿色养护，推动路面废旧材料回收及循环利用指导意见贯彻落实，成都绕城高速公路路面处治应用就地热再生技术取得良好示范效果，沪蓉高速公路四川段服务区建成投用5个电动汽车充电站。积极推广“四新”技术，组织开展全省高速公路路面养护技术交流，培训桥梁及隧道养护工程师300余人次；推进养护管理信息化，健全高速公路养护数据库，升级完善数据平台系统。行业抽检5 859车道·公里高速公路路面和309座桥梁、37座隧道，开展道路交通安全综合治理长效机制年活动，排查整治“两标一线”问题1 159个。组织地质灾害和安全隐患排查，整治完成25处重点安全隐患、18处隧道路面防滑安全隐患、38座隧道机电系统安全隐患。

（厅高管局）

川高公司营运管理 2016年，川高公司累计完成投资58亿元。其中重点项目完成51亿元，为年度目标的107%；完成融资234亿元、为年度目标的138%；完成营业收入115亿元，其中通行费收入102亿元、为年度目标

的102%；利润总额为亏损7.3亿元，较年度目标减亏1.2亿元；仁沐高速公路仁井试验段主线建成通车，各在建项目质量、安全、造价、形象进度全面受控，项目前期工作全力推进；各营运高速公路安全畅通，未发生源头责任交通事故，安全生产形势持续平稳，全面完成集团下达的各项目标任务，顺利实现“十三五”良好开局。

项目建设 川高公司各项建设项目质量、安全总体受控，未发生重大质量事故和重特大安全事故，圆满完成中国四川省委、省政府“项目年”要求的各项目标任务。

仁沐新高速公路仁井段生态护坡 川高公司 供稿

创新工作方法，全面融入市场。抢抓高速公路投建体制发展新机遇，严格落实责任，创新工作手段，争取各方理解支持。自川高公司成立以来首次以市场化方式，联合中国中铁集团，成功中标资潼高速公路项目。对进一步完善川高路网结构、巩固优势地位、抢占市场前沿、提升经营效益具有重要意义。项目建设进度加快。巴陕高速公路南江至川陕界、九绵高速公路白马隧道、泸黄高速公路改扩建试验段建设顺利推进，仁沐高速公路仁井试验段提前一年建成通车，国道317线雀儿山隧道主洞顺利贯通。加快推进项目前期工作。仁沐高速公路工程可行性研究报告、初步设计、施工设计获批复；泸黄高速公路改（扩）建项目工程可行性研究报告、初步设计获批复；九绵高速公路工程可行性研究报告获批复，初步设计、施工设计及招标准备工作加快推进。资潼高速公路完成项目公司组建并重新启动初步设计工作。积极研究跟进沿江高速公路各项前期工作。成功申请并落实仁沐、九绵高速公路国家专项建设基金10亿元，有效缓解项目建设前期资本金投入压力。加快推进已通车项目竣工验收工作。分别完成环保、水保、档案验收总量的50%、88%和84%，广南、成德南、广陕项目完成竣工审计。强化工程建设管理。逐步试行完善合理低价法招标投标办法，成功应用于仁沐高速公路土建工程招标。加大信息化技术手段运用，按照全寿命全周期管理理念，运用大数据、物联网、BIM等技术，以仁沐高速公路为试点，自主开发“川高系统项目建设管理平台”，建立完善项目建设数据库，促进公路建设管理升级。

集团型财务管控 深化银企合作。抢抓国家宏观政策调整和资本置换“资产荒”契机，充分享用AAA信用主体资本套利空间，深化银企互利合作模式。以拟建项目银团组建和债务融资工具发行合作为突破口，以基准下浮5%～10%的价格，成功落实成德南、巴南、雅眉乐、映汶、广陕广巴连接线、广南、纳黔高速公路等项目279亿元贷款利率优惠，年均节约财务费用约8 800万元。截至年底，公司当期新增自主融资已节约财务费用1.3亿元。通过集团股东借款、股权收益权信托、信托贷款、发行超短期融资券、中期票据、银行超短贷等方式拓宽融资渠道，累计筹措资金152亿元，有效缓解资金压力。向相关省级单位反复沟通汇报，积极争取政策性支持，“政府收费还贷公路路产计提折旧方式”取得重大政策性支持。省政府在泸黄高速公路改扩建项目中首次明确“政府收费还贷公路不计提折旧”，有效降低川高资产负债率，保证公司的可持续融资能力和资金链安全。加大外债催收力度。截至年底，回收地方二级公路历史欠款1.6亿元，减少企业资产减值损失并增加当期利润。合理利用财税政策，加强税务管理。“高速公路路产赔偿收入”经协调界定为“非增值税应税收入”，每年可节约税金支出250万元。落实解决广南公司处置剩余沥青涉税事项，节约税款支出378万元。积极开展财务投资与资本运作，不断加强资源整合，提高资产证券化水平。通过开展国债逆回购和结构性存款等业务，获取理财资金收益254万元。凭借公司自身信用级别和自主融资优势，以至少200BP的利差套利，受让山西省交通运输厅集合资金信托5亿元受益权转让。积极开展新股网上、网下双线申购业务。积极开展资本运作等投资业务，受集团公司委托，全程跟踪并参与新疆昌源水务和昌源通达公司51%股权公开市场转让竞拍工作，迈出具有实战意义的重要一步。

收费管理 创新收费管理模式。与达州市政府签订首个车辆分流财政补贴协议，对深化川高公司与地方经济深度融合发展，确保通行费稳定增长，具有重要的示范意义和参考价值。全力完成高速公路年度管理重大目标任务。累计完成36座隧道机电系统安全隐患整改、48处国家级交调站供电配套工程建设，升级改造20处收费站、33处入口“治超”点“动改静”和17个路段监控系统，完成服务区星级新创、提升、复审18处，完善9处服务区基本功能，实现服务区免费WiFi功能和信息查询功能全覆盖。深入推进收费模式标准化建设。编制修订《高速公路营运管理标准化手册》、收费站分类方案等制度。加快推进收费批文办理。完成成德南、巴南、广甘、乐雅、雅西、达陕、达万、广巴高速公路等8个项目的试收费批文延期工作。优化收费环境。初步实现智能化稽查及网络打逃，确保通行费应收不漏。截至年底，累计查处各类逃费车辆18万辆，追缴通行费3 000余万元，累计减免节假日车辆通行费6.8亿元。有序开展服务区拓展业务。进一步完善服务区非能源项目经营手续，积极协调原中石油非油项目遗留问题，助推集团多元产业发展战略实施。

养护管理 不断完善养护专项工程业主自办监理、自主设计激励机制，修订日常养护及小修保养包干经费管理办法，大力提高管养水平。继续提升养护管理制度化、规范化水平。调整和补充大中修养护工程管理、高速公路桥梁和隧道结构物工程养护管理、养护专项工程支付管理等制度，进一步规范养护管理程序，提高工作效率。积极开展预防性养护。组织2016至2018年度川高系统公路养护工程勘察设计服务单位库招标工作，审定2015年度桥隧定期检查及评定报告，开展“十三五”养护规划编制并完成路面养护规划编制。大力推广“四新”技术应用。积极探索隧道水泥混凝土路面抗滑不足的技术方案，尝试开展应用云平台的小型化检测系统技术，探索信息化、智能化手段开展特大桥梁健康监测。

资产管理 制订实施《川高系统资产管理暂行办法》。加大低效无效股权、机械车辆、闲置土地房屋等资产清理处置力度，累计清理处置机械设备原值5 916万元，处置车辆67辆，实现收入188万元。严格审核控制新增车辆购置，调减车辆购置金额321万元，进一步规范公用经费预算审核指标。

相关产业 积极与地方政府开展政企合作项目。加快实施绕城高速公路金凤凰立交路改桥、盐边互通、达州、徐家坝、方山、绵阳、绵阳南收费站改扩建、百里峡增设互通立交工程，签署南部八尔湖、西充鸣龙及三台西平增设互通立交协议并开展前期相关工作，基本实施完成恩阳地方道路BT项目，收到地方补助资金4.2亿元和恩阳BT项目回购资金5.6亿元。稳健推进房地产开发项目。仪陇新政“高庐御品江城”项目截至年底完成283套房源认购；巴中恩阳 “高庐御品湾”项目加快售楼部建设及景观绿化工程施工；启动成南公司1、2号地块、泸州地块开发前期工作。稳妥开展土地使用权投资。成功竞得巴中恩阳保障地块18.54公顷，缴纳全部土地出让金2.9亿元。推进川西公司应急抢险指挥分中心的拿地工作。加强非路产业公司管理。非路公司累计完成营业收入13亿元，较上年同期增长140%。进一步规范直属施工类企业的经营行为，开展成本审核，严控项目成本，进一步规范直属施工企业的全面预算管理，利润率大幅提升。

安全管理 全面落实安全目标责任。每季度召开川高系统安委会会议，积极开展“安全生产月”等专项活动。认真做好重点时段安全生产工作。由公司领导班子成员带队，开展汛期、冬季等重点时段安全大检查，建立隐患数据台账，妥善处置地质灾害。加强重要时期保通工作。切实作好春运、十一“黄金周”等节假日期间及“雨雾冰雪”恶劣天气条件下的安全保通工作，制作发放《行车安全指南》17万份。提升路维清障管理水平。组织两期队级管理人员培训班，将路维信息化系统推广至川西、达陕等9家营运公司，规范工作流程，提高工作效率。深入开展隐患排查治理工作。累计排查一般性安全隐患3 724起，落实整改资金2 780万元。

2016年7月5日，川高公司总经理王孝国（前右一）在川西公司董事长刘宏（前左一）陪同下，冒雨调研都汶高速公路防汛抢险工作，实地察看防汛监测和抢险机械、物资、人员配置情况

川高公司 供稿

体制机制改革 全面推进三项制度改革。按照营运、建设、非路产业三类公司的不同性质，分类提出创新改革重点，结合实际出台一系列改革指导性意见，调整全系统岗位分类体系，优化工资预算分类管理，提升关键岗位价值，同时通过促进和规范营运企业一线生产岗位和机关行政管理岗位的双向流动，逐步消除一线岗位和管理岗位的壁垒，并鼓励机关管理人员向一线流动，推动人员能上能下。成南、攀西、高路信息等3家试点单位深入推进绩效考核和薪酬分配制度落地工作，顺利通过集团验收。系统各单位全面推进以岗评、差异

理、交建养护施工单位一并纳入养护信息化管理体系，建立协同工作机制，完善系统功能，组织相关人员进行运用培训，取得较好的成效。在厅高管局组织的2016年度全省高速公路养护管理信息化工作检查考核中得分489.45分，位列全省第二名，被授予年度“优秀单位”称号。层层下达养护管理信息化工作任务，突出抓好养护系统静态数据、动态数据、日常报表及电子地图等重点工作，细化工作流程，加大检查督导，实现平台数据完整闭合，信息更新及时，确保信息化日常运用保持较高水平，推动养护管理效能进一步提升。加强道路病患排查，建立健全各类养护管理台账，坚持桥隧经常性检查，组织对通车以来道路巡查记录、桥隧基础档案、养护维修资料、施工记录等各类资料清理完善，厅高管局委托专业单位检查后给予好评。编制《成仁高速公路养护管理制度汇编》，内业管理水平不断提高。强化道路保洁，及时补植缺损绿化，道路养护的各项指标都达“优”等级。及时处置病害，汛期道路沿线6处水毁工程得到及时有效处置。精心组织实施专项工程，严格执行招投标纪律和流程，落实专人加强对工程现场监管，较好地保证了工程质量、工期、资金以及施工安全。

成仁高速公路　　　成仁分公司 供稿

服务管理　重新修订收费员星级评定、稽核、奖惩制度，持续开展“优质文明收费站”创建活动，各管理处和收费站加大收费技能培训力度，收费员业务技能不断提高，全线收费窗口服务质量始终保持较高水平。积极组织专业技术人员开展岗位练兵活动，在成渝公司举办的2016年路产管护业务知识技能竞赛中，分公司取得六个单项第一和团体第一的好成绩；重点加强日常监督考核，通过与收费员星评挂钩等方式，狠抓文明服务的贯彻落实；强化服务区运营及治安秩序管理，不断营造温馨和谐的服务环境，提供舒适便捷的服务体验，服务品质和服务水平不断提升；进一步强化值班室管理，抓好值班室人员业务技能培训，做好咨询服务，及时准确报送成渝集团内各高速公路的路况信息；严格落实各项值班制度与信息报送制度，针对突发事件和特殊情况，及时、准确、逐级上报。

安全管理　严格执行安全管理制度，每季度组织召开分公司安委会扩大会议和管理处安全生产领导小组会议，落实“一岗双责”安全生产责任制，组织员工系统学习《四川省高速公路条例》、新《安全生产法》、分公司安全生产制度和各种应急预案等安全生产相关法规文件。强化安全目标责任，层层签订《安全生产管理目标责任书》。加强安全培训，组织员工观看安全警示教育片，对道路施工人员进行施工现场安全知识讲解，举办安全知识竞赛，开展消防应急演练、服务区防盗抢演练和道路突发交通事故现场处置演练，进一步提升各级工作人员对突发事件的预警和应急处置及协调能力。做好安全隐患排查整改工作，组织开展“安全生产月”“安全生产宣传咨询日”“打非治违”等活动，做好节假日、重点路段和设施、恶劣天气等情况下的安全检查，全年组织大规模的专项安全检查16次，查处安全隐患65处，整改率达100%。深化联勤机制，加强道路秩序和车辆运行适时监管，坚持联勤巡查，及时处置事故现场，未造成“二次事故”的发生，科学实施交通管制，有效地缓解节假日车流高峰时段的交通压力。组织开展为期1月的一路四方交通安全集中整治活动，有效制止行人上路、破坏公路围网、违规穿越公路施工、涵洞、桥下堆放杂物等违法违规行为。抓好入口“治超”监管，全年未发生超限货车上路现象，并在全省高速公路率先实施新标准“治超”，多次被省行业主管部门作为典型推荐为对外交流和受检单位。

（成仁分公司）

遂广遂西高速公路营运管理　2016年，遂广遂西公司在遂广遂西高速公路营运管理方面主要做了以下工作：

收费管理　采用入口“治超”环境下的无人值守自

助发卡系统、全高清监控设备及IP架构（网络）通讯系统，设置高速公路收费站人行横道，提高工作效率和营运安全。

养护管理 开展养护巡查，及时发现、处治病害，保持整体路况优良。及时完成各项日常养护工作，质量受控，未发生任何安全事故；组织制订遂广高速公路金桥互通E匝道广安往遂宁方向、34公里+500米处广安往遂宁方向等事故多发路段整改方案，严格督促处治质量、进度，消除事故隐患。建立养护管理信息化系统，从巡查、下单、验收等环节入手，加强管理，受到厅高管局通报表扬。

映汶高速公路 川西公司 供稿

安全管理 全面落实“一岗双责”，严格三级目标责任体系，以防隐患、强根基、堵漏洞为抓手，做到目标有分解、责任有落点。全力配合做好全省道路交通安全综合整治及打非治违，持续推进治理货车车辆超限超载工作。圆满完成春运、五一、汛期、十一等特殊时段的道路安全保畅工作。在三凤收费站试点，首创高速公路收费站人行横道。制订完善各类应急预案和现场处置方案，切实做好防汛防灾工作。联合开展隐患排查治理工作，针对高边坡、桥涵、交安设施等重要部位进行排查，及时有效的消除安全隐患。组织开展安全生产月活动，与辖区政府、派出所等单位开展联勤联动。全年未发生安全生产责任事故。

财务管理 积极发挥现有融资平台作用，妥善安排贷款资金，规范运作，筹集资金保障，统筹做好资金计划，确保项目支出。严把项目审核，监控资金流向，保证专款专用。同时优先安排民工工资，确保民工工资及时到位。强化财务核算与预算管理，紧跟公司业务发展，做好建设期、营运期并行期间的会计核算工作，及时归集建设工程成本，为转入营运工作做好衔接。认真贯彻学习营改增政策，提高单位税务规范化水平。按照全面推广、重点宣传、稳步推进的策略，对公司各部门进行全面宣传，针对重点部门进行协调对接，扎实保证营改增稳步推进。

（遂广遂西公司）

成都绕城都汶高速公路营运管理 2016年，川西公司在成都绕城高速公路、都汶高速公路营运管理方面做了以下工作：

收费管理 面对第二绕城高速公路的全线开通，公司的收费任务受到巨大影响，经公司多方调研、上下动员，并对近年各类收费数据进行统计分析，一方面随时分析收入变化，另一方面及时与结算中心和川高公司联系，掌握最新数据和变化趋势，公司全年累计完成考核通行费收入8.6亿元（清分收入6.23亿元，绕城统缴收入2.37亿元），完成全年通行费目标任务的102.96%。由于川A车辆免收通行费10.32亿元以及代收路网通行费5.85亿元，全年实际完成25.98亿元通行费的工作量，并通过重点打击换卡车、鲜活车、ETC等逃费车辆挽回通行费136万元。同时，公司以川高收费管理质量检查为契机，强化管理，进一步优化动态星评，在川高系统收费管理质量检查中，取得第三名的好成绩。在提升员工素质方面，公司着手一线员工培训，更新优化知识，并通过“强管理、提素质、促工作、保安全”劳动竞赛岗位练兵等方式，切实有效提升员工的操作技能。

缓堵保畅 成都绕城高速公路和都汶高速公路车流量继续增长，日均站口车流量接近70万辆，占全省路网（298.53万辆）的23.45%，占交投集团所辖路段的37%，川高所辖路段的45%，日均通行ETC车辆17.46万辆，占全省路网的25.05%。公司通过抓收费站改扩建，完成机场C站扩建工程、成灌B、C收费站应急缓堵工程、映秀临时收费站应急缓堵改造工程、双流A入口收费站改造工程、绕城高速公路部分收费站增设串行收费亭工程等改工程项目。通过抓ETC宣传，公司14个收费站全部开通了ETC车道（含ETC人工混合车道），其中已开通的ETC专用通道50个，混合车道104个，实现ETC收费站覆盖率100%。同时加强对节日期间收费站卡、票、款等收费用品的发放工作和通行卡调配工作，一方面加强节日期间的值班工作，另一方面深入收费站开展综合调研，通过分析各站车流类型、特点、匝道分布、高峰时段等情况，采取预刷卡、车道出入口变化、串行收费等有效措施，圆满完成了春运、五一、黄金周、第三次G20集团财长和央行行长会议、西博会等保通保畅任务。

安全管理 公司通过积极处置交通事故，确保道路畅通，路产安全。公司管辖路段共发生交通事故9 776起，路产赔偿案件1 015起，收取路产补偿费375万元，未发生1起源头责任事故、二次事故。同时加强双超治理，召开超载超限新标准实施推进工作会，并采取有效工作措施，全年24个“治超”点共劝返225 718辆超载超限车辆。此外，公司强化施工现场安全监管，及时消除安全隐患并加强常态安全巡检，辖区专项施工项目均未发生一起安全及较大拥堵事故；积极开展汛期应对及隐患治理，成立以公司董事长为组长、总经理为常务副组长、其他班子成员为副组长的防汛抢险现场指挥部，对都汶高速12处汛情易发点实行24小时监测，重点监控玉堂、映秀北、银杏、汶川南4处地质灾害重点防控点，确保了都汶高速平安度汛。同时紧密促进联勤联动工作，组织召开绕城高速雨雾恶劣天气联勤联动工作，确保冬季雨雾恶劣天气联勤联动工作有效开展。

养护管理 绕城高速府河大桥整治得到交通运输部在全国范围内的通报表扬，高管局也在全省进行了通报表扬，同时公司继续加强养护管理，创新思路，一是对绕城高速路面病害开展整治。采用新技术、新工艺对绕城进行了路面加铺，对沥青路面纵、横向裂缝，龟裂，沉陷等病害进行处治，并加铺4厘米罩面层养护。此外，为确保行车安全，对罩面路段波形防撞护栏重新调整安全高度。二是推行项目业主自主设计及自管模式。在设计方面，完成绕城高速公路成龙立交—机场立交中央分隔带绿化改造工程项目、绕城高速公路全线波形护栏立柱及桥梁栏杆底座贴反光膜项目、绕城高速公路部分收费站增设串行收费亭工程及成都绕城高速公路东服务区“三星”升“四星”改造工程项目四个专项养护工程自主设计项目。在监理方面，根据现场工作需要，公司成立总监办，下设总监理工程师办公室，总监理办公室设在养护部，负责项目监理工作的协调、指挥及监理工作实施。各项目均形成自办监理工作方案并上报川高公司审查。三是与地方政府首次开展政企合作，顺利推进金凤凰路改桥资金补助项目和三圣洪柳片区排洪排污总出口项目等穿跨越工程代建项目。四是顺利推进玉堂办公区档案馆及养护工区建设、四川高速路网川西片区应急抢险指挥分中心建设等重点项目。

环境综合治理 公司加大绿化保洁投入。在绕城高速新增167名保洁人员，并将全线边沟边坡清理次数调整为1季度1次。此外，年内投入600余万元对绕城部分中央绿化带进行景观改造，并在重点收费站摆放租赁绿色植物和鲜花，提升站口形象。同时强化对保洁单位的日常巡查考核，惩处作业不规范、工作不力、标准不高的保洁单位。公司还开展路面抛撒物治理专项行动，一方面通过提示牌、电子显示屏和标语等进行宣传，并利用电子显示屏公开曝光抛洒物品车辆车牌、所属单位；另一方面在收费站入口对货车是否加盖篷布、防落网加强监督检查，并对放行抛洒物品车辆的收费站和收费人员进行严格追责；此外，还对施工路段、服务区等污染易发点位加大监控力度，成功阻止多起社会车辆企图在绕城西服务区私倒建渣的行为。绕城高速的环境治理成效突出，受到省、市领导以及社会群众的充分肯定。

（川西公司）

成南南渝遂渝遂回高速公路营运管理 2016年，成南公司在成南、南渝、遂渝、遂回4条高速公路营运管理方面主要做了以下工作：

收费管理 切实抓好收费基础业务管理。强化票卡款日常管理，加强免费车辆管理，下大力气打击收费违纪违法行为，全年开展对内日常稽查4 587次，紧密配合相关执法单位开展对外稽查行动1 379次，重点稽查ETC逃费车辆、降档逃费车辆，共计查处偷逃通行费车辆51 768

成南高速公路 成南公司 供稿

辆，追缴通行费263万元。特别是在年底完成川高系统ETC车辆逃费专项追缴行动，与辖区高速交警、高速执法等单位联合追缴共计58台补缴车辆缴款134 331元，作为川高公司稽查业务管理标准试点单位，相关工作受到上级主管部门的充分肯定。推进收费站规范化建设。积极适应高速公路运营服务质量评价机制，组织各收费站查找差距积极整改，切实提升营运管理服务水平。落实收费人员星评考核制度和收费站站长收费管理能力考核制度，试点开发收费管理软件，建立健全考核指标体系。13个收费站的站房站道、收费岛统一重新修缮，适当加高收费岛整体高度，保障收费员安全。坚持以提升通行效率为收费站工作重点。更新完善收费站节假日期间保通保畅工作应急预案，最大限度保证车流高峰期收费站通行能力。年初在成都收费站新增14个串列式收费亭，有效缓解高峰期出站车流压力。针对春节期间南渝路省界兴山站出现拥堵现象，公司会同重庆中渝公司及交警、执法大队召开排堵保畅协调会，制订详细应对措施。继续扎实开展入口“治超”工作。对于省界站涉及两省（市）不同管理体制之间衔接的问题，公司也积极与行业部门和重庆方协调，确保治超工作顺利开展，全年辖区路段未发生一起因超载超限货车引发的较大道路交通事故。全年所辖4条高速公路累计完成通行费清分（含税）收入15.12亿元，为年度目标100.9%。

内树文化外塑形象，逐步形成收费窗口服务品牌。公司所辖4条高速公路相继通车以来，车流量均呈逐年上升趋势，2016年成南高速公路日均断面车流量达到47 277辆，比上年年增加22.8%。公司积极适应社会经济发展和公众需求，在思想上引导员工坚持将全心全意服务公众的理念融入到日常收费工作中去，树立和增强服务意识。深入开展收费站优质服务“温馨工程”，提升窗口服务质量，组织收费人员业务知识与岗位技能培训，将企业文化“小亭大爱、路畅人和”融入日常业务管理，增强一线员工的凝聚力和使命感，年内成都收费站“小亭大爱文明使者班组”参选荣获“最美中国路姐团队”荣誉称号，公司参加川高系统职工技能大赛取得十佳收费岗位能手和优秀收费岗位团体三等奖的佳绩，以点带面发挥榜样作用，进一步提升整体收费服务水平。完善出行信息共享机制，充分利用广播、网络、道路可变情报板等有效媒介快速准确发布路况信息。重视社会投诉反馈，严格要求收费人员准确把握收费政策，减少收费纠纷，所有投诉均有回复记录，2016年接到的收费纠纷投诉较以往有所增多，公司认真收集整理分析，积极与结算中心沟通查找原因寻求改进。促进收费社会服务常态化。严格落实国家惠民政策，执行重大节假日小型客车免收通行费政策，以及对合法装载鲜活农产品运输车辆免收通行费政策，全年免收通行费2.87亿元。

财务管理 强化内部财务管理。内部聘请专业财务公司对财务制度进行梳理，开展财务风险评估，指导财务安全、使用效率方面的工作。进一步加强成本控制，年初将川高公司核定的年度预算总额层层分解到各部门，各部门再据此制定分预算。坚持对年度预算执行情况的跟踪、分析、监督和管理，同时提出相应的预算管理建议，切实将公司各项经费控制在川高公司下达的预算之内。从预算执行情况来看，公司全年经费控制良好，预算管理落到实处。继续申请政策优惠。申请西部大开发所得税税收优惠政策并获得批准，经省地税局批复，成南公司及中通公司2015年度企业所得税率按15%税率征收，为公司节约企业所得税支出6 114.53万元。强化财务会计核算，协助川高公司做好债务清收。严禁出现入账信息不明确，记账科目摆放不合理等现象。将核算工作紧紧围绕公司预算展开，确保核算会计科目录入的合理性。及时准确地对外、对内报送各项报表，做好财务分析资料，为公司决策提供可靠依据。

养护管理 全年完成18个项目专项养护项目，总金额1.26亿元，其中义和收费站改扩建工程按照政企共建模式由龙泉地方政府出资、公司负责建设实施，极大地缓解义和站拥堵问题，也为川高公司增加收入2 000余万元。强化道路施工交通组织和安全监管。做好路面日常及专项养护项目施工道路保畅预案及施工交通组织。在1868公里—1886公里段路面预防性养护工程上，公司组织各方成立联勤联动保障小组，认真研究现场管控和分流措施，尽可能减少养护作业单元距离和交通管制时间，养护作业已顺利完工，同时也为成南路即将开始的改扩建工作积累有关路面大修工艺，以及协调配合高交执法科学规划交通组织的宝贵经验。加强路面、桥隧涵巡查监测。实施规范化和常态化管理，坚持日常巡视和专业检查相结合，注重对路面坑凼、特大桥梁、高边坡、高路堤的监测维护力度。联合设计院专家组，对全线28个重点边坡进行专业地质隐患排查，对全线隧道、桥梁进行逐一检查，排除安全隐患，全线桥隧状态良好。积极推行养护信息化管理。作为川高系统养护系统信息化管理试点单位，该项工作得到上级高度肯定，公司按照川高公司要求抽出专人配合养护系统软件单位完善现有系统功能，提升大数据收集水平，推行系统标准化，这些庞大数据的电子化为科学制定养护计划和实时决策提供可靠的数据支持。继续试点养护工程自办监理模式。制订《成南公司专项养护工程自管模式管理办法》，完成6个项目的自主设计，和18个项目的自办监理，在全线收费大棚维修专项工程、桥梁病害维修工程、成南路1868公里—1886公里段路面预防性养护工程等工程项目上予以推行，为公司节约监理费及管理费300余万元。

安全管理 严格落实“一岗双责”制度。修订公司各级《安全生产目标责任书》，并结合三项制度改革制订《成南公司安全生产职责划分表》，分层分级把安全生产职责职权落实到各部门、各岗位。经常开展安全教育，强调基层员工自身安全防护意识，要求员工把自身安全保护放在首位。常态开展安全生产检查和隐患排查整治。按照全覆盖、高频率的原则，全年组织安全大检查9次，定期对全线收费站、重点边坡、隧道、桥梁等进行专业地质隐患排查，每月对全线收费站安全生产工作开展情况进行指导检查。通报安全隐患和存在问题，责令相关部门及时处置确保闭合，共刊发隐患治理排查通报23期，发现并整改闭合460条安全隐患。加大汛前和汛期巡查力度，预防冬季团雾、雨雪等天气的影响，确保安全警示、防撞桶等道路安全设施完好，发现路面大雾、积雪、冰冻等现象及时采取有效措施处置。合理增设交安设施。全年投入资金近1 300万元，在符合道路技术标准基础上，通过对事故易发地点进行实地考察，对高下边坡、临水临崖等危险路段实施波形护栏二改三，在成南高速公路1 806公里—1 812公里段长下坡安装条形雾灯及路面震荡防滑标线，隧道引入主动LED线型轮廓诱导标，建立隧道水成泡沫消防系统，在桂花立交等几个匝道口试行安装太阳能匝道箭头立标，试点安装雾天安全行车防撞预警系统，对冯店、陈家湾隧道监控系统进行改造。提升道路清排障效率和应急救援能力。在日常道路巡查和交通事故中，积极协调高速交警、交通执法部门，开展联勤联动、信息共享、应急救援和保通保畅工作，同时严格规范事故现场处置操作，保障自身和司乘人员生命安全。路产管护信息系统全面投入使用，道路事故处置各类信息报送更加快捷准确。在高速公路服务区定点办公设立高速路维执勤点，对路产管护队员实行半军事化管理，确保第一时间赶赴事故现场，提升道路事故救援效率。实地调查周边路网，更新片区高速公路应急分流指示图，并通过公共媒体把节假日拥堵点、分段绕行线路、应急分流图及高速公路故障、事故快速处理流程向社会公示。与交通执法联合开展雨雾、防洪、急冻等特殊恶劣天气的清排障应急救援演练，并邀请省安监局到场参观指导，演练结束后参演各方人员进行详细回顾，总结提炼经验，优化预案指导实际，共保一方平安。全年路管巡逻里程191万公里，出动清障车辆7 840次，处置交通事故4 035起。全年未发生生产安全责任事故，未发生承担源头责任的较大以上道路交通事故。

服务区管理 拓展服务区服务内容和功能。坚持“人无我有”“人有我新”的思路，不断融入新理念新技术，优化服务区硬件设施。公司与淮口服务区商家沟通，由商家出资完成餐饮、超市、后厨的装修改造升级，同时为丰富经营业态，提升服务形象，积极引进星巴克公司入驻。淮口服务区与省市电力部门合作开展高速公路服务区汽车充电站安装工程，遂宁、南充3个服务区充电桩安装完毕进入调试阶段。强化服务区监管力度。坚持以经营者为主、公司现场监管为辅的模式管理服务区，强化服务区的纪律作风整顿与管理，与地方公安局下属保安公司签订保安合同，建立服务区安全管理联动机制，共同管理，治安和停车秩序得到很大改观。加强危化品车管理，建立危化品车停泊制度。在服务区开设自助货车免费加水服务，规范诱导警示标志设置，加强现场管理，对整治当地村民路边非法加水作用明显。遂宁服务区、武胜服务区分别被评为四星级和三星级服务区，淮口服务区作为“全国百佳服务区”，被选作第十三期全国高速公路服务区经理培训现场交流会会场，良好形象给参会的领导及专家留下深刻印象，受到一致好评。

（成南公司）

绵广广陕广甘广北路营运管理 2016年，川北公司在绵广高速公路、广陕高速公路、广甘高速公路、广北二级专用公路营运管理方面做了以下工作：

广陕高速公路 川北公司 供稿

收费管理 全年完成通行费收入164 600万元（税前，含3%增值税），比上年增长15.7%。整治逃费车辆21 726辆，追缴通行费527.02万元。联合公安机关成功查获“8·10”“3·27”、ETC降等逃费案件，建立川陕甘三省打逃联动协作机制平台，完成广甘高速公路主线收费站绿色通道设备建设，按期完成广甘高速公路试收费延期报批工作，完成公司13个收费站入口称台“动改静”和广陕高速路3座隧道机电改造。配合完成四川省干线通信网光纤铺设工作和国家级交调站的建设工作。收费秩序和环境得到改善，收费服务质量稳步提升，未出现服务质量投诉事件。

养护管理 绵广高速公路道路技术状况指数（MQI）为93.51，路面使用性能指数（PQI）为91.65；广北路二级专用公路MQI为92.2，PQI为90.26；广陕高速公路MQI为94.63，PQI为92.41；广甘高速公路MQI为95.72，PQI为94.11。完成日常养护费用4 209万元，各项费用支出控制在川高公司核定的计划内。完成绵阳阳南收费站改造，拓宽改造绵阳北收费站，缓解收费站的通行压力。

安全管理 查处各类路产案件873起，结案路产案件801起，结案率91.8%，收取路产赔偿790.3万元；累计清排障作业1 896起。公司安全管理标准化系统持续有效运行，安全管控手段多样化，安全责任意识明显提高，应急管理有序开展，全年未发生因管理原因造成的重大安全生产责任事故。绵广高速公路金子山段安防升级工程基本完成；绵广高速公路科学城路段试点安装高速公路雾天道路预警诱导系统，金子山路段安装风车式安全警示标志。

财务管理 重点落实预算管理的各项措施，按照“八项规定”要求，继续从严控制会议费、招待费、车辆使用费支出，对道路养护、固定资产购置等生产性开支进行科学预测、精细化控制、均衡开支，提高资金运行效率和企业效益。通过外部和内部审计对重大经济活动、财务收支和经济效益进行监督检查，增强企业风险管理意识。全年公司催收政企合作项目政府补助资金11 000万元，催收二级公路地方债务1 775万元。

综合管理 稳妥推进公司三项制度改革。在川高公司三改工作领导小组领导下，启动公司的三改工作，从宣传动员、方案制定、资料准备、三定方案意见征集、岗位设置以及岗位描述等环节稳步推进改革工作。全面完成2016年的收费监控、路维安全、工程养护、人力综合、党团工会、信息法律等多项全员培训工作，提升职工素质，提高工作能力。正式成立广甘管理处，组建管理处机构，完善人员配置。建立公司层面的机电维护管理机构，理顺机电维护管理职责，提升机电维护效率，强化机电管理。完成审计署成都特派办对广甘路的收支审计、公司主要负责人的任中审计、广陕路的竣工审计等专项审计工作。修订并完善财务管理制度、差旅费管理制度、机电维护管理办法和考核制度。完成全年的重大资产的询价、采购、上牌上户工作和资产清查、校核、报废处置工作。全面完成公司形象宣传片的资料搜集和采编工作，制作样片。

（川北公司）

南广邻达渝邻垫高速公路营运管理 2016年，川东公司在南广邻、达渝、邻垫3条高速公路营运管理方面主要做了以下工作：

收费管理 继续推进落实收费质量管理精细化、专业化、标准化、规范化要求，层层落实到部门、管理处、收费站、一线岗亭。以构建公司、管理处、收费站三级闭环管理机制为载体，采取“规范收费环节、理顺特情车处理流程、抽调业务骨干交叉检查学习”等方式，全面整改收费、稽查、监控等方面存在的问题，全年累计完成通行费收入97 270.14万元（含税），完成年度收费目标任务的109.29%。顺利通过2016年川高系统收费管理质量大检查，营运收费质量考核成绩名列川高系统第三名；举办运营技能大赛、收费优质文明服务礼仪培训，拓展收费文明服务的广度和深度，广安收费站被授予“全国工人先锋号”，公司荣获“川高系统首届收费技能大赛团体二等奖”，2名收费员荣获“十佳收费岗位能手”称号；以创新管理为驱动，启用机电运维管理平台助力机电设备管理和维修维护工作，完成省界站入口治超“动改静”建设、邻垫路隧道群EPS更换、部分收费站增设入口治超计重设备等12项专项机电工程，完成投资金额1 300余万元。

邻垫高速公路明月山隧道 川东公司 供稿

经营管理 全年实现利润总额17 408.17万元，还本付息63 647.78万元，完成年度预算和还本付息目标。通过优化财务制度，严控三公经费，进一步规范通讯费、

彻落实绿色通道等免收通行费政策，共减免各类免费车111.17万辆，免收通行费11 863.58万元。

安全管理 坚持把安全教育培训、责任追究和安全隐患排查治理贯穿始终，全力保障雅西高速公路通行安全。提前制订灾害预警及应急处置措施，积极排查治理安全隐患，及时开展专项处治工程和除冰除雪等工作，有效保障汛期及冰雪灾害天气等特殊季节道路安全运行。采用安全宣传小画册、LED可变情报板等，广泛宣传山区高速公路安全行车常识，营造平安交通良好氛围；以禁止行人进入雅西高速为重点，拍摄专题教育宣传片，委托沿线各区县电视台滚动播放。认真组织实施出勤巡查、清排障，协助实施消防应急救援和超限超载治理等工作，全年出勤巡查车12 658辆次，巡查里程达70.74万公里。强化超限超载及危化品运输车辆管控工作，两个安检站全年累计检测车辆193万余辆，劝返超限超载车和危化品车近两万辆。全面调查全路段交安设施，增设各类提示标牌311套、警示爆闪灯7套、震荡标线1 189条892米、地面限速数字108组1 836米、智能雾区诱导及防撞预警系统15公里、反光立桩1.2公里600套，完成隧道路面抗滑性能处治58 020平方米。

养护管理 以“实现雅西高速公路畅通、安全、舒适”为养护目标，按照制订的短期及中长期养护规划逐步实施，不断加大日常养护工作力度，对专项工程实施全程动态监管，养护质量和水平保持稳步提升，雅西高速通行环境得到持续改善。按照“提前预防、防治结合”的原则，严格实行计划管理，做好日常养护、专项养护和机电维护工作。组织开展“三个一”示范工程，重点清理打造中分带、路肩、立交区、隧道进出口及收费站广场等区域，路容路貌得到明显提升，道路技术状况指数（MQI）为95.8，路面使用性能指数（PQI）为94.43。通过实施精细化管理，规范督促施工、监理单位认真履约，确保养护工程质量。及时完成8项专项工程自主管理和4项自行设计任务。积极推广应用新技术、新工艺、新材料、新设备，采用微表处方式改善隧道内砼路面的抗滑性能实施完成扯羊隧道右洞、灵山隧道左洞、罗家山隧道右洞和擦罗2号隧道右洞处治，在拖乌山路段开展雾天行车安全引导系统的试点工作，加强突发浓雾时交通流量的管理和车距控制，有效避免追尾等交通事故。

服务区管理 制订服务区综合考评办法，服务区管理更加精细化。汉源、石棉南、冕宁东3个新增服务区的建设工作按计划有序推进。

（雅西公司）

乐雅高速公路营运管理 2016年，雅眉乐公司在乐雅高速公路营运管理方面主要做了以下工作：

收费管理 通行费收入稳步增长。完成清分收入21 856.94万元，比上年增长15.82%，超额完成川高公司下达收费任务。探索收费稽查工作新方法、新举措，依托“大数据”平台，深挖数据潜力，全年系统内追缴车辆计7 710辆，追缴金额33.51万元；公司办理稽查专案共计24起，追缴金额15.22万元，为公司挽回损失48.74万元，不仅完成年初制订的堵漏增收目标任务，在川高公司堵漏增收加分项中获得嘉奖。

乐雅高速公路 雅眉乐公司 供稿

安全管理 安全形势总体可控，持续稳定。公司按规定处理现场事故、路产设施损坏补偿案件172次，收入路产损坏补偿费44.77万元；处理路段现场交通事故、抢险救援、清排障碍454次，收入清排障费14.11万元；与相关单位签订涉路施工安全以及补偿协议共13个，收取路产占用及安全监管费约130万元，安全保证金120万元。全年未发生一起源头责任事故。

养护管理 贯彻“全面养护、预防为主”的理念，认真进行周期性、及时性、预防性养护，累计下发维修通知单300份，日常养护资金421万元，完成全线绿化工程养护，全线路面坑槽、波形护栏等修补和更换，有效保证了高速公路的运营，逐步塑造乐雅高速公路“畅、洁、绿、美”的良好形象。

（雅眉乐公司）

成德南高速公路营运管理 2016年，成德南公司在成德南高速公路营运管理方面主要做了以下工作：

收费管理 健全收费管理制度，全年下发收费管理制度及相关文件通知43项；加强收费员工队伍建设，请专业老师对全体一线员工开展稽查、监控、机电、ETC试运行等专项培训考核32次；加强交流学习，以管理处为单位对日常收费工作开展4次交叉检查，互相促进；开展收费人员星级评定和业务知识竞赛，全力打造“形象佳、服务优、业务强”的员工队伍；加强监控管理，全年接听和拨打业务电话102 731个，发放各类短信91 024余条，受理投诉21起，接听并处理交通事故1 553起，通过可变情报板发布信息2 892条，为公安机关提供线索23次，报四川交通广播453次，并将实时路况、交通事故、交通阻断等信息及时通过“飞信”发送至交警及执法部门，实现“信息共享、联勤联动”；做好优质文明服务工作，倡导微笑服务，积极开展“优质文明服务展示日”活动，顺利完成节假日免费道路保通保畅任务，未出现服务质量投诉事件；增开共和收费站，强化稽查工作，全年积极协调高速交警、交通执法、沿线公安等相关单位开展内外稽查，整治逃费车辆11 099辆，追缴通行费56.47万元，挡获8辆ETC降档逃费车辆，追缴通行费近20万元，其中一起成为四川省首例以诈骗罪定罪的ETC逃费案件；并严格执行收费减免政策，免收通行费1 624.17万元，占通行费收入2.45%。年内通行费收入6.64亿元，比上年增长9.76%。

成德南高速公路金堂服务区　　成德南公司 供稿

项目竣工审计 成德南项目施工图概算批复投资111.26亿元，项目累计完成投资106.8亿元，节约概算4.5亿元。2016年5月至9月，省审计厅组成的审计组对成德南高速公路项目建设管理进行审前调查暨竣工决算审计工作，查阅资料8 000余卷，召开配合审计现场核对会10余次，全面完成竣工审计的核对、取证回复、定案及确认等工作。

养护管理 积极开展养护专项工程项目自主管理工作，制订实施办法，成立自管项目领导小组，稳步推进各项专项工程的自行设计、预算编制及上报工作；贯彻“全面养护、预防为主、防治结合”的方针，联合巡查及现场管理，及时进行病害处治，按照灾害预防体系，加强汛前、汛期隐患排查和恶劣天气巡查。从严控制养护经费支出，科学、合理安排日常和专项养护经费计划，全年完成年度计划837万元的日常养护经费。

安全管理 全面落实安全目标责任。每季度召开公司安委会会议，开展百日安全生产、安全生产月等专项活动；由公司领导班子带队，开展汛期、冬季、节假日等重点时段安全大检查，建立隐患数据台账，加强对汛期恶劣天气和冬季冰雪雾霾天气的应急处置，做好相关安全防护措施，全年累计完成道路安全隐患排查144起，已全部整改；开展专业培训和军事化训练，提高路维人员的业务技能和个人素养，并完善联勤联动协调机制，与沿线交警、高速执法共同研讨事故处理、交通管制、道路保通等工作措施，与沿线医院、消防开展各类应急演练。全年清排障作业2 206起，查处各类路产案件577起，结案568起，结案率98%，有效维护路产路权。公司全年无源头性安全责任事故发生。

服务区管理 不断完善服务区考核管理办法，引进专业的物业管理公司，提升服务质量和水平；投入专项资金为盐亭、槐树服务区打水井、为三台管理处及三台停车区引入自来水，解决用水困难问题，为槐树服务区延长污水排放管，解决污水排放问题。

全面开发公司全线所辖服务区、加油站、广告等资产业务，沿线高速公路收费站（收费广场看牌、栏杆机）、部分符合设置广告条件的上跨天桥等实行广告位租赁经营。全年实现产值500万元。

“三项制度”改革 全面启动“三项制度”改革，成立领导小组，制订实施方案，清理完善劳动合同、员工档案管理，健全劳动人事制度，完善各级职务选拔聘用管理办法，委托专业的咨询公司进行调研评估，逐步推进薪酬绩效改革。启动内控制度体系建设，制订“废改立”的目标，为实现营运管理的转型打下基础。

（成德南公司）

公路管理

GONGLU GUANLI

公路路产路权执法 2016年，全省出动路政执法人员20多万人次，查处普通公路路产路权案件4 551件，结案率100%。基本建立联合“治超”工作机制，检查货运车辆446万车次，查处非法超限车辆160 560车次，卸载54万吨，保持了对非法超限超载运输打击的高压态势，干线公路平均超限率控制在3.6%，比上年降低0.9个百分点。

“治超”工作联席会 2016年11月，四川、云南、贵州、重庆、广西、陕西六省（自治区、直辖市）第三届区域联动治超工作联席会议在泸州市召开，六省（自治区、直辖市）公路局分管治超工作的领导、相关处室负责人以及各省部分市州路政管理机构参加会议。会议的主题是贯彻落实国家五部局“8・18”治超工作电视电话会议精神，研判执行治超新标准存在的问题。会上，各省分别交流新“治超”标准实施以来“治超”工作经验以及存在的问题，讨论通过《关于贯彻落实〈六省（市、区）开展区域联动治超工作协议〉实施方案》。至年底，全省有关市州按照省政府批准的普通国省干线公路超限检测站设置方案，已累计完成65个新增固定超限检测站的建设任务，全省固定超限检测站达到142个，极大地提升全省“治超”管理规范化水平。

大件运输网上审批平台建立 2016年，由省交通运输厅自主开发、厅公路局牵头参与的四川省交通运输网上行政审批服务平台超限运输模块上线试运行,在全省范围内开展跨省、跨市州大件运输联网审批，并与交通运输部全国跨省大件运输网上审批平台实现联网。大件运输网上审批坚持“一站申报、全程响应、信息共享、并联审批”的原则，以方便行政相对人为导向，以提高行政审批效能为目标，优化简化大件运输网上审批流程，构建信息共享、联网联审的新模式。

一级收费公路建设项目审批 2016年，厅公路局贯彻落实《收费公路管理条例》、省交通运输厅、省发展改革委、省财政厅《关于进一步规范政府还贷一级公路收费审批有关事项的通知》等文件要求，从严审批一级收费公路建设项目。完成眉山工业大道、南部定水经升钟至阆中思依镇公路、国道318线蓬溪至遂宁段过境公路、国道210线达州市过境段、乐山井研至沙湾段公路等5个收费公路项目立项报批工作。

公路应急和安全管理 2016年，全省公路应急和安全管理不断加强。出台《普通公路应急抢通保通指导意见》，进一步规范应急处置行为。2016年天气异常，灾害频发，厅公路局先后参与“1・19”汉清路小岗剑

2016年，省道205线九寨沟“7・25”特大泥石流抢险救援现场 厅公路局 供稿

高位山体垮塌应急抢险及后续整治工作、省道211线大岗山电站还建段郑家坪滑坡抢险、省道205线九寨沟“7·25”特大泥石流抢险救援和国道318线安乐宫塌方抢险等工作，并于五一、国庆期间在郑家坪滑坡进行蹲点督导。深入推进“平安交通”创建活动，强化公路安保工程（路侧护栏）实施和普通公路治超工作，以及扎实开展道路交通安全综合整治工作，普通公路未发生一起重大安全责任事故，未发生因公路部门管理原因负主要责任的重特大道路交通事故。

公路建设管理 2016年，全省公路建设管理不断加强。大力推广重大项目代建管理，全省已有40个项目采用代建方式管理，建成一批优质工程。大力推进PPP项目建设试点，宜宾等9个市州15个项目开工建设。积极开展信用考核评价，处罚7家不守信企业进行。完善公路质量监督体系，全省71%的县成立公路质监机构。

清理保证金专项整治行动 2016年，为促进全省公路工程建设领域持续健康发展，切实减轻企业负担，厅公路局开展各市州全面清理各类保证金专项整治行动，重点整治增设保证金、保证金比例、保证金退还、农民工工资保证金等方面的违法违规行为，共清退保证金2.15亿元，涉及企业325家，涉及项目150个。

（本栏目供稿单位：厅公路局）

航务管理

HANGWU GUANLI

水路集装箱运输 2016年，全省积极发展江海联运，已开通泸州、宜宾至上海等集装箱班轮航线8条，打通四川省长江港口经上海、南京、武汉等长江中下游港口中转至沿海、台湾、日本、韩国等江海联运物流通道。

集装箱多式联运 2016年，厅航务局指导重点港口加强与长江中下游港口对接合作，落实与上海、南京、武汉等港口的战略合作协议，宜宾港与南京港新签署《投资合作协议书》，新开通宜宾至南京集装箱直航快班，区域合作进一步深化。加强港口推介力度，“昆明—昭通—泸州”港口物流通道推介会成功召开，泸州港与中铁联集昆明分公司签订战略合作框架协议。开通泸州港至攀枝花、宜宾至昆明集装箱铁路水路联运班列，成都国际铁路港集装箱铁路公路水路多式联运示范工程获批国家多式联运示范项目，泸州港—昆明铁路水路联运供应链一体化项目正式启动。完成铁路水路联运集装箱吞吐量3.38万标箱、比上年增长42%。

港口危险货物安全监督管理 2016年，厅航务局组织开展全省港口危险货物企业经营资质和安全专项检查、港口船舶污染物接受处置工作，分别制订《危险货物港口作业安全治理专项行动方案（2016—2018年）》《船舶与港口污染防治专项行动实施方案（2015—2020年）》。严格落实全国加强港口危险品安全管理视频会议和《交通运输部关于严格落实法律法规要求加强危险化学品港口作业安全监管的若干意见》文件及加强港口危险品安全管理视频会议精神，并提出贯彻实施意见。组织开展危化品港口作业安全治理、长江港口危化品作业消防安全等调研。

重点港航企业联系制度 2016年，按照厅航务局重点港航企业联系制度要求，局领导和相关处室对口联系和定期走访服务重点港航企业，培育壮大骨干港航企业，落实重点港航企业联系制度，每季度汇总分析重点企业生产经营状况，引导企业正确经营决策，鼓励实现规模化经营，提高抗风险能力。

水路春运考核评价 2016年，按照《四川省水路春运工作考核评价办法（试行）》要求，厅航务局组织开展全省春运工作考核评价工作，主要对各市州航务局（处）就本辖区的水路春运工作安排、组织机构、安全生产、运输组织、航道通畅、优质服务、应急处置、市场监督、宣传报道和资料信息报送等开展情况进行考评。春运结束后，南充市航务管理局等9家被评为“2016年水路春运工作成效显著单位”。厅航务局及凉山州西昌邛海游船运营有限责任公司等3家水路客运企业被省交通运输厅评为“2016年道路水路春运工作成效显著单位”。

一艘34米级海巡艇完成首航后，11月中旬，眉山市第一艘集巡航救助、防洪抢险、消防一体化的29米级海巡艇在仁寿县黑龙滩镇开工。该艇设计时速23公里，配有红外线视频监控系统，消防水炮，船用污水处理装置以及能够容纳40人的多功能工作舱室，建成后将进一步提高眉山地方海事执法装备水平、安全监管水平及搜寻救助水平。

全省第一艘34米级海巡艇 厅航务局 供稿

水上交通安全业务会 2016年12月19日—20日，厅航务局在成都召开2016年水上交通安全工作业务会。会议从责任落实、制度建设、安全监管、应急救援、“6・4”事故应对等方面对全省水上交通安全作了总结通报，听取各市州地方海事局对年内水上安全工作的汇报与建议，对2017年工作初步安排，厅航务局要求：一是要全力推进全省四级以上航道内船舶的电子签证工作，确保12月31日前完成船舶注册率不低于80%的要求。二是要按照国务院、省安委办和厅相关工作布置要求，全面开展安全生产大检查工作，落实专人负责信息报送，确保报送信息及时准确，并在结束后及时总结。三是要提早部署，全力做好春运工作。从加强对春运工作的组织领导，加强协调、确保运力供给，积极开展春运前的船舶安全检查和隐患排查，加强春运期间的督查检查，重视安全宣传教育、提升服务水平，做好应急准备与信息报送等方面抓好落实，确保春运工作有序推进与平稳运行。四是要对2017年水上交通安全工作要点进一步研究，加强意见反馈与修改，力争早日出台。

长江干线四川段水上安全监督管理体制改革 2016年11月17日，交通运输部副部长何建中、四川省人民政府副省长杨洪波签订《深化长江干线四川段水上安全监督管理体制改革协议》，协议规定自2017年1月1日零时起长江干线四川段水上安全监督管理事权移交长江海事局管理。11月28日，部长江航务局与泸州、宜宾市交通局签订《长江干线四川段水上安全监督管理事权划转长江海事局管理财务资产交接协议》。12月22日，中华人民共和国宜宾海事局挂牌；23日，中华人民共和国泸州海事局挂牌。在职人员，泸州局39人，宜宾局43人，共82人划转长江海事局。离退休人员原则上在改革中不进行划转，仍由原单位管理。现有总资产原则上归地方所有。

船舶检验概况 2016年，厅航务局完成船舶检验12 068艘次、151 442 3总吨、767 354千瓦，127 978客位，完成图纸审查153套。全省63家船厂共计完成产值2亿元，完成全省吨位证书发放超过1 500本，圆满完成各项业务工作。

新增重点水域航区等级 2016年，瀑布沟、向家坝库区等新增重点水域航区划分报告通过交通运输部海事局组织的专家评审，确定相关水域航区等级，解决四川省部分水域的船舶适用规范问题，为相关水域的航运发展奠定了技术基础。

船舶建造检验教学片拍摄 为了帮助新入职验船师

2016年，船舶建造检验教学片拍摄现场 厅航务局 供稿

直观了解船舶建造检验过程，2016年，省船舶检验局组织泸州等市的船检人员以船舶建造的时间节点为主线编写《四川省船检局船检教学片》剧本，结合现场检验，聘请专业剧组实地取景，奔赴多地完成教学片的拍摄，直观、全面展现船舶建造检验中的重要步骤，后期制作甄选优质镜头，同时辅以航拍、动画等形象的表现手段，力求让初学者对检验流程形成系统性、逻辑性的清晰认识。该片是四川省船舶检验局在尝试验船师培训新方式的初步探索，在全国尚无先例。

航运科研项目 2016年，厅航务局认真做好水运科研项目的结题和立项工作。一是完成“船舶安全管理体制与机制研究”“四川省海巡搜救艇标准系列研究”“公益性渡船标准系列研究”“长江上游货船示范先进船型研究”“四川省船舶停泊水域（锚地）设置条件研究”“四川省水路交通执法形象规范标准研究”“向家坝库区航道尺度研究”“‘长江经济带’发展战略视域下四川省港航业转型升级路径研究”和“宜宾三江交汇水域通航条件与通航安全研究”项目验收结题工作。二是“四川港口资源配置和开发利用研究报告编制”“岷江700吨级浅吃水干散货船设计研究报告编制”和“四川省港口、产业、城市一体化发展研究报告编制”等三个项目列入年度厅航务局水上交通科研项目。

（本栏目供稿单位：厅航务局）

道路运输管理

DAOLU YUNSHU GUANLI

概　况 2016年，全省道路运输行业主动适应发展新常态，服务民生、安全稳定，道路运输工作取得新进展。道路运输基础设施网络建设。全年完成道路运输站场建设投资35.2亿元，建成各类场站678个、在建578个。其中精准扶贫地区建设县级客运站8个、乡镇客运站176个、村级招呼站975个，全面完成省脱贫攻坚领导小组下达的工作目标；客运枢纽全覆盖工程建成8个项目，新开工10个项目，建成和在建项目达29个；汽车客运站提升改造工程建成49个项目，完成规划建设任务；中国西部现代物流港西部铁路物流园等3个货运枢纽（物流园区）加快建设。城乡道路客运服务体系建设。实施差异化发展战略，完善快速直达客运网络，优化城际客运班线线网布局，稳步拓展多样化、个性化客运市场，推进道路运输与其他运输方式合理分工、优势互补、协同发展。组织引导推进全省接驳运输联盟建设，在297条长途客运线路、1 149辆车上试点接驳运输工作。全面启用“四川省道路客运包车管理信息系统”，提高业务办理效率。城市公共交通进一步发展。制订《四川省城市公共汽车服务规范（试行）》，引导提升城市公共交通服务质量。全年新增3个开通公交服务县，全省城市公交覆盖率89%的县（市、区）。全年新增及更新车辆中新能源公交车占比超过15%。实施交通一卡通互联互通工程，成都、乐山、绵阳、泸州、内江等城市加入全国交通一卡通联网范围。制订《四川省城市公共汽车服务规范（试行）》，切实提升城市公共交通服务质量。农村客运普遍服务能力进一步提升。全年新增通客车建制村1 299个，全省乡镇、建制村通客车率分别达95%和80.7%。完成1 713辆农村客运车辆提档升级工作。道路货运物流体系建设。大力推行甩挂运输、多式联运等先进运输组织模式，5个交通运输部甩挂运输试点项目成效明显，成都国际铁路港集装箱铁路公路水路多式联运示范工程入选交通运输部第一批示范工程项目，稳步推进货运车型标准化，全省甩挂运输车辆均达到交通运输部颁标准。金桥物流、驹马物流、安吉物流等一批骨干物流企业脱颖而出，卡行天下、川流天下等货运平台快速发展。加快构建城乡物流配送体系。货运物流市场逐步规范。会同公安部门共同开展货运源头整治工作，做好存量规范，强化增量把关。积极贯彻实施城市配送车辆选型技术标准，推广应用安全环保城市配送车辆。制订《关于进一步加快我省农村物流运输发展的实施意见》，推进县乡村三级农村物流服务体系建设。货运物流市场逐步规范。稳步推进货运车型标准化，全省甩挂运输车辆均达到交通运输部颁标准。会同公安部门共同开展货运源头整治工作，做好存量规范，强化增量把关。积极开展道路货物运输成本与价格试点监测工作。全面清理危险货物运输管理基础数据，推进危险货物道路运输电子运单管理制度，全省危险货物运输企业使用面达98%。进一步规范客车附搭小件物品运输安全管理，严格落实“三个100%”要求。运输辅助业服务工作。全省548所汽车驾培机构全部推行预约培训制度，其中416所汽车驾培机构提供“计时培训、计时收费、先培后费”服务新模式，覆盖率达75.9%。牵头完成交通运输部《机动车驾驶员培训管理规定》的修订任务。建成四川省驾驶培训监管服务平台。制订发布有轨电车驾驶员培训机构资格条件和教学大纲。机动车驾驶教练员技能大赛取得圆满成功，评选出一批“爱岗敬业教练员”。全省2 749家汽车维修企业安装使用汽车二级维护信息化系统，165家汽车综合性能检测机构安装使用信息化管理系统。300余家二类以上维修企业加入“阳光维修”公众服务平台。全省发展汽车维修连锁经营店300余家，形成置信精典、马立可等连锁品牌。580家汽车维修企业加入汽车维修救援平台。持续推进道路运输从业人员素质教育。年内，为期3年的从业人员素质提升工程全面启动实施，在四川交职院和自贡市分别试点开展教练员和大型客货车驾驶员全日制大专学历班教育。进一步加强从业资格证管理工作，各地从业资格证办理全部纳入当地政务中心核发。道路运输信息化建设。加速推进道路客运联网售票系统建设。建成全省道路客运联网售票系统“两个中心”和“四大系统”，全省联网售票运营服务中心投入使用。全省219个符合条件的三级以上车站实现联网售票，开通联网售票APP和微信购票平台，全年联网售票系统出票900万张，日最高售票量达10万张。重点营运车辆联网联控工作持续加强。全省旅游客车、包车客车、三类以上班线客车和危险货物运输车辆联网联控上线率均超过90%，全省1.8万辆旅游客车和三类以上班线客车安装使用3G视频监控系统，智能化、可视化的动态监控方式和水平受到国家安监总局的高度肯定。电子客票试点工作启动实施。在德阳南站、南充嘉陵汽车站和雅安西门汽车站试点开展电子客票工作成效明显，大幅提升检票通道通行效率。道路运输无线网络服务覆盖面不断拓展。全省符合条件的202个三级以上客运站、6 000台客运车辆安装并投用WiFi。运政系统互联互通工作顺利完成。按交通运输部要求完成19项关键核心指标上传、运政专网迁移、跨省接口调试、跨省业务应用辅助等工作。道路运输行业改革和法治建设。清理规范省、市、县三级道路运输机构的权责清单，编制省级道路运输公共服务事项，形成道路运输行政审批事项通用管理目录并向社会公开。开展网上行政审批服务平台建设和网上行权监管平台建设。建立“双随机”抽查机制，推行行政许可、行政处罚“双公示”制度。政务服务窗口建设管理进一步加强。法治部门建设工作不断加强。完成《四川省道路旅客运输管理办法》《四川省道路货物运输管理办法》《四川省机动车维修管理办法》等行政规章修订，开展《四川省公共汽车客运管理办法》《四川省出租汽车客运管理办法》和《四川省道路运输安全生产管理办法》立法前调研。完善四川省道路运输专家库和法律顾问制度，健全行政决策制度。根据国家统一部署，深化全省出租汽车行业改革，拟订《四川省深化出租汽车行业改革实施方案》及系列改革配套政策文件。成都、泸州、广元等市正式出台改革实施细则，大部分市州完成改革准备工作。行业普法宣传教育持续开展。积极开展行业“七五”普法和法律“七进”（详见《附录》）活动。道路运输行业安全生产形势稳定。扎实开展“道路运输平安年”和“安全诚信、优质服务”活动。将四川道路运输安全生产“六严禁”（详见《附录》）规定、客运车辆安装限速装置、设置最高限速值、安装具有行驶记录功能的卫星定位装置等行之有效的措施固化并上升为政府规章，制订出台《道路运输安全生产工作责任暂行制度》《道路运输行业标本兼治遏制重特大事故工作实施方案》等制度。保持严管重罚的高压态势，全面实施通报、约谈、督办、督查、“黑名单”曝光等强力措施，全年曝光违法违规驾驶员988名，纳入黑名单748名，“双吊销”（即吊销驾驶证、从业资格证）驾驶员652名，建立企业违法行为数据库。全年发生道路运输行车事故195起、死亡248人，比上年分别下降

2016年8月18日，德阳市运政、交警开展联合执法行动

厅运管局 供稿

5.3%和8.1%，实现事故总量、死亡人数、客车较大事故“三个继续下降”。编制完成《2016年全省地震重点危险区道路运输抗震救灾专项应急预案》，落实应急储备客货运力4520辆，成功举办省市县三级联动道路运输应急演练。行业稳定工作有力开展。面对新老问题交织、各类矛盾凸显的复杂局面，建立健全稳定风险排查化解、提前预警和多部门协同配合机制，坚持依法依规、固守底线、上下联动、综合施策，全省道路运输行业没有发生连锁性、大规模不稳定事件。党的建设和党风廉政建设取得明显进展，从严治党全面加强。严格履行全面从严治党主体责任，扎实开展“两学一做”学习教育（详见《附录》），大力加强干部队伍思想政治建设，教育引导广大党员作“四讲四有”合格党员。规范支部组织生活，落实党建工作责任制，党建工作科学化规范化水平进一步提高。党风廉政建设不断深化。强化党委主体责任和纪委监督责任，加强对干部的教育管理和监督惩处，加强重点领域和关键环节廉政风险防范，始终保持正风肃纪和惩治腐败的高压态势。严格执行民主集中制和“三重一大”事项集体讨论决定制度，加强审计监督。行业文明建设持续推进。深入践行社会主义核心价值观，大力加强行业精神文明建设，涌现出泸州公交车驾驶员涂北川、达州公交车驾驶员王顺全、广元汽车客运站7182服务队等先进典型。群团、离退休服务、后勤保障等工作也取得良好成效。

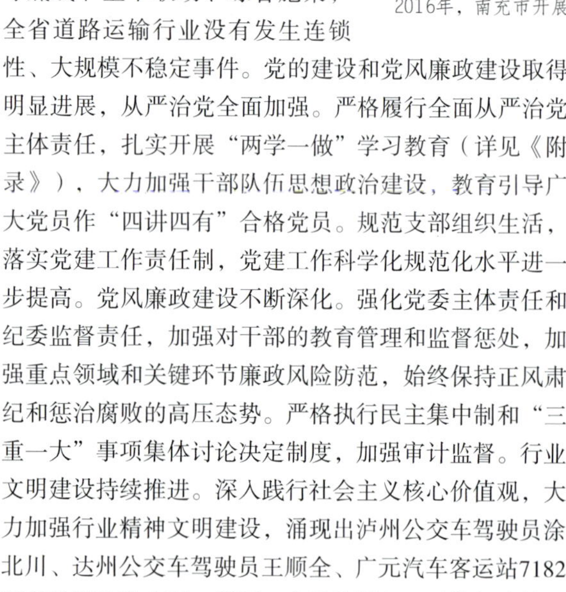

（蒋智力）

2016年，南充市开展道路危险货物运输泄漏燃烧事故应急救援演练　　陈贵川 摄

道路运输应急救援　2016年，厅运管局圆满完成全年道路运输应急救援工作。主要措施一是加强组织领导。坚持把道路运输应急保障工作作为重要日常工作，及时调整道路运输应急保障工作领导小组人员，确保对全省道路运输行业应急保障工作的组织、指挥和协调。二是提前研判谋划。确保能够迅速、有序、高效地开展道路运输应急救援。厅运管局应急办借鉴“5·12”汶川大地震和“4·20”芦山地震道路运输应急工作的经验，针对2016年度地震重点危险区可能发生地震灾害事件，印发《2016年度地震重点危险区道路运输抗震救灾专项应急预案》，明确应对灾害事件的工作重点和救灾方向，提高道路运输系统处置地震灾事件的道路运输保障能力。三是开展应急处置演练。提高应急处置能力的效果。7月27日，南充市举办道路危险货物运输生产安全事故应急救援综合演练，检验危险化学品事故应急救援预案的科学性、实用性和可操作性，提高应急人员在紧急情况下的妥善处理能力、协调配备能力，普及应急救援知识。全省全年由各市、州管理部门和企业共同组建的应急救援队伍69支、2 394人，救援装备（客车、货车、吊车、安全检查车等）共计3 285辆，所有应急救援队伍均具备人员物资的转移、抢运、运输等技能。

（陈贵川）

驾培行业管理　2016年，四川省全面推进驾培行业简政放权、放管结合、优化服务，着力提升驾培行业治理能力，强化事中、事后监管，促进驾培市场开放竞争，加快驾培行业转型升级和健康有序发展。

2016年，全省共有驾校595所，其中一级驾校144所、二级驾校218所、三级驾校233所，教练员5.49万人，教练车4.24万辆，教练场面积2 854.8平方米，培训学员148.81万人。共有道路运输从业资格培训机构64所，培训道路运输从业人员12.16万人。完成交通运输部下达的《机动车驾驶员培训管理规定》修订任务。完成修订《四川省机动车驾驶员培训管理办法》，完成《四川省道路运输从业人员管理办法》立法前期调研、四川省机动车驾驶员培训计时培训系统管理、道路运输从业人员从业资格培训考试系统管理和道路运输驾驶员继续教育工作等5个专题调研报告，提出政策建议。10月12日正式出台《四川省机动车驾驶人培训考试制度改革实施方案》。推进机动车驾培机构培训服务模式改革。全省384所汽车驾培机构开始提供“计时培训、计时收费、先培训后付费”培训服务，覆盖率达70.5%。

9—10月，各市州按照要求组织开展机动车驾驶教练员技能大赛选拔赛，共有1 530名教练员参加预赛，并将获得各单项比赛第一名的66名教练员作为参加全省决赛的选手上报厅运管局。11月22日—24日，举办四川省交通运输行业机动车驾驶教练员技能大赛（决赛），内江市、凉山州和成都市荣获团体的前三名，获得大型货车第一名的内江市双安驾校选手还被省总工会推荐为四川省五一劳动奖章候选人。开展驾培行业专项整治活动。针对在推进机动车驾驶人培训考试制度改革工作中全省驾培行业出现的一些新问题，特别是安全和行业的稳定问题，开展为期5个月的专项整治活动。全省出动执法人员1 290人次、416车次，查处未按指定道路路线培训、教学车辆无《道路运输证》进行培训活动、跨区域培训等违法行为共计97起，处理教练员违规行为80起，查扣违规车辆66辆，撤除不规范报名点7处，整改不规范报名点13处，取缔非法报名点33处，整改教练车车身标识不规范5起。同时，按照全省开展道路运输“安全诚信、优质服务”专项活动相关要求，严肃整治教练员酒后教学、骚扰体罚学员、克扣学时、收受钱物、教学用语不文明的“五类不良”行为，全省推荐评选出10所先进驾培机构和25名爱岗敬业优秀教练员。建立道路运输从业人员职业化教育体系。以大型客货车驾驶员和教练员为重点，试点大专学历班教育。3月，厅运管局与四川交职院联合开办首届教练员函授大专班的63名教练员顺利毕业，全省教练员职业化教育取得实效。组织行业管理部门、驾培机构、四川交通职业学院深入探讨建立机动车驾驶证、职业资格证书、学历证书“直通车”制度、改革培训方式、推进校企合作、开设全日制教练员大专班和大型客货车驾驶员大专班等问题，并确定在自贡市开展大型客货车驾驶员职业化教育培训试点。

（刘西蓉）

工程质量监督管理

GONGCHENG ZHILIANG JIANDU GUANLI

质量监督体系建设 2016年，省交通运输厅制订全省公路水运工程质量监督实施细则，明确各级质监机构职责，规范监督行为。厅质监局完成《四川省交通建设工程质量安全监督管理办法》调研报告，起草《四川省公路工程质量安全问题分等分级研究报告》，组织《四川省高速公路施工标准化技术指南》《四川省公路工程检测设备校验规程》《四川省沥青同步碎石封层施工技术指南》地方标准化项目编制及申报工作。截至年底，四川省183个县（区）成立92个质监机构，巴中、广元、资阳、德阳、乐山市全部县（区）成立质监机构。各市州质监机构编制360人，县级质监机构编制474人，19个市州将重点抽检经费列入财政预算，三级监督体系逐步完善。

质量安全监督培训 2016年，厅质监局组织开展质量安全监督培训，全省各级质监机构监督工程师近160余人参加培训，学习公路工程施工监理规范、桥梁检测技术等专业技能，考察雅康高速公路施工现场。

工程质量监督 2016年，厅质监局对汶马、雅康等7个高速公路项目18类407组样品抽检，在全省范围内公布检测结果，其中合格353组，不合格54组，合格率较上年提升2.1个百分点。开展高速公路、重点水运项目质量安全综合督查，对广元、绵阳、宜宾等市州重点公路进行年度检查，发现的问题分级分类建立台账。分析发布全省16个在建高速公路项目、78个一级公路项目、82个二级公路项目、429个三级及以下公路项目质量状况。配合交通运输部督查组完成全省高速公路质量安全综合督查和公路建设市场检查，督促项目业主完成整改。

竣（交）工质量验收 2016年，厅质监局完成宜叙、叙古、巴南广、遂广、成安渝、仁沐高速、成都第

2016年，厅质监局监督工程师对绵西高速公路质量进行监督检查　　厅质监局 供稿

三绕城（简蒲段）等7个高速公路项目（段落）交工验收工作；完成国道317线汶马路、国道213线川汶路、邛名高速公路、内遂高速公路、泸州港二期、宜宾港志城作业区一期等6个项目竣工验收质量鉴定工作；完成绵阳绕城、宜泸、丽攀、乐雅、映汶、绵遂、南大梁等7个高速公路项目机电、绿化、房建等单项交工验收检测工作；组织8家参与年内通车项目交验的检测单位对桥梁和隧道共计5个关键检测指标开展比对试验。

平安工地考核及安全培训考核 2016年，厅质监局完成11个高速公路及3个大型水运工程项目“平安工地”考核评价工作。示范建设单位5家，示范监理合同段18个，示范施工合同段26个。根据《交通运输部公路水运工程施工企业主要负责人和安全生产管理人员考核管理办法》，出台全省安全生产管理人员考核工作实施细则，明确考核流程。沿用原管理办法对2016年到期的由省交通运输厅颁发的省内二级及以下施工企业三类人员组织继续教育培训考核工作，培训考核332人。

安全专项检查及专项活动 2016年，厅质监局对在建高速公路开展质量安全综合督查和安全专项检查146次，发现安全隐患533处（安全管理类问题217处，占总数50.9%），各类安全隐患已全面落实整改，隐患排查治理、安全生产费用提取及风险等级管理等问题得到整治。以“打造本质安全，共享平安交通”为主题开展“安全生产月”活动，组织工程技术人员对安全文件进行专项学习；组织各级质监机构召开经验交流会，对全省公路水运重大事故隐患清单、平安工地活动开展情况、安全生产风险管理办法及安全生产工作经验进行交流。

资质资信管理 2016年，厅质监局按照“两集中、两到位”总体要求，将监理资质行政许可事项和试验检测资质管理公共服务事项纳入省政府政务服务中心实行一窗受理、集中办理，梳理完善办事指南、办事流程，做到资质管理公开透明，规范运行。依托部、厅两级行业管理平台，对从业单位信用评价进行动态管理，完成145家监理和试验检测机构信用评价，完成104次监理资质行政许可事项及68次试验检测资质管理公共服务事项，完成监理、检测人员注册注销1 194余人次。

安全风险试点 2016年，厅质监局确定在雅康、汶马2个高速公路建设项目开展安全风险试点管理工作，雅康高速公路二郎山隧道、大渡河兴康特大桥，汶马高速公路鹧鸪山隧道等10个重点工程设置视频监控点。

（本栏目供稿单位：厅质监局）

2016年，安全风险试点雅康高速公路大渡河兴康特大桥全景　　监理处 供稿

造价管理

ZAOJIA GUANLI

制度体系建设 2016年，厅造价站继续推进交通工程造价管理。制订《四川省交通建设工程造价管理工作考核评价办法》，印发《四川省重点公路建设项目造价管理台账编制指导意见》《四川省高速公路工程初步设计概算、施工图设计预算审核指导意见（试行）》；代厅起草《关于公路工程补充计价依据编制及补充定额查定的通知》《四川省公路工程营业税改增值税计价依据调整方案》和《关于规范公路建设项目工程量清单及其招标控制价编制指导意见》。全面清理各项监管制度，形成《四川省交通运输厅交通建设工程造价管理站文件汇编》，作为行业管理、内部管理依据。

政务信息工作 2016年，省交通运输厅完成各级政务信息目标任务。收到各单位报送政务信息7 154条；全年向交通运输部、中共四川省委、省政府上报各类信息412条，其中，被交通运输部采用86条，排名全国第四；被省政府采用54条，排名全省第9名；被中共四川省委采用30条，排名全省第11名。省交通运输厅获交通运输部“交通运输政务信息工作先进单位一等奖”称号。

（蒋林珂）

政务目标管理 2016年，省政府公布2015年度省直部门绩效考评结果，省交通运输厅继续保持“优秀”等次。同时，厅目标绩效管理工作领导小组完成对各市州交通运输局（委）、厅直各单位、厅机关各处室2015年度工作目标绩效综合考评，泸州市交通运输局、厅公路局、厅办公室等29个单位（部门）被评为全省交通运输系统目标绩效管理先进单位，其余单位（部门）为合格单位。

（陈超超）

建议提案办理 2016年，省交通运输厅收到省人大代表建议、省政协委员提案159件，其中，省人大代表建议100件、省政协委员提案59件。已解决或基本解决（A类）118件，正在解决或已列入计划逐步解决（B类）37件，因条件所限尚不能解决（C类）4件。限时办复率100%，非涉密复文公开率100%。

加强领导，落实责任，提高办理能力。确保思想认识到位。省交通运输厅党组高度重视办理工作，要求把其作为加强机关作风建设、自觉接受人民群众监督的重要途径，摆在重要位置、纳入目标考核、融入日常管理。确保组织领导到位。省交通运输厅党组书记、厅长汪洋高度关注办理工作，对重要建议、提案直接过问、亲自审查；各分管厅领导组织专题研究，着力解决难题，严把办理答复审签关；各单位（处室）主要负责人认真做好办理工作的研究处理和督促落实。确保承办职责到位。通过切实落实分级责任制度，形成“主要领导负总责、分管领导具体负责，厅办公室牵头协调、具体组织和督办，各业务部门具体承办、分工合作”的工作格局，确保办理工作的顺利开展。

健全制度，规范办理，提高办理质量。强化规范办理。进一步完善协商办理、答复审查、文书处理等管理制度，严格按照交办、承办、审查、答复、走访、复查、总结的程序进行办理，同时建立上门走访、电话联系和联络回访等工作台账，并对交办时间、催办情况等作详细记载，做到有记录、有制度、有措施、有结果、有总结。强化督查督办。始终与各承办单位保持密切联系，采取倒计时的方式督办工作落实，对办理工作及时进行指导、督办并通报办理进度。强化沟通反馈。对调研中掌握的好的意见、建议，充分听取、吸纳，并将意见认真贯彻落实到办理工作之中。办理前，要求承办人员对每一份建议必须上门或以电话联系的方式向代表详细了解情况，探讨办理方案；办理中，及时向代表汇报进度，征询办理措施是否得当，探讨改进办法；办理后，如实向其汇报办理结果，并向他们寄送办理情况及征询意见表。确保办理工作的规范性和严肃性。

联系实际，狠抓落实，提高办理实效。把办理工作作为推进交通运输工作的抓手，彻底改变以前办理“重答复、轻落实”的现象，认真研究、破解难题、狠抓落实。如在办理第148号《关于彻底解决雅西高速荥经县青龙站进出口重大安全隐患建议》时，省交通运输厅会同公安厅、省交投集团等多家单位赴现场与省人大代表任毕祥、雅安市荥经县委、人大、政府等相关领导进行座谈交流，同时邀请省人大代工委、省政府督查室相关领导到会指导，针对优化调整雅西高速公路“冬管”时间、实施荥经收费站改造和安检站主线及安检站至收费站连接线扩建、研究修建停车区、规范完善指路及警示标志等具体建议进行了积极交流并形成会议纪要，在做好上述工作的同时，督促营运公司进一步规范完善荥经收费站不准确、不规范的指路及警示标志，并加大对“冬管”期间经成都至雅安沿线高速公路过往车辆的政策宣传，积极引导大型货运车辆、7座以上客运车辆在“冬管”期间自主出站休息或分流绕行；进一步强化荥经安检站及荥经收费站现场管控，切实提高收费站服务质量水平，避免出现集中出行拥堵问题，力求取得实效。

（周 杰）

交通“民生工程” 2016年，省交通运输厅继续实施省政府下达的交通“民生工程”。

“民生工程”农村交通建设目标任务为10 000公里（其中实施县乡道改造工程3 000公里，村道改造工程7 000公里）。累计建成12 464.3公里，为年度目标的124.6%（其中县乡道改造工程累计建成4 995.1公里、为年度目标的166.5%，村道改造工程累计建成7 469.3公里，为年度目标的106.7%）。

“民生工程”渡改公路桥建设目标任务为30座。累计建成45座，为年度目标150%。

“民生工程”渡改人行桥建设目标任务为60座。累计建成75座，为年度目标125.0%。

全面完成全省21个市州普通国省干线公路路面使用性能指数（PQI）考核，各地均完成“民生工程”考核目标。全省普通国省干线公路路况水平保持在良等水平。

（周 杰）

2016年四川省普通公路“民生工程”完成情况统计表

市（州）	农村交通建设（公里）								
	合　计	目前建成	占年度目标（%）	县乡道改造工程			村道改造工程		
				目　标	目前建成	占年度目标（%）	目　标	目前建成	占年度目标（%）
合　计	10 000	12 464.3	124.6%	3 000	4 995.1	166.5%	7 000	7 469.3	106.7%
成　都	110	292.0	265.5%	60	227.7	379.5%	50	64.3	128.6%
自　贡	130	210.8	162.1%	80	153.6	192.0%	50	57.2	114.4%
攀枝花	80	145.8	182.3%	40	83.5	208.8%	40	62.3	155.8%
泸　州	260	462.3	177.8%	80	272.7	340.9%	180	189.6	105.3%
德　阳	130	199.0	153.1%	70	138.2	197.4%	60	60.8	101.3%
绵　阳	390	452.4	116.0%	180	240.0	133.3%	210	212.4	101.1%
广　元	310	536.3	173.0%	210	423.4	201.6%	100	112.9	112.9%
遂　宁	140	217.2	155.1%	80	147.8	184.8%	60	69.4	115.7%
内　江	180	289.1	160.6%	90	193.0	214.4%	90	96.1	106.8%
乐　山	180	200.0	111.1%	80	80.3	100.4%	100	119.7	119.7%
南　充	750	928.7	123.8%	200	377.1	188.6%	550	551.6	100.3%
宜　宾	240	460.4	191.8%	130	341.9	263.0%	110	118.5	107.7%
达　州	585	690.9	118.1%	155	194.7	125.6%	430	496.2	115.4%
广　安	250	402.0	160.8%	140	284.3	203.1%	110	117.7	107.0%
巴　中	380	555.9	146.3%	160	320.8	200.5%	220	235.1	106.9%
雅　安	110	143.1	130.1%	50	81.9	163.8%	60	61.2	102.0%
眉　山	160	178.8	111.8%	80	92.8	116.0%	80	86.0	107.5%
资　阳	160	184.3	115.2%	100	117.3	117.3%	60	67.0	111.7%
阿坝州	815	889.4	109.1%	15	73.7	491.3%	800	815.7	102.0%
甘孜州	2 500	2 744.7	109.8%	500	558.3	111.7%	2 000	2 186.4	109.3%
凉山州	2 140	2 281.3	106.6%	500	592.1	118.4%	1 640	1 689.2	103.0%

续表：

市（州）	渡改公路桥建设（座）			渡改人行桥建设（座）			普通国省干线公路PQI指数目标进展情况
	目标	目前建成	占年度目标（%）	目标	目前建成	占年度目标（%）	
合　计	30	45.0	150.0%	60	75	125.0%	按照全省路况检测工作总体安排暨国省干线民生工程PQI目标考核办法，在外业检测工作的基础上，经过对检测数据的评定计算，全面完成对全省21个市州普通国省干线公路路面使用性能指数PQI民生工程考核，各地均完成民生工程考核目标，全省普通国省干线公路路况水平保持在良等水平
成　都							
自　贡	1	3	300.0%	1	1	100.0%	
攀枝花							
泸　州	2	5	250.0%	1	1	100.0%	
德　阳							
绵　阳	1	4	400.0%	5	5	100.0%	
广　元	8	12	150.0%	9	11	122.2%	
遂　宁	1	1	100.0%				
内　江	1	3	300.0%				
乐　山	1	1	100.0%	2	3	150.0%	
南　充	3	3	100.0%	7	9	128.6%	
宜　宾	2	3	150.0%	7	8	114.3%	
达　州	4	4	100.0%	10	10	100.0%	
广　安	2	4	200.0%	3	5	166.7%	
巴　中	4	2	50.0%	13	20	153.8%	
雅　安							
眉　山							
资　阳				1	1	100.0%	
阿坝州							
甘孜州							
凉山州				1	1	100.0%	

（周　杰）

人事劳动管理
RENSHI LAODONG GUANLI

领导干部培训 2016年，省交通运输厅全面系统学习习近平总书记系列重要讲话精神和治国理政新理念新思想新战略，认真学习贯彻中共十八届六中全会精神及中共四川省委、省政府重大决策部署，着力提高干部队伍的思想素质和业务水平。年内举办处级干部读书班2期，厅属系统300余名处级干部进行全覆盖式培训。举办厅属系统优秀中青年干部培训班1期，培训优秀中青年干部100名。在同济大学举办为期15天的领导干部综合能力提升专题培训班，培训厅机关和厅属单位的县处级干部及部分优秀科级干部共80名。继续实施领导干部在职调训计划，从厅机关和厅直单位选送各级干部80名到国家行政学院、中共四川省委党校、省行政学院、省直机关党校参加各类培训。

干部选任 2016年，省交通运输厅认真贯彻《党政领导干部选拔任用工作条例》，结合巡视整改工作，修订《厅机关处级领导干部选拔任用办法》《厅属单位处级领导干部选拔任用办法》等4个规章，制订《四川省交通运输厅选拔任用处级干部动议工作办法》《四川省交通运输厅干部轮岗交流暂行规定》《干部选拔任用工作规程》等10余项制度，健全完善干部任用制度，细化明确动议、推荐、考察、讨论、任职等五个关键环节相关程序，省交通运输厅干部选任工作的公正性、规范性和科学性得到进一步提高。

2016年，省交通运输厅严格落实“好干部”标准、“三严三实”（详见《附录》）工作导向。对职数情况进行认真分析，对照干部任职资格，梳理干部队伍情况，根据领导班子功能结构模型，有计划、有步骤地对厅直单位领导班子进行调整充实。结合交通运输实际，坚持在急难险重任务、重大项目推进、艰苦复杂环境和锐意改革创新“四个一线”选拔任用干部，真正把能力强、素质好、作风硬、群众信任的干部选拔到领导岗位上来，总体形成“能干事、想干事、愿干事”的浓厚氛围。年内厅党组研究任免干部87人，其中新提拔34人，调整交流50人，军转干部3人。推荐提拔厅级干部7人，推荐进入省级递进培训人才培养计划1人。

干部人才实践锻炼 2016年，省交通运输厅先后从厅机关和厅直单位选派30余名优秀处、科级干部和专业技术人才，到藏区、彝区、定点扶贫地区、地震灾区和相关市县挂职锻炼，涌现出将生命献给脱贫路的厅公路局下派干部李志强等先进典型。2016年，省交通运输厅被中共四川省委组织部表彰为“四川省对口援藏工作先进集体”。

干部监督 2016年，省交通运输厅严格执行请示报告、个人重大事项报告、全覆盖谈心谈话、提醒函询诫勉、任期和离任审计等制度，运用好巡视、考核、审计、信访、个人有关事项报告抽查核实等成果，切实抓早抓小。全年对91名干部个人事项报告进行核查，对存在漏报或填报不规范的11名干部进行批评教育或函询。出台《四川省交通运输厅推进领导干部能上能下实施细则（试行）》，切实解决为官不为问题。加大干部警示和问责力度。结合巡视反馈问题整改，举办党规党纪解读会46场，覆盖厅机关和直属单位4 000余名干部职工；对个别“软班子”和不称职干部进行调整，党纪政纪处分11人，组织处理12人，诫勉谈话15人，批评教育34人，因醉驾受刑事处罚“双开”1人。整改措施受到中共四川省委常委、省纪委书记王雁飞批示肯定，相关作法被《四川巡视参考》推广交流。按照中共四川省委组织部部署，集中开展选人用人问题、干部人事档案专项审核、机构和人员编制实名制核查、因私出国证件管理、工资基金数据清理等9项专项清理整治工作。强化专项检查结果落实，对有关单位调整领导班子成员分工2人，调离组织人事部门2人。

人才引进和服务 2016年，省交通运输厅继续积极做好人才引进和服务工作。出台“十三五”全省交通运输人才教育培训规划；落实《激励科技人员创新创业十六条政策》，以高层次人才选拔培养为重点，积极加强国家和省级高级研修项目、专业技术人才知识更新工程科研项目、各类专家人才荣誉称号及省级科研项目经费资助的申报工作。推荐享受国务院政府津贴人员、国家“万人计划”青年技术人才、省杰出人才奖6人次，完成全省交通工程技术中、高级职称评审875人，完成经济、卫生、档案、电子工程等9个专业中、高级职称委托评审，办理中高级职称确认初聘39人。积极推进人才培养支持机制改革，建立两个省级专业技术人员继续教育基地（交职学院、管理学校）；积极推进人才评价机制改革，坚持以品德、能力和业绩为导向，深化交通职称评审改革；积极推进人才保障机制改革，深化厅属企业、科研院所薪酬制度改革，努力形成既有激励又有约束、既讲效率又讲公平的分配制度。完成厅属事业单位分类改革工作，撤销36个厅属事业单位，重新确定厅属34个事业单位分类，整合新组建2个事业单位，整体移交2个事业单位。

（本栏目供稿单位：厅人事处）

外经外事

WAIJING WAISHI

高速公路BOT项目投资人招标 2016年4月25日，省交通运输厅举办四川省第一批高速公路项目投资协议集中签约仪式，副省长曲木史哈出席，省人民政府副秘书长黄小平，省交通运输厅厅长汪洋，成都、资阳、广安市人民政府负责人及项目投资方代表参加签约仪式。集中签约的成都新机场高速公路、成都经济区环线高速公路蒲江至都江堰段、成安渝高速公路四川段、广安市过境高速公路4个项目总里程446公里，总投资620亿元。中国中铁股份有限公司、中国铁建股份有限公司、中电建路桥集团有限公司、中国电力建设股份有限公司、四川省铁路产业投资集团有限责任公司和四川公路桥梁建设集团有限公司通过公开招投标成为投资人。10月28日，举办全省第二批高速公路项目投资协议集中签约仪式。副省长杨洪波出席，省交通运输厅厅长汪洋，泸州、广元、资阳、巴中、乐山市人民政府负责人及项目投资方代表参加签约仪式。签约的广元至平武高速公路、叙永至威信（四川境）高速公路、资阳至潼南（四川境）高速公路、巴中至万源高速公路、乐山至西昌高速公路5个项目总里程609公里，总投资874亿元，投资人分别为中国一冶、省铁投和四川路桥联合体、川高公司和中铁联合体、葛洲坝集团、省交投集团等。

全年全省高速公路招商共签约项目9个，总里程1 055公里，总投资1 500亿元。至年底，全省高速公路BOT项目累计招商成功42个，总里程4 015公里，引进社会投资3 752亿元。

2016年10月28日，第二批高速公路项目投资协议集中签约仪式在成都举行

交通宣传中心 供稿

高速公路PPP项目制度体系建设 2016年5月13日，省交通运输厅会同省发改委、省财政厅联合印发《四川省高速公路“BOT+政府股权合作”项目实施办法（试行）》，是“BOT+政府补助”形式后，对PPP项目制度体系的再次完善。至此，全省高速公路招商具备BOT、BOT+政府补助、BOT+政府股权合作三种PPP形式。完成《四川省高速公路BOT项目投资人招标文件参考文本（2014年版）》修订工作，并于12月14日印发《四川省高速公路BOT项目投资人招标文件参考文本（2016年版）》指导新形势下全省高速公路PPP招标工作。

PPP高速公路项目试点 2016年，国道0511线德阳至都江堰高速公路项目作为首批PPP试点项目，采用

“BOT+政府补助”方式建设实施，完成项目投资人招商工作；巴中至万源高速公路项目成功招商，实现全省高速公路采用“BOT+政府股权合作”方式招商“零突破”；沿江高速公路、成乐高速公路扩容2个项目分别作为全省规模最大和第一条扩容改造PPP项目，按照“BOT+政府补助”建设方式，启动招商前期工作。

在建高速公路BOT项目管理 2016年，省交通运输厅强化在建高速公路BOT项目督导检查，推进建设进度。宜叙高速公路、遂广高速公路、巴广渝高速公路完成通车目标，通车里程425公里，占全年高速公路通车里程80%。至年底，全省高速公路BOT项目累计通车25个（段）2 388公里。

2016年，BOT项目叙古高速公路建成通车 叙古公司 供稿

BOT项目宜叙高速公路双河至龙头段 宜叙公司 供稿

世行贷款项目 2016年，根据国家发改委和财政部工作要求，启动“4·20”芦山地震灾后恢复重建世行贷款项目前期工作。指导地方完成项目环境影响评价、社会影响评价、移民安置计划、工程设计等文件编制，完成财务评价报告、项目操作手册、资金申请报告等专项报告编制。配合世行检查团、省相关部门完成项目准备阶段评估检查、项目技术磋商及贷款协议、项目协议谈判工作。

（本栏目供稿单位：厅外经外事处）

交通审计
JIAOTONG SHENJI

概　况 2016年，全省交通运输系统完成审计项目819个，其中，开展建设项目与资金审计247个、经济责任审计41个、预算执行及财务收支审计253个、经济效益审计4个、专项审计（调查）170个、内部控制审计58个；提出审计建议意见被采纳1 197条，查出并纠

2016年9月21日—22日，厅审计处举办全省交通运输系统内部审计人员业务培训 厅审计处 供稿

正违规金额4 660.40万元，促进完善规章制度325个。全省交通运输系统建立内部审计机构150个（其中专职机构25个），配备内部审计人员共计524人（其中专职44人，兼职480人），参加各类审计业务培训795人次。

领导干部经济责任审计 2016年，省交通运输厅审计处完成监理处（监理公司）原处长吴六政、厅公路设计院原院长唐永建、厅交通设计院原院长王玮等10位负责人的离任经济责任审计。与省审计厅、省教育厅共同组成审计小组完成四川交职院党委书记王东平、院长魏庆曜的任期经济责任审计。对审计中发现的问题，归类分析，逐项提出整改建议，并组织召开审计整改工作布置会，要求单位立说立改，破立并举，完善监督管理机制，提高领导干部依法履职的自觉性。

厅属单位预算执行及财务收支审计监督 2016年，省交通运输厅审计处完成厅公路局医院、路况队、物资库3个厅属三级预算单位2015年度预算执行及财务收支审计。对审计中发现的专项经费管理不规范、经费使用审核把关不严、库存物资账实不符、未经批准擅自核销资产等问题，归类分析，逐项提出整改建议，并组织召开审计整改工作布置会，要求单位切实抓好整改落实，有效加强单位内部管理，提高财政资金使用效益。

后续跟踪审计监督 2016年，省交通运输厅审计处完成厅公路局、厅航务局、厅运管局等17个厅属单位2015年审计发现问题的整改落实情况后续跟踪审计。完成四川交通运输职业学校、四川省交通管理学校、厅质监局等13个厅属单位2016年审计发现问题的整改落实情况后续跟踪审计。督促相关单位深入剖析问题，查找根源，加大整改力度。

内部控制专项审计 2016年，省交通运输厅审计处完成省交通运输工会、厅造价站、大件处等7个厅属单位内部控制专项审计，揭示管理的薄弱环节和潜在风险，对审计发现的单位内部管理制度设计缺陷、内控管理执行中存在的问题，进行归类分析并逐项提出整改建议，督促单位增强风险防范意识和化解能力，健全和完善内部控制制度，形成科学规范的内部控制体系。

创新审计监督方式 2016年，省交通运输厅审计处创新审计监督方式。一是加大审计监督分类指导力度，提升管理效能。对厅属各单位管理情况，进行分析和梳理，坚持问题导向，针对性地进行分类指导。对管理较为规范的单位，督促进一步完善制度、规范管理；对问题较多的单位，进行重点督促指导，与单位共同查找问题背后的制度缺陷和管理中的薄弱环节，提出从根本上解决问题的措施和完善制度的建议。二是推进审计监督关口前移，促进内控建设。适应经济发展新常态和审计工作发展需要，把审计监督嵌入单位运行发展全过程，形成事前预防、事中控制、事后监督的全过程审计监督机制。开展内部控制专项审计，督促单位将管控关口前移，全面建立和有效实施内部控制，规范内部权力运行、提升内部治理水平。三是加大后续跟踪审计力度，狠抓整改落实。进一步加大审计发现问题整改情况后续跟踪审计力度，对审计发现问题整改情况进行全面后续跟踪审计，突出问题导向，狠抓整改落实。建立发现问题整改台账，做到问题一对一、点对点狠抓整改落实，对重点问题进行跟踪督办。要求相关单位按照整改要求结合单位工作实际，立说立行，逐条研究，细化措施，落实专人负责，确保后续整改工作按时完成。

（本栏目供稿单位：厅审计处）

交通行政审批

JIAOTONG XINGZHENG SHENPI

窗口建设管理 2016年，省交通运输厅继续加强交通运输窗口服务的建设管理。按照《四川省交通运输厅政务服务窗口工作管理办法》，进一步细化明确政务服务窗口行政审批职责分工、人员管理和责任追究，健全行政审批授权、会审会商、联席会议、领导现场办公等制度，树立窗口良好对外服务形象。加大对市州交通运输局政务服务窗口工作督促指导力度，加强与省政府政务服务管理办公室和省政务服务中心的衔接，建立行政许可规范高效办理的运行机制，不断提高行政审批效能。厅（局）领导15人次到省政务中心交通窗口指导工作和现场办公，全年省政务中心交通运输厅窗口收到申请99 233件，受理99 157件，办结99 091件，其中，承诺件1 960件，即办件97 131件，行政审批事项现场办结率为100%，按时办结率为100%，即办件所占比例为98.02%，承诺件办结提速率73.95%。经省政务服务中心办事满意度测评系统测评，省交通运输厅窗口非常满意率99.83%，满意率合计100%，荣获省政府2016年度政务服务效能考核二等奖、省政务中心2016年度政务服务效能考核一等奖。

行政审批制度改革 2016年，省交通运输厅加强行政审批制度改革。一是清理精简规范行政权力事项有新成果。按照省政府政务服务管理办公室统一部署，对行政许可、行政处罚、行政强制、行政征收、行政给付、行政检查、行政确认、行政奖励、行政裁决和其他行政权力分门别类进行全面彻底梳理，逐项列明权力名称、设定依据、行使层级、行使主体、对应责任事项和追责主体，汇总形成行政职权目录。通过清理，交通运输行政权力事项省级由489项优化至108项、市级由394项优化至224项、县级由387项优化至268项，分别精简78%、43%、31%。二是理清省市县三级审批层级权责关系。在省市县三级联动审批机制的基础上，理清省市县三级审批层级权责关系，建成政务信息共享机制，确保审批流程的统一性、标准性。三是探索行政审批标准化体系建设实现良好开端。按照“同一事项、同一标准、同一编码”要求，逐项研究制订配套的网上审批管理办法、审批业务工作人员手册、申请人办事指南，做到每一个事项的许可名称、申请要件、服务流程、实施细则、监督检查“五统一”，构建行政审批标准体系。

网上行政审批服务平台建设 2016年，省交通运输厅网上行政审批服务平台建设初见成效。制订出台《四川交通运输网上行政审批服务平台建设工作推进实施方案》等13个文件，健全多部门协同共建机制，按照“纵向贯通、横向集成、共享共用、安全可靠”的要求，统一规划、集中建设交通运输网上行政审批服务平台。平台建设分成两期实施，一期工程项目第一阶段已完成验收，大件运输联网审批模块完成首期研发，跨省跨市州超限运输许可已在全省全面上网运行。实行网上并联审批、线上线下联动的服务模式，方便快捷、优质高效，切实解决传统行政审批申请难、审批难、监管难、共享难的问题，受到公众一致好评，交通政务服务“一张网”改革取得实质突破。

行政权力依法规范公开运行 2016年，按照中共四川省委、省政府及省纪委（监察厅）推进行政权力依法规范公开运行平台工作要求，省交通运输厅坚持把行政权力依法规范公开运行作为“阳光防腐反腐”的重要抓手，采取多种措施，做到权力清单之外无权力、权力清单之内全上网。一是落实主体责任，制订《推进行政权力依法规范公开运行重点工作责任清单》，将工作逐一分解落实到具体部门、岗位和人员，推进构建权责清晰、程序严密、运行公开、监督有效的领导机制和工作机制。二是夯实工作基础，依法全面清权确权，研究制订行政权力运行流程图，明确风险点和监察点，提高行政权力运行规范化水平。三是坚持全部行政权力上网公开透明运行，强化行政权力全过程全流程痕迹管理，切实做到所有行政权力同步上网运行、同步在线办理、同步接受监督，确保各项行政权力在制度的框架内行使，在程序的轨道上运行。四是强化制度保障，制订出台《四川省交通运输厅行政权力依法规范公开运行管理办法》，明确行政权力运行适用范畴、基本原则、运行管理、平台管理、监督管理、责任追究等要求，建立日常监管制度、纪检监督制度、监察督办制度和绩效考核制度，规范权力运行管理。

行政许可监管 2016年，省交通运输厅依法对省级交通运输随机抽查事项清单进行全面梳理和上报。印发《四川省交通运输厅关于转发<四川省政府推进职能转变协调小组办公室关于公布省级有关部门（单位）随机抽查事项清单的通知>的通知》，要求厅机关及各直属单位在门户网站上公布清单，建立全省交通运输执法人员名录库和检查对象名录库，实现动态更新调整。拟定《四川省交通运输厅“双随机一公开”工作实施细则（试行）》，深化“双随机一公开”改革，强化行政许可事中事后监管。

（本栏目供稿单位：厅行政审批处）

交通公安
JIAOTONG GONGAN

概　况 2016年，全省交通运输公安保卫部门围绕交通运输中心工作，积极适应经济新常态和社会形势变化，主动服务保障改革发展大局，组织开展矛盾纠纷排查化解、反恐防范重点目标排查和社会治安防控体系建设，全力以赴做好机关安保工作，着力推进防控风险，着力推进破解难题，着力推进补齐短板，确保全省交通运输行业和谐稳定和厅机关办公秩序良好。省交通运输厅被评为全省“扫黄打非”先进集体、全省维护社会稳定和社会治安综合治理工作目标先进单位。

维护行业和谐稳定 2016年，省交通运输厅紧紧把握春节、G20峰会、国庆和中共中央十八届六中全会等重要敏感时间节点，组织开展4次全省交通运输系统矛盾纠纷集中排查调处活动，排查梳理出36个重点问题，分类分级建立工作台账进行动态监控。以重大事项决策、重要政策推行、重大项目建设和重大改革实施为重点，分类推进社会稳定风险评估，部署厅有关单位和部门到8个市州开展调研，协助地方党委政府做好出租车经营、体制改革、工程建设、市场监督和滴滴软件等专车服务新业态等突出问题的稳控工作。开展《交通运输危机管理》课题研究，梳理完善行业社会稳定排查调处、预防预警和协调配合等制度，组织开展全省交通运输系统信访维稳业务培训，打造政治坚定、业务精通、作风优良的信访维稳干部队伍。

省交通运输厅副厅长周道平、巡视员赵家栋在成都昭觉寺客运站督导检查反恐防范工作

厅公安处 供稿

社会治安综合治理 2016年，省交通运输厅坚持用法治方式化解社会矛盾纠纷，督促有关部门和单位深化工程建设、劳动人事等矛盾调解，推动健全交通运输多元纠纷解决机制。厅公安处会同厅运管局研究制订《四川省道路零担货运禁限运物品安全查验管理办法（试行）》，指导制订全省交通运输系统《加强社会治安防控体系建设的实施意见分工方案》具体措施，协调推进公共安全领域危险物品管理信息系统建设，切实推进社会治安防控体系建设，提升交通运输系统公共安全维护能力。指导各市州交通运输主管部门参加全省综治重点工作暗访督查，2次组队到青神县对口指导社会治安综合治理工作，帮组解决工作中的困难和问题。结合行业特点，积极组织和参与流动人口和特殊人群服务管理、预防青少年违法犯罪、周边治安综合治理等工作，组织开展“平安家庭”“平安社区”等创建活动，扎实开展防邪、涉毒、迷信、传销、涉黄等法治教育。

反恐防范工作 2016年，省交通运输厅以《交通运输行业反恐怖防范基本要求》为指导，调研提出一、二级客运站反恐防范基本要求，推广反恐防范新技术，梳理出4 562个行业反恐防范特别重要、重要和一般目标，将反恐防范工作纳入规范化管理轨道。深刻汲取陕西“4·28”案件教训，对行业反恐怖防范职责任务进行认真梳理，进一步明确各自义务和责任。在广元举办2016年度反恐防范专题演练和培训，省、成都市及所辖区（市、县）交通运输主管部门和公安机关反恐怖防范工作负责人，重点客运和危化品运输企业反恐怖防范工作负责人300余人参加培训并观摩演练。协调制订环浙环疆及出疆入浙道路运输安检查控、水上安保远端控制和危险化学品运输车辆管控、寄递物流3个“100%”四个实施方案，切实做好全国“两会”期间和G20峰会安保反恐工作。

机关安保工作 2016年，省交通运输厅注重狠抓厅机关安全保卫工作效率和服务质量，不断完善服务标准体系、人员培训教育、工作效能等机关安全保卫机制。厅机关安全防控体系建设持续规范，全年投入200余万元对机关消防和监控系统进行升级改造，积极推进办公区消防、安防监控室“三合一”。组织厅机关消防安全演练，举办专题讲座开展法治和道德教育，全面提高干部职工的法律意识，增强普法教育的实效性。建立常态化检查机制，重点对厅直属单位进行安保检查，及时督促问题整改，确保机关安全保卫工作措施有效落实。年内，厅机关和直属单位没有发生治安案件和消防安全事故，治安形势持续稳定。

公路水路安全联防工作 2016年，结合交通运输行业的特点，省交通运输厅以规范管理为重要保障，强化专项打击整治，与相关成员单位联系协作开展“治理三乱”“重要桥梁守护”等专项行动。利用公路水路安全联防工作考评，促进全省各地深入开展平安“公路、航道、车站、工地、船舶”创建活动。根据全省公路水路系统“盗抢骗”犯罪规律特点，积极配合公安机关严厉打击利用换卡、更该卡内信息、假冒绿通车、ETC降类、改装车辆减重等多种诈骗手法偷逃高速公路通行费和偷盗高速公路服务区大型货车油料的犯罪活动，保障公路水路平安运行、安全畅通，预防重特大事故发生。

“平安交通”建设 2016年，省交通运输厅确定平安公路示范路段，及时组织开展以治理“四违”（违法搭建、违法采挖、违法堆放、违法占道经营影响公路完好、完全、畅通的行为）为重点的路域环境整治合“两打”专项行动，不断推动公路联防措施落实到基层一线，大力创建“平安公路”。督促指导运输企业加强安全投入，落实安全生产基础保障，充分利用GPS等技术手段适时对车客运车辆实施动态监管，开展“打非治违”专项行动，切实加强客运站及周边运输市场秩序管理和治安整治，推进“平安车站”建设。将“平安港口”建设工作纳入当地社会治安综合治理工作，加大对码头的安全监管力度，以危货码头为重点，加强港口作业细节管理、现场安全管理，严把水上交通准入关和技术关，强化安全管理主体责任，建立健全港口安全管理长效机制。联合相关部门打击水上抢劫、盗窃和水匪路霸行为，加强跨航道桥梁和油、气、电缆等专设航标配部管理，开展全方位、多层面的不稳定因素调查摸排工作，创建“平安航道”。

“扫黄打非”工作 2016年，省交通运输厅紧密结合交通运输行业特点，以专项行动为抓手，从关键环节管控抓工作，从督导检查抓落实，着力打击网上非法出版物和有害信息，督促运输企业从货物的受理环节入手，有效推进货物品名信息化管理，严格规范货物品名登记，坚持与各地公安、工商、文化等部门协调配合和工作联动，形成相互协作、密切配合、反应快速的工作局面，建立全省交通运输“扫黄打非”联防工作机制，形成了相互配合、快速反应、整体防控的工作格局，封堵政治性非法出版物和有害信息。

禁毒工作 2016年，省交通运输厅组建代表队参加省禁毒委在广元市组织的查禁毒品专项拉练，配合公安禁毒部门试点在棋盘关路政稽查卡口对利用出入川客运车辆进行贩卖运输毒品的犯罪嫌疑人进行查控，探索进一步建立查堵协作机制，加大对旅客和货物运输途径的禁毒查缉工作。增强主动配合协助公安机关查缉毒品的意识，指导运输企业把毒品查缉工作和本职业务工作有机地结合起来，配合公安禁毒部门强化对车站和客运车辆的毒品查缉检查，强化对客运站、行李房及旅客行包的检查和监管，减少毒品流入，及时截断毒品内流中转渠道。利用交通运输基础设施和运输工具，采取多种形式大力宣传，重要时间节点禁毒宣传面达90%以上。按照省禁毒委成员单位定点包片工作要求，厅领导带队3次前往攀枝花市，参加省禁毒宣传活动，具体帮扶、督导和检查摘帽攻坚活动。

（本栏目供稿单位：厅公安处）

交通战备

JIAOTONG ZHANBEI

交通战备建设 2016年，省交战办建立完善交战系统国防基本建设项目库，推进军事训练基地和重要部队进出道路建设，确定交通建设项目6个，下达补助资金700万元。完成凉山州某训练基地进出口（场）道路建设、甘孜州某训练场进出场道路前期准备。完成泸州和广元国防交通物资储备仓库建设，成都、达州、雅安和西昌仓库完成储备物资装备器材维护保养。

交通应急应战 2016年，省交战办加强全省国防交通应急应战力量建设。各级交战办开展国防交通专业保障队伍整组、训练和演练，提高应对各类复杂情况水平。参加“全军研讨活动”，认真分析、科学研判，为首长决策提出较为详细的辅助数据，受到战区和省军区首长高度肯定。指导组织国家公路战略投送十一大队、省重点国防交通公路运输和公路工程保障大队开展政治教育和实战训（演）练。组织国防交通（南充）公路运输保障大队，集结客车、抢险维修车、医疗保障车等各型车辆23台，队员53人，开展远程拉练，实施车辆故障排除（更换轮胎、检修发动机）、应对高原冰雪道路措施（拆装防滑链）、医疗救护和应急运输夜间行驶等科目演练。督促指导各级交战办以立足于应对中、大规模应急应战任务为目标，组织开展国防交通专业保障队伍训（演）练。全年组织开展公路抢通、公路运输和水上应急等各种训（演）练20余次，检验各类应急预案，提高综合交通保障能力。进一步规范全省国防交通信息数据采集程序和流程，完成全省国防交通信息数据采集和更新，把握平板拖车、油罐车等特种车辆的数量和分布情况进一步提高全省国防交通数据数字化水平。

国防交通（南充）公路运输保障大队拉动训练。图为队伍集结

省交战办 供稿

国防交通（南充）公路运输保障大队拉动训练。图为装防滑链科目训练

省交战办 供稿

军事交通保障 2016年，省交战办探索建立军事交通保障新模式，科学制订和实施军事行动交通保障方案。全年完成部队军事演练、演习和处置突发事件等各类交通保障任务30余次，保障车辆装备4 000余台（套）。负责“8·15”专项军事交通保障任务，积极协调交警、高速公路执法等部门，确保部队通行安全畅通，受到部队高度肯定。开展国道318线、二郎山翻山公路等重点道路战备勘察。指导雅安市和甘孜州交战办提升川藏公路军事运输交通保障水平，确保进藏军事运输安全。

通信设施保护 2016年，全省各级交战办加强法规宣传，有效保护国防通信设施。组织四川电信、长途通信传输局、泸州、宜宾、凉山州交战办等单位开展军警民联合护线宣传活动，加强《四川省通信设施保护规定》宣传，到自贡、泸州和宜宾、阿坝等地，协调处理矛盾15起。全年全省各级交战办发放宣传资料5万余份。完善通信设施保护军地协调工作机制，认真履行通信设施保护的组织协调和监督检查职能，全省一、二级干线零阻断。

正规化建设 2016年，省交战办加强全省交通战备组织机构建设，实现市州级交战办机构编制全覆盖。进一步完善目标管理办法，交通战备工作继续纳入厅目标管理体系。开展国防交通信息管理系统培训，加强交通战备宣传和理论研究工作，印发《四川交通战备信息》12期。

（本栏目供稿单位：省交战办）

交通行政机关
JIAOTONG XINGZHENG JIGUAN

2017
四川交通年鉴

四川省交通运输厅

SICHUANSHENG JIAOTONG YUNSHUTING

综　述　1952年9月，四川省交通厅成立。1970年12月，四川省交通厅更名为四川省交通局。1980年5月，四川省交通局更名为四川省交通厅。2009年12月，四川省交通厅更名为四川省交通运输厅。

四川省交通运输厅职能职责：贯彻执行国家有关交通行业的方针、政策和法律、法规；草拟全省公路和水路交通行业发展政策、法规，并监督执行。根据国家的总体布置，编制全省公路和水路行业发展规划、中长期计划和年度计划，并监督实施；负责全省交通行业统计和信息引导。负责全省公路和水路交通运输（含客货运输市场、汽车技术检测、汽车维修市场、运输服务市场、搬运装卸市场、汽车驾驶学校和驾驶员培训工作）行业管理，培育公路、水路运输市场，维护交通运输行业平等竞争秩序；指导城乡客、货运输的衔接协调工作；指导地方交通运输行业优化结构、协调发展；对关系救灾、抢险、战备等紧急客货运输进行必要的调控。负责全省公路、水路交通建设（含客货运输和旅游运输场站建设）行业管理，维护交通建设行业平等竞争秩序；组织实施国家、省重点公路、水路工程建设；监督全省地方交通建设项目实施。负责全省公路、水路设施的维护、管理和规费稽征；负责全省公路、桥梁、隧道收取通行费、站卡设置的协调和归口管理。负责全省水上交通安全监督、船舶及水上设施检验、通讯导航、救助打捞、船舶代理外轮理货的管理；负责港口、航道和港航设施建设使用岸线布局的行业管理；负责技术船员培训和发证的归口管理。贯彻执行国家有关交通科技政策；指导实施交通行业计量、质量、技术标准和规范工作；制订全省交通科技政策、技术标准；组织重大科技开发，推动行业科技创新和进步。指导交通行业的体制改革和交通特许经营企业的管理；建立健全规范的交通行业财务管理与会计核算体系；监督管理全省交通行业国有资产。指导交通行业的精神文明建设、廉政建设、行风建设和职工队伍建设；指导交通行业人才预测、教育、培训和劳动卫生工作；负责厅机关的人事管理、劳动工资和机构编制工作；按规定管理厅直属单位领导干部以及厅属单位的人事管理、劳动工资和机构编制工作。负责有关交通涉外工作，指导交通行业利用外资工作；开展国际、省际交通经济技术合作与交流工作。会同有关部门制定、执行涉及交通的有关地方经济政策。管理和指导车站、港口及航运公安工作。负责全省交通战备的管理工作。承办省政府交办的其他事项。

四川省交通运输厅内设机构19个：办公室（精神文明建设办公室）、政策法规处、综合规划处、财务处、人事劳动处、建设管理处、公路管理处、行政审批处、运输管理处（出租车行业指导办公室）、安全监督管理处（应急办公室）、审计处、科技教育处、外经外事处、公安处，离退休人员管理处、机关党委（机关纪委）、信访处、四川省交通战备办公室（四川省保护通信线路安全办公室）、厅机关后勤服务中心。

四川省交通运输厅直属单位20个：四川省交通运输工会委员会、厅公路局、厅航务管理局、厅道路运输管理局、厅高速公路管理局（高速公路交通执法总队）、四川交通职业技术学院、厅公路规划勘察设计研究院、厅交通勘察规划设计院、四川省路网运行监测与应急处置中心、厅高速公路监控结算中心、厅工程质量监督局、厅交通建设工程造价管理站、重点公路工程监理处（咨询监理公司）、大件公路管理处、交通宣传中心、厅交通史志总编室、厅信息中心、四川省交通运输职业资格中心、四川省公路交通应急装备物资储备中心、兴蜀公司、四川省交通管理学校，四川交通运输职业学校。

2016年，在中共四川省委、省政府的坚强领导和交通运输部的支持指导下，全省交通运输系统团结一心、拼搏奋斗，取得“两个重大突破、四个全面提升”的突出成绩，“十三五”交通运输发展实现良好开局。

始终坚持发展第一要务，有力有效推进“项目年”取得重大突破。全省公路水路建设完成投资1 310亿元，连续第6年超千亿元，好于预期，全国领先。成安渝高速公路重启建设并实现二绕至省界段通车，全年建成高速公路项目6个、503公里，通车总里程达到6 519公里，提升三个位次跃居全国各省（自治区、直辖市）第二；绵九、峨汉等11个高速公路项目开工建设，新开工里程1 013公里、总投资1 490亿元，成功招商项目9个、1 055公里、引进社会投资1 500亿元；全省高速公路建成和在建里程超过8 600公里。新（改）建普通国省道2 200公里、大中修2 000公里，映秀至卧龙公路、巴朗山隧道、绵茂路汉旺至黑滩隧道段和雅安“3+5”干线公路等灾后重建项目全部建成通车。新增四级航道194公里，四级及以上航道超过1 500公里。道路客运枢纽建成和在建项目达29个。

始终坚持交通为民宗旨，脱贫攻坚和“民生工程”取得重大突破。全年完成交通精准扶贫投资510亿元，新增2个贫困县通高速公路，内地除通江县外所有贫困县均有建成或在建高速公路覆盖；减少不通硬化路的乡镇57个、建制村2 800个，全面完成脱贫摘帽村通硬化路建设任务。新（改）建农村公路2.3万公里，建成渡改桥120座，整治农村公路危桥105座，新增通客车建制村1 299个，群众出行更加安全便捷。

始终坚持改革引领发展，行业治理能力全面提升。法治政府部门建设扎实推进。《道路旅客运输管理办法》等3部规章修订实施，《农村公路条例》经省政府审议通过。在3市2县推进综合执法改革试点。“放管服”改革成效显著。省、市、县三级行权事项分别精简75%、37%、27%。建设网上审批服务平台，公路大件运输许可实现联网审批。投融资体制改革取得实效。出台《“BOT+政府股权合作”项目实施办法》，建立起完善的PPP制度体系，巴中至万源高速公路采用“BOT+政府股权”招商成功。推进设立交通投资基金，已形成方案上报省政府。出租汽车行业改革、建设管理体制改革等重点领域改革取得突出成效。

始终坚持创新驱动转型，交通运输服务水平全面提升。出行服务供给更加丰富。高速公路基本实现移动通信、交通广播和服务区免费WiFi、信息查询服务四个全覆盖。ETC用户数量突破180万、比上年增长65%。全省具备条件的211个三级以上客运站全部实现联网售票。运输服务加快转型升级。大力推行甩挂运输、多式联运，5个试点项目顺利推进，成都国际铁路港入选国家示范。泸州、宜宾港服务范围不断扩大，开通水路集装箱班轮航线8条。全年完成集装箱吞吐量72.2万标箱、比上年增长30%，铁水联运增长39%。科技教育服务行业发展。2个科研项目入选交通运输部科技示范工程，2项科研成果获省级科技进步奖。

始终坚守安全稳定底线，行业安全稳定全面提升。高速公路基本实现1吨以上违法超限货车“零驶入”，道路运输实现重大以上事故“零发生”，客车死亡人数和较大事故 “双下降”，施工事故件数和死亡人数比上年分别下降20%、50%。成功举办两次联合应急演练，得到交通运输部充分肯定。

始终坚持夯实党建基础，管党治党水平全面提升。着力加强思想政治建设、基层组织建设和党风廉洁建设，全系统总体形成风清气正、崇廉尚实、干事创业、遵纪守法的良好政治生态。深入抓好巡视反馈问题整改落实，大力弘扬新风正气，涌现出王川、李志强英雄群体和沙国清等先进典型。交职学院作为高职高专院校唯一代表，在全国高校思想政治工作会议上作经验交流发言。

（厅办公室）

厅办公室 2016年，厅办公室优质高效完成各项工作任务，保障机关日常工作的有序运转。

督办落实工作。针对省（部）领导重要批示指示，厅办公室通过专报形式专门督办落实，并及时反馈办理情况，全年办理专报56件，平均每周一件。抓好厅党组会、办公会议定事项督办落实。厅党组、办公会议是落实省（部）重大安排部署的主要方式，全年督办会议议定事项314件，印发督办情况4期并在厅党组会上通报，有力推动了重要工作事项的落地落实。抓好人大代表建议和政协委员提案督办落实。全年承办人大代表建议和政协委员提案159件（人大建议100件、省政协提案59件），办件数量居省直部门第3位，按时“办结率”、办理“满意率”均为100%。针对部分重点建议和提案，厅领导多次率队深入基层，调查研究基本情况，亲自制订解决措施，有效推动建议提案办理。抓好重要文稿撰写工作。坚持高标准、高质量起草撰写各类文稿。全年起草领导讲话、工作汇报、调研报告等各类文稿230余件，多篇文稿在全国交通运输系统工作会议上作交流发言使用，协助其他单位（处室）修改文稿100余篇。

规范公文运转。建立统一规范、分工负责、环环相扣、层层把关的公文运转程序。全年收文5 271件，发文1 927件，排版印发各类文件3 000余份，无一件遗失、延误。进一步规范保密管理。实行涉密文件专人、专柜、专卷管理，全年办理涉密文件952件，无一差错，没有发生失密泄密事件，没有人员因失密泄密被追责。进一步规范档案管理。切实做好机关档案整理归档，严格执行库房管理和查阅借阅制度。全年整理归档5 910份文件。

政务服务工作。做好公务用车改革工作。面对新形势、新任务，厅办公室严格执行相关规定，全力抓好公务用车改革工作，积极争取公务用车经费，全年累计派车470余次，有力保障机关工作顺利开展。做好会议活动筹备工作。圆满完成交通运输部在四川召开会议、部省领导调研、交通重大项目开工等重要活动的筹备工作，特别是交通运输部党组书记杨传堂、副部长戴东昌到川调研活动和高速公路项目投资协议集中签约仪式、集中开工动员活动。全年筹备各类会议300余次。做好新常态下接待工作。圆满完成全省交通运输工作会议、全国第四届公路职工乒乓球大赛、第十六届西博会场站工作和对口接待天津市政府代表团等大型接待任务。全年接待国家部委、各省（自治区、直辖市）交通运输系统到川考察调研等任务89批次1 710人，其中，省部级领导来川调研8批次59人。

信息和精神文明工作。政务信息公开方面，全年上报交通政务信息410条，填报省政府公开目录信息3 500余条，发布门户网站信息6 700余条，处理网民留言895件，收到公众留言有效信件895件，处理回复率、处理率均为100%。新闻宣传方面，充分发挥新兴媒体和传统媒体融合发展优势，拓宽宣传视野，强化正面宣传，逐步形成全媒体、全覆盖、全天候的宣传新格局。全年，央视《新闻联播》播出6条，《人民日报》刊载4条，新华社发稿7条，《四川日报》刊载73条，其中22条位居头版，《四川新闻》播出109条，《中国交通报》刊载100条，其中24条位居头版，报道量和头版率均远超2015年水平，实现川台四川新闻头条和川报头版头条“双突破”。精神文明工作方面，王川、李志强英雄群体被中共四川省委、省政府，交通运输部分别追授四川省优秀共产党员、四川省先进个人、“2015感动交通特别致敬人物”，沙国清被评为“2015感动交通年度十大人物”。兴蜀公司成功创建省级文明单位，厅史志总编室，厅交通执法第一、第四支队分别顺利通过省级文明单位和省级机关文明单位复核。网络舆情方面，加强对交通热点敏感问题的搜集、研判和处理，全年编发《网络舆情参阅》227期、《网络舆情摘报》39期、《网络舆情摘报办理情况》10期、整理汇编《厅长信箱回复建议》22期。

（厅办公室）

厅政策法规处 2016年，厅政策法规处继续推进交通运输体制机制改革和行业制度建设。《四川省道路旅客运输管理办法》《四川省道路货物运输管理办法》《四川省机动车维修管理办法》3部规章的修改决定经2016年1月28日四川省人民政府第109次常务会议审议通过，自2016年6月1日起施行；《四川省农村公路条例》报省政府常务会审议；开展《四川省航道管理条例》调研论证工作，将纳入2017年省政府一类立法计划；城市公交、出租汽车等方面的立法调研工作有序推进。编制《四川省“十三五”交通运输法治政府部门建设的意见》，指导“十三五”期间全省交通运输法治政府部门建设工作。把建章立制作为改革重要任务，以制度创新调动改革发展活力，推进交通建设管理、道路运输管理、行政审批、交通运输综合执法等多项改革，年内制订完善22项制度。坚持厅办公例会学法治度，建立健全法律顾问制度、领导干部和执法人员学法用法治度，推进公职律师制度，组织开展“执法服务形象大提升”活动，深入推进“法律七进”（详见《附录》）活动。开展规范性文件合法性审查和清理规范，建立完善行政决策程序规定、行政诉讼应诉规定、拟订法规制度程序规定。总结推广“三基三化”（详见《附录》）建设试点经验。指导攀枝花市、宜宾市、德阳市、广安华蓥市、乐山沐川县、巴中平昌县开展交通运输综合执法改革。创新工作方式，严明执法风纪，推进规范执法，强化执法监督。清理规范执法车辆、执法证件，清理规范执法人员执法资格，建立执法人员信息库，将执法人员信息、执法依据、裁量标准、风险点位等纳入行政权力运行平台，实现实时监控、全程监督。

（厅法规处）

厅综合规划处 2016年，厅综合规划处围绕构建畅通安全高效的现代综合交通运输体系为总体目标，充分对接长江经济带、“一带一路”等国家战略和中共四川省委、省政府重大决策部署，不断强化规划，优化完善交通发展规划体系。

规划编制 研究完成《四川省公路水路交通运输“十三五”发展规划》《综合交通运输“十三五”发展规划》；研究制订新一轮“甘推”“凉推”“南推”等3个扶贫专项工程；编制完成新一轮渡口改桥方案、高等级航道达标升级工程、“互联网+交通运输”专项行动、道路客运枢纽全覆盖工程等4个专项工程；积极开展普通省道提档升级推进方案、农村公路改善提升中期调整等专项方案研究编制工作，形成初步成果。

项目前期工作 以“11+8”高速公路项目为重点，全力推进高速公路前期工作。成都经济区环线高速公路蒲江至都江堰段等13个项目开工建设。屏山新市至攀枝花高速公路等29个项目、3 500公里工程可行性研究报告编制完成，具备启动BOT招标或报批条件；成南高速公路扩容改造等7个项目通过厅行政审查会审查；岷江老木孔、龙溪口枢纽等重大项目前期工作推进顺利；完成24个具备条件国省干线公路项目行业审查工作，四川省道路运输综合管理与服务信息平台、四川省普通国省干线公路监测预警系统等信息化项目前期工作有序推进。

建设资金保障 争取到位交通运输部补助资金170亿元，落实中央专项建设基金77亿元；主动对接交通运输部“十三五”规划等相关规划，在项目规划、资金安排等方面全力争取国家倾斜支持。落实交通运输部“十三五”补助资金近千亿元；按程序上报2017年交通建设项目申请部投资建议计划，初步落实2017年第一批交通运输部补助资金。

计划管理 围绕年度交通中心工作，及时分解下达年度投资目标，并编制下达《2016年全省重点公路水路交通项目年度建设任务分解方案》；根据年度建设投资计划和交通精准扶贫攻坚、新一轮甘推方案等12个专项工程推进情况，认真做好2016年交通建设投资计划编报和下达工作；修订印发《四川省交通建设计划管理办法》，并研究提出2016年计划管理“负面名单”警告建议方案。

收费公路规范管理 制订出台《四川省高速公路车辆通行费与工程建设与运营服务质量挂钩管理办法》，积极开展《工程建设与运营服务质量评价细则》研究制定工作。及时开展通车项目收费审核审查工作。组织完成成都第二绕城高速公路等高速公路项目试收费审核审批以及国道318线遂宁过境段等一级公路政府还贷项目的立项审核审批。完成南充绕城高速公路东段停止收费工作，督促调整成都机场高速公路收费标准，协调解决乐山绕城高速公路收费相关工作。

交通统计 组织完成《交通运输综合统计报表》《港口综合统计报表》《全国农村公路基础数据和电子地图年度更新》等20余项统计年报。加快推进“国家公路网交通情况调查数据采集与服务系统”省级工程建设。

（厅规划处）

厅财务处 2016年，厅财务处牵头制订《2016年全省交通建设筹融资工作方案》，指导、协调和督促全省交通建设筹融资工作。全面启用资金管理系统，实时跟踪全省交通建设资金到位和部省补助资金使用情况。组织开展中央和省补助交通建设资金重点抽查，及时督促整改，增强补助资金预算约束力，规范资金使用管理，提高资金使用效益。制订《车购税资金结存情况检查工作方案》。会同省财政厅转发财政部、交通运输部、商务部印发的《车辆购置税收入补助地方资金管理暂行办法》，并会同省财政厅修订《四川省省级财政交通建设专项资金管理暂行办法》，进一步规范和加强中央和省补助交通建设专项资金管理。按时完成2015年行政事业单位部门、固定资产投资、国有企业等年度决算报表编制、审核汇总、上报工作。及时批复各二级预算单位2016年单位预算，完成2017年部门预算编制和3年滚动财政规划编制工作。向省财政厅报送省交通运输厅2016年部门预算支出绩效报告，通报2013—2014年农村公路改善项目绩效评价情况，并督促相关县（市、区）交通运输局针对发现的问题，认真分析检查，切实加以整改。完成2015年度财务报告编制试点工作。对厅机关内部控制基础情况进行摸底，并报送《行政事业性单位内部控制基础性评价指标评分表》。组织开展2016年厅属行政事业单位资产清查，报送资产清查报告，并全面清查核实单位资产管理情况，报送核实报告。在厅直相关单位配合下完成《厅关于公共基础设施（公路）资产管理情况的调研报告》。组织开展交通建设筹融资体制机制改革调研。完成深化四川交通投融资体制改革研究课题。研究推广交通运输领域政府购买服务工作模式。探索设立交通投资基金。印发《四川省交通投资基金设立工作方案》。组织开展优秀会计人才培训，2015—2016年第一期优秀会计人才培训于2016年3月29日圆满结束，通过选拔择优，在厅及厅直单位、各地交通运输部门以及相关交通企业选取69名符合条件的会计人员进入2016—2017年第二期优秀会计人才培训班。第二期第一次集中培训于2016年10月16日—23日在上海国家会计学院举办，取得预期效果。举办2016年政府采购业务培训。向厅属各预算单位解读《中华人民共和国政府采购实施条例》及四川省出台的相关制度规定，强化依法采购意识，规范采购行为，督促厅属各预算单位做好政府采购实施计划备案工作。开展基本建设财务管理新制度培训，加强厅直各单位基本建设财务管理能力。举办会计人员继续教育培训班，及时更新财务从业人员业务知识，提高业务技能，使财务从业人员更好地适应交通运输行业发展带来的新形势、新变化和新要求。

（厅财务处）

厅人事劳动处 2016年，厅人事劳动处主要开展以下工作：一是不断深化领导干部思想政治建设。认真开展“两学一做”学习教育和年度民主生活会，集中举办2期处级干部读书班和1期优秀中青年干部培训班，对300余名处级干部和90余名优秀中青年干部进行专题教育培

2016年8月21日，省交通运输厅2016年度优秀年轻干部培训班开班，副厅长周道平（正面左）作动员讲话，厅机关党委书记张勇（正面右）主持开班仪式　交通宣传中心 供稿

训。选派32名优秀干部到国家行政学院、中共四川省委党校（行政学院）参加各类调训。二是健全完善科学选人用人机制。根据《党政领导干部选拔任用工作条例》和中共四川省委组织部有关文件，从动议、民主推荐、考察、讨论决定、任职管理等5个关键环节制订《选拔任用处级干部动议工作办法》等5个办法及《干部选拔任用工作规程》。严格落实“好干部”标准、“三严三实”（详见《附录》）及中共四川省委“三个六”要求，注重从“四个一线”选任干部，全年研究任免干部87人，其中新提拔34人，调整交流50人，军转干部3人。推荐提拔厅级干部7人。三是强化干部人才实践锻炼培养。累计16人进入省递进人才培养计划。培训行业干部职工5万余人次。与同济大学等合作举办领导干部综合能力提升培训班。先后从厅机关和厅直单位选派30余名优秀处、科级干部和技术人才，到藏区、彝区、定点扶贫地区、地震灾区和市县挂职锻炼，涌现出李志强等先进典型。省交通运输厅被中共四川省委组织部表彰为“四川省对口援藏工作先进集体”。四是进一步强化干部管理监督。严格执行请示报告、个人重大事项报告、全覆盖谈心谈话、提醒函询诫勉、任期和离任审计等制度。全年对91名干部个人事项报告进行核查，对存在漏报或填报不规范的11名干部进行批评教育或函询。出台《四川省交通运输厅推进领导干部能上能下实施细则（试行）》。对个别“软班子”和不称职干部进行调整，党纪政纪处分11人、组织处理12人、诫勉谈话15人、批评教育34人，因醉驾受刑事处罚“双开”1人。五是集中开展专项治理。根据省委第二巡视组巡视和“回头看”反馈意见，从制度建设、干部选任等5方面开展专项整改，修订出台《厅机关处级领导干部选拔任用办法》《科级非领导职务晋升办法》《干部轮岗交流暂行规定》等6项制度，调整消化原高配处级干部7名，轮岗交流9个厅机关处室、10个直属单位20名处级干部，有序推进“两院一处”转制改企，拟订实施厅属企业负责人薪酬制度改革方案。一系列整改措施受到中共四川省委常委、省纪委书记王雁飞批示肯定，相关做法被载入《四川巡视参考》推广交流。对选人用人、档案审核、机构和人员编制等9项进行专项清理。对有关单位调整领导班子成员分工2人，调离组织人事部门2人。六是不断优化专家人才创新创业环境。出台“十三五”全省交通运输人才教育培训规划，落实《激励科技人员创新创业十六条政策》。推荐享受国务院政府津贴人员、国家“万人计划”青年技术人才、省杰出人才奖6人次，完成全省交通工程技术中、高级职称评审875人，完成经济、卫生、档案、电子工程等9个专业中、高级职称委托评审，办理中高级职称确认初聘39人。建立两个省级专业技术人员继续教育基地。七是圆满完成厅属事业单位分类改革工作。撤销36个厅属事业单位，重新明确厅属34个事业单位分类结果，整合新组建2个事业单位，整体移交2个事业单位。精心谋划厅机关内设处室和职能调整，对厅机关内设机构和职能进行进一步优化。

（厅人事处）

厅建设管理处 2016年，厅建设管理处按照省交通运输厅统一部署，全面加快全省交通基础设施建设。高速公路建设方面，以省政府交通建设联席办公室名义印发《2016年四川省高速公路项目推进工作实施方案》，落实目标任务，强化联动协调，加强跟踪督导，推进项目建设；建立通车项目竣工验收准备工作台账，推动项目竣工验收投入运营。招投标管理方面，严格监督招投标活动，推进公路建设招标投标改革，加快构建交通建设招投标体系。从业单位信用管理方面，完成重点公路建设从业单位信用管理办法修订和2016年度信用评价工作，启动信用管理办法修订研究工作。建设市场管理方面开展全省公路水路建设市场秩序专项整治行动；研究制定《关于贯彻落实清理规范公路水运工程建设领域保证金有关工作的实施意见》，组织开展工程建设领域保证金清理规范工作。

（厅建管处）

厅运输管理处 2016年，厅运输管理处继续改进、提升交通运输服务工作。完善12328交通运输服务监督电话运行管理考核办法；继续推进行业“营改增”试点；完成全省道路水路春运工作组织任务，道路水路客运量完成1.33亿人次，日均客运量为320万人次左右；加快推进交通一卡通互联互通工作，印发《四川省城市公共交通一卡通互联互通实施方案》，成都、乐山、绵阳、泸州、内江5个城市加入全国交通一卡通联网范围，实现互联互通；有序推进公交都市建设，印发《关于“十三五”期开展国家公交都市建设示范工程有关事项的通知》；稳步推进出租汽车行业改革和稳定工作，代省政府拟稿出台《四川省深化出租汽车行业改革实施方案》，建立出租汽车行业稳定信息横向沟通和纵向收集机制；完善大件运输协调工作机制，召集相关部门研究讨论重要设备交通运输保障工作方案，完成年度重要设备运输任务；推动泸州市入选全国第一批综合运输服务示范城市；贯彻落实《四川省物流业发展中长期发展规划（2015—2020）》，推进重点交通物流项目建设；推进全省“第一批多式联运示范工程”项目——成都国际陆港集装箱铁公水多式联运示范工程建设；按照交通运输部《关于推进改革试点加快无车承运物流创新发展的意见》要求，会同省政府物流办共同开展全省无车承运人试点；继续推进四川省交通运输物流公共信息平台建设；做好全省交通物流数据统计报送和季度分析，参与研究2016年重点项目推进方案及省物流工作要点；加强全省汽车客运站提升改造工程督导；落实省政府关于四川省服务业发展工作要求，完成年度交通运输服务业发展速度指标任务；推进旅游运输的规范、有序发展；进一步加强全省外商投资道路运输业立项审批工作；配合省级有关部门做好企业减负、旅游运输调查及监管、公路水路口岸等工作。

（厅运输处）

厅安全监督处 2016年，厅安全监督处继续推进年度工作。组织召开7次电视电话会或专题会，坚持季度安委会会议和重点领域安全生产形势分析会议、月度安全例会等制度，研究部署并着力解决行业安全工作突出问题。全面落实“党政同责、一岗双责、齐抓共管、失职追责”的责任体系，出台交通运输行业标本兼治遏制重特大事故工作实施方案，以安全管理风险分级管控和隐患排查治理、标准化监管、企业安全生产诚信管理为核心的行业安全监管体系基本成型。统筹推进长效机制建设年和全国一盘棋“治超”行动，以高速公路（I）入口关、普通公路固定治超检测站（N）监管关、重点货物装载地（X）源头关为核心的“1+N+X”的“治超”体系构架全面成型，1吨以上违法超限车辆驶入高速公路“零发生”，国省干线公路平均超限率控制在3.6%以内。完成省安委会挂牌督办的7处重大隐患督办任务。圆满完成国务院安委会巡查迎检工作。全面梳理2015年以来行业安全工作，逐项按要求完善基础台账，第一时间完成巡查组交办任务，指导被巡查的8个市州交通运输主管部门做好迎检工作，得到省政府安委会肯定。首次编制全省交通运输安全发展、应急保障两个专项规划，指导全省 “十三五”期间安全应急工作。出台全省公路水路安全生产事故综合分析报告规则，“全覆盖”检查督导2010年以来较大及以上事故责任人的处理到位情况。有效处置德阳“1·19”汉青路、乐山“3·8”省道103线公路灾害以及广元“6·4”白龙湖沉船等突发事件。制订年度地震重点危险区应急预案。成功举办交通运输部下达的地震公路交通军地联合应急演练、公路地质灾害部省市县四级联合应急演练，得到交通运输部高度肯定。圆满完成省政府下达的地震应急综合演练交通运输保障任务。应急队伍规范管理，分类梳理并完成全省公路抢险、道路水路应急运输和建设施工抢险等领域应急队伍数据采集工作，统一纳入省政府应急队伍数据库管理。

（厅安全处）

厅科技教育处 2016年，厅科技教育处委托交通运输部科学研究院编制《四川省交通运输科技和标准化“十三五”发展规划》，12月经厅党组审议通过并印发实施。向交通运输部推荐的科技示范项目《城市轨道交通运营组织与风险管控科技示范工程》《高寒高海拔地区公路工程质量监测与控制科技示范工程》获批准列入2017年度交通运输部科技示范工程计划支持。组织行业各单位进行科技成果申报，共推荐行业科技成果8项、杰出科技贡献人才1名。厅公路设计院和武汉理工大学“山区桥梁人工集料混凝土的性能提升技术与应用”获省科技进步二等奖、厅公路设计院和西南交通大学“公路隧道抗震及减震技术研究”获省科技进步三等奖、厅公路设计院和四川都汶高速公路有限责任公司“西部地区公路瓦斯隧道设计与施工技术”获省科技进步三等奖。初步编制《四川省交通运输厅关于加强和改进交通运输标准化工作的实施方案》。组织申报行业地方标准。4项四川省交通运输行业地方标准经国家质监总局备案后，由省质监局正式发布，于9月1日起实施。获交通运输部行业标准续研立项支持1项，获地方标准立项计划支持11项。

推进全省交通运输行业节能减排，全面完成各项任务。印发《四川省2016年交通运输节能减排工作要点》，部署全省交通运输行业本年度节能减排工作。完成《四川省交通运输节能减排“十三五”发展规划》编制，12月经厅党组审议通过并印发实施。由省交通运输厅牵头，会同省发展改革委、省经信委和省国资委组成省第四考核组，完成乐山、雅安和甘孜3市州2015年度“十二五”节能节水降碳和淘汰落后产能目标责任评价考核工作。配合省节能办对各市州2015年度交通运输行业节能减排工作完成情况进行评分。6月12日—18日，围绕交通运输行业“绿色交通 低碳出行”宣传主题，在行业内开展“2016年交通运输行业节能宣传周和低碳日”活动，组织厅直单位及厅机关处室开展绿色低碳相关活动，发放宣传资料，提升行业从业人员节能意识。

编写印发《2016年度全省交通运输行业教育培训计划》。围绕行业中心，全年举办培训17期，培训规模近2 000人次。举办3期精准扶贫工程机械操作培训班，培训计70人。推进民族地区交通人才本土化培养及藏区“9+3”免费中职教育（详见《附录》）。完成年度支持“甘推”“凉推”交通教育培训计划，并已按计划全部实施完毕。开展市县交通局长、行政干部等行业领导干部和管理干部的岗位培训，全面完成年度教育目标任务。

（厅科教处）

厅外经外事处 2016年，厅外经外事处着力丰富高速公路投融资渠道，一方面继续完善高速公路PPP项目制度体系，形成BOT、BOT+政府补助、BOT+政府股权合作三种PPP招商形式；一方面推动PPP高速公路项目试点，完成“BOT+政府补助”方式建设的国道0511线德阳至都江堰高速公路投资人招商工作，完成“BOT+政府股权合作”方式建设的巴中至万源高速公路招商工作，启动全省规模最大的PPP项目沿江高速公路、第一条扩容改造的PPP项目成乐高速公路招商前期工作。强化在建高速公路督导检查，确保宜叙、遂广、巴广渝高速公路完成通车目标。启动“4·20”芦山地震灾后恢复重建世行贷款项目前期工作。依法有序开展因公出访工作，厅机关和直属单位因公出国52人、因公赴台10人，未发生因公出国（境）违纪违规行为和公款出国（境）旅游事件。

（厅外经外事处）

厅审计处 2016年，全省交通运输系统完成审计项目819个，其中，开展建设项目与资金审计247个、经济责任审计41个、预算执行及财务收支审计253个、经济效益审计4个、专项审计（调查）170个、内部控制审计58个；提出审计建议意见被采纳1 197条，查出并纠正违规金额4 660.40万元，促进完善规章制度325个。全省交通运输系统建立内部审计机构150个（其中专职机构25个），配备内部审计人员共计524人（其中专职44人，兼职480人），参加各类审计业务培训795人次。厅审计处完成四川交职院新校区一、二期工程，体育馆和第一运动场改造项目，四川省公路水路应急指挥及抢险救助保障系统（一期）等19个工程项目竣工（决）结算审计，送审总金额34 300.12万元，审定金额33 302.96万元，审减997.16万元。完成厅公路局医院、路况队、物资库3个厅属三级预算单位2015年度预算执行及财务收支审计。完成厅公路局、厅航务局、厅运管局等17个厅属单位2015年审计发现问题的整改落实情况后续跟踪审计。完成四川交通运输职业学校、四川省交通管理学校、厅质监局等13个厅属单位2016年审计发现问题的整改落实情况后续跟踪审计。完成省交通运输工会、厅造价站、大件处等7个厅属单位内部控制专项审计。厅审计处组织培训班，请审计专家对全省交通运输行业审计人员360余人进行审计业务培训，重点对厅直单位审计负责人开展专题培训，厅审计处负责人深入厅公路设计院、厅交通设计院、监理公司及兴蜀公司开展内部控制专题培训。

（厅审计处）

厅行政审批处 2016年，厅行政审批处加大行政审批信息化建设,完成四川省交通运输网上行政审批服务平台一期工程项目第一阶段验收，进一步完善大件运输网上审批系统,实行网上并联审批、线上线下联动的服务模式，规范全省大件运输市场。制订出台《四川省交通运输厅 四川省公安厅关于进一步规范公路超限运输许可的公告》《四川交通运输网上行政审批服务平台建设工作推进实施方案》等13个文件。稳步推进交通运输行政审批“两集中、两到位”（详见《附录》），深化审管分离运行机制改革，加强牵头组织协调权和窗口管理权，加大对市州交通运输局政务服务窗口工作督促指导力度，加强与省政府政务服务管理办公室和省政务服务中心的衔接。扎实推进行政权力依法规范公开运行平台工作，坚持把行政权力依法规范公开运行作为“阳光防腐反腐”的重要抓手，采取多种措施，做到权力清单之外无权力、权力清单之内全上网。制订《推进行政权力依法规范公开运行重点工作责任清单》，出台《四川省交通运输厅行政权力依法规范公开运行管理办法》。

（厅行政审批处）

省纪委驻厅纪检组 2016年，省纪委驻厅纪检组全面聚焦监督执纪问责主业，切实发挥监督作用，充分凸显“派”的权威，发挥“驻”的优势。全年调查处理涉纪问题线索28条，给予党纪政纪处分13人，组织处理12人，诫勉谈话15人，批评教育34人。结合问题线索调查处理情况，开展党纪党规解读和典型案例通报，摘编刊发解读要点，全面系统传递执纪越来越严的信息。部署厅直系统纪检组织“十项工作”，组织开展落实情况监督检查，强力推进厅直系统纪检组织“三转”落实到位。厅党组出台《关于厅直系统纪检组织落实“两为主”、推进“三转”工作实施意见》，明确提出厅直单位纪委书记提名考察以驻厅纪检组会同厅人事处为主，厅直单位纪律审查以驻厅纪检组领导为主，厅直系统纪检合力逐步形成。选送和抽调24人参加实战锻炼，组织专兼职纪检人员培训105人次，纪检干部履职尽责能力进一步提升。

（驻厅纪检组）

厅公安处 2016年，厅公安处围绕交通运输中心工作，积极适应经济新常态和社会形势变化，主动服务保障改革发展大局，组织开展矛盾纠纷排查化解、反恐防范重点目标排查和社会治安防控体系建设，全力以赴做好机关安保工作，着力推进防控风险，着力推进破解难题，着力推进补齐短板，确保全省交通运输行业和谐稳定和厅机关办公秩序良好。省交通运输厅被评为全省“扫黄打非”先进集体、全省维护社会稳定和社会治安综合治理工作目标先进单位。

厅公安处紧紧把握春节、G20峰会、国庆和中共中央十八届六中全会等重要敏感时间节点，组织开展4次全省交通运输系统矛盾纠纷集中排查调处活动，排查梳理出36个重点问题，分类分级建立工作台账进行动态监控。以重大事项决策、重要政策推行、重大项目建设和重大改革实施为重点，分类推进社会稳定风险评估，部署厅有关单位和部门到8个市州开展调研，协助地方党委政府做好出租车经营、体制改革、工程建设、市场监督和滴滴软件等专车服务新业态等突出问题的稳控工作。开展《交通运输危机管理》课题研究，梳理完善行业社会稳定排查调处、预防预警和协调配合等制度，组织开展全省交通运输系统信访维稳业务培训，打造政治坚定、业务精通、作风优良的信访维稳干部队伍。坚持用法治方式化解社会矛盾纠纷，督促有关部门和单位深化工程建设、劳动人事等矛盾调解，推动健全交通运输多元纠纷解决机制。厅公安处会同厅运管局研究制订《四川省道路零担货运禁限运物品安全查验管理办法（试行）》，指导制订全省交通运输系统《加强社会治安防控体系建设的实施意见分工方案》具体措施，协调推进公共安全领域危险物品管理信息系统建设，切实推进社会治安防控体系建设，提升交通运输系统公共安全维护能力。指导各市州交通运输主管部门参加全省综治重点工作暗访督查，2次组队到青神县对口指导社会治安综合治理工作，帮组解决工作中的困难和问题。结合行业特点，积极组织和参与流动人口和特殊人群服务管理、预防青少年违法犯罪、周边治安综合治理等工作，组织开展“平安家庭”“平安社区”等创建活动，扎实开展防邪、涉毒、迷信、传销、涉黄等法治教育。厅公安处以《交通运输行业反恐怖防范基本要求》为指导，调研提出一、二级客运站反恐防范基本要求，推广反恐防范新技术，梳理出4562个行业反恐防范特别重要、重要和一般目标，将反恐防范工作纳入规范化管理轨道。深刻汲取陕西“4·28”案件教训，对行业反恐怖防范职责任务进行认真梳理，进一步明确各自义务和责任。在广元举办2016年度反恐防范专题演练和培训，省、成都市及所辖区（市、县）交通运输主管部门和公安机关反恐怖防范工作负责人，重点客运和危化品运输企业反恐怖防范工作负责人300余人参加培训并观摩演练。协调制订环浙环疆及出疆入浙道路运输安检查控、水上安保远端控制和危险化学品运输车辆管控、寄递物流3个“100%”四个实施方案，切实做好全国“两会”期间和G20峰会安保反恐工作。狠抓厅机关安全保卫工作效率和服务质量，不断完善服务标准体系、人员培训教育、工作效能等机关安全保卫机制。厅机关安全防控体系建设持续规范，全年投入200余万元对机关消防和监控系统进行升级改造，积极推进办公区消防、安防监控室“三合一”。组织厅机关消防安全演练，举办专题讲座开展法治和道德教育，全面提高干部职工的法律意识，增强普法教育的实效性。建立常态化检查机制，重点对厅直属单位进行安保检查，及时督促问题整改，确保机关安全保卫工作措施有效落实。年内，厅机关和直属单位没有发生治安案件和消防安全事故，治安形势持续稳定。以规范管理为重要保障，强化专项打击整治，与相关成员单位联系协作开展“治理三乱”“重要桥梁守护”等专项行动。利用公路水路安全联防工作考评，促进全省各地深入开展平安“公路、航道、车站、工地、船舶”创建活动。根据全省公路水路系统“盗抢骗”犯罪规律特点，积极配合公安机关严厉打击利用换卡、更该卡内信息、假冒绿通车、ETC降类、改装车辆减重等多种诈骗手法偷逃高速公路通行费和偷盗高速公路服务区大型货车油料的犯罪活动，保障公路水路平安运行、安全畅通，预防重特大事故发生。对省交通运输厅确定的“平安交通”示范路段及时组织开展以治理“四违”（查处客运车辆违反夜间停运规定、违反接驳运输规定、严重交通违法、违反动态监管制度的行为）为重点的路域环境整治合“两打”专项行动，不断推动公路联防措施落实到基层一线，大力创建“平安公路”。督促指导运输企业加强安全投入，落实安全生产基础保障，充分利用GPS等技术手段适时对车客运车辆实施动态监管，开展“打非治违”专项行动，切实加强客运站及周边运输市场秩序管理和治安整治，推进“平安车站”建设。将“平安港口”建设工作纳入当地社会治安综合治理工作，加大对码头的安全监管力度，以危货码头为重点，加强港口作业细节管理、现场安全管理，严把水上交通准入关和技术关，强化安全管理主体责任，建立健全港口安全管理长效机制。联合相关部门打击水上抢劫、盗窃和水匪路霸行为，加强跨航道桥梁和油、气、电缆等专设航标配部管理，开展全方位、多层面的不稳定因素调查摸排工作，创建“平安航道”。以专项行动为抓手，从关键环节管控抓工作，从督导检查抓落实，着力打击网上非法出版物和有害信息，督促运输企业从货物的受理环节入手，有效推进货物品名信息化管理，严格规范货物品名登记，坚持与各地公安、工商、文化等部门协调配合和工作联动，形成相互协作、密切配合、反应快速的工作局面，建立全省交通运输“扫黄打非”联防工作机制，形成相互配合、快速反应、整体防控的工作格局，封堵政治性非法出版物和有害信息。组建代表队参加省禁毒委在广元市组织的查禁毒品专项拉练，配合公安禁毒部门试点在七盘关路政稽查卡口对利用出入川客运车辆进行贩卖运输毒品的犯罪嫌疑人进行查控，探索进一步建立查堵协作机制，加大对旅客和货物运输途径的禁毒查缉工作。增强主动配合协助公安机关查缉毒品的意识，指导运输企业把毒品查缉工作和本职业务工作有机地结合起来，配合公安禁毒部门强化对车站和客运车辆的毒品查缉检查，强化对客运站、行李房及旅客行包的检查和监管，减少毒品流入，及时截断毒品内流中转渠道。利用交通运输基础设施和运输工具，采取多种形式大力宣传，重要时间节点禁毒宣传面达90%以上。按照省禁毒委成员单位定点包片工作要求，厅领导带队3次前往攀枝花市，参加省禁毒宣传活动，具体帮扶、督导和检查摘帽攻坚活动。

（厅公安处）

厅信访处 2016年，全省交通运输行业信访形势进一步好转，厅机关信访总量比上年下降0.5%。办理人民群众来信比上年下降1.29%，其中联名信比上年下降26.37%；办理“省长信箱”“书记信箱”“人民网留言”等网上信访比上年下降5.26%；接待来访批次比上年上升2.6%。来信、网上信访和来访占信访总量比重分别是39.15%、31.42%和29.43%，网上信访因其快速、便捷的特性已成为信访的重要渠道。全省交通运输行业信访总量稳中有降，信访人员过激行为明显减少，信访秩序持续改善，但交通运输行业信访总量仍呈现高位运行态势，道路规划建设管理、客货运输和出租汽车经营管理信访问题比较集中，占信访总量的49.38%。

厅信访处按照推进信访制度改革和信访法治建设的要求，坚持法治思维和法治方式，依法分类处理信访诉求，引导群众依法逐级走访，推动信访事项及时就地解决，避免恶性上访事件。继续规范完善网上信访办理流程，提高网上信访办理质效，网上信访及时办结率100%。完善网上信访信息系统录入制度，做到应录尽录，实现信访事项网上全覆盖。完善交通运输行业矛盾纠纷排查化解制度，落实包案领导、承办部门和责任人，制订化解措施。深入指导市州交通运输信访工作，积极推进“走基层”活动，落实厅领导定期接访工作。利用信访网上平台，宣传交通运输行业信访工作，强化舆论引导和正面宣传。加强信访干部队伍建设，举办全省交通运输行业信访干部培训班，参加交通运输部信访干部培训，选派中青年干部到省信访局实践锻炼。认真抓好全国两会、G20财长和央行行长会议等敏感时段的信访维稳工作。厅信访处被评为2016年度“四川省维护稳定工作先进集体”。

（厅信访处）

厅离退休人员工作处 2016年，厅离退休人员工作处主要开展以下工作。一是抓好待遇政策落实。上报9个事业单位及3个改制企业离休人员的“地方生活补助”财政申请。按时发放厅机关离休干部特殊困难补助，指导厅直单位补助发放工作。完成省交通运输厅土地革命战争时期及以前参加革命工作的离休干部的统计报送，配合相关部门做好中共四川省委领导看望慰问老红军和发放纪念章工作。落实全厅55位新中国成立初期参加革命工作的部分退休干部的医疗照顾政策，完成以上人员困难补助的调标及补发工作、2017年困难补助、门诊医疗照顾和生活不能自理特困补助经费的财政预算申报。按时提高并补发厅机关离退休老同志津贴补贴，指导审核在蓉相关厅直单位该项工作。为厅直单位6名退休干部申请到总计44 000元的离退休干部特殊困难帮扶资金。完成厅机关130名退休人员的养老保险参保资料的核对和养老金发放申报工作，确保10月份退休老同志的养老待遇由社保顺利发放，指导审核厅直单位该项工作。二是开展系列正能量活动。制作中共中央《关于进一步加强和改进离退休干部工作的意见》和中共四川省委《关于进一步加强和改进离退休干部工作的实施意见》提纲式学习宣传手册，离退休老同志以及离退休老干部工作人员人手一份，把宣传贯彻落实两个《意见》作为首要任务。根据厅统一方案并结合离退休工作实际，通过制作学习提纲PPT、老党员代表讲党课、考察交通建设、组织参观红色革命纪念馆、邀请中共四川省委党校教授作专题讲座等多种形式全面开展“两学一做”学习教育活动，丰富学习内容，提高老党员学习积极性。在离退休党员中广泛开展知识竞赛活动，完成试卷的评阅和满分名单的统计和报送，获得由中共四川省委老干部局评选的“全省‘党章党规铭我心’知识竞赛活动组织奖”。结合“两学一做”学习教育阶段性要求，完成离退休党支部的按期换届、党组织关系排查以及党费收缴。开展第三届“品味书香 思想常新”老党员读书交流系列活动，以“追寻红色足迹，诵读名篇经典”为主题，推荐老同志阅读《之江新语》《知之深 爱之切》等，推选诵读达人，9月底，举办读书交流总结活动及包含诵读名篇经典、歌舞表演等多种形式的“最美夕阳红，共筑中国梦”节目展演。11月初，在绵阳举办 “我运动 我健康 我快乐”老年运动会，来自厅机关及厅直单位13个代表队的150多人参加。三是开展走访慰问、医疗保障工作。重要节日陪同厅领导走访慰问离退休老同志、老党员代表。全年走访慰问80岁以上的离退休老同志、生病住院离退休老同志达百余人次。重大节日期间为离退休人员发放慰问品并开展丰富多彩的趣味活动。分别组织离退休人员在华西医院和省人民医院进行体检。四是做好其他日常工作。全年多渠道报送信息20余条，树立交通运输系统老干部工作部门良好形象。及时有效处理来信来访，全年收到群众来信10多封，接待上访人员50余人次。保质保量向中共四川省委老干部局、省人社厅报送各类统计表格。

（厅离退休处）

厅机关党委 2016年，厅直机关党委持续深入推进党的建设，各项工作取得新成效。

思想建设扎实推进 以中心组学习为龙头强化思想武装，做好厅党组中心组学习各项工作，厅党组在省直机关中心组学习经验交流会上作书面交流。扎实开展“两学一做”学习教育，采取学习教育工作座谈会、支部书记培训座谈会、现场推进会、中心组学习会、“三会一课”、领导干部讲党课、专题学习讨论、专家辅导、处级干部读书班、专题民主生活会等多种形式推动学习教育。组织开展学习王川李志强等英雄群体、感动交通年度十大人物、先进工作者和劳动模范先进事迹活动，李志强被追授为“全省优秀共产党员”。组织参加全省机关“树立新理念、服务十三五”演讲比赛，获全省第一名及组织奖。组织开展“做合格党员、当干事先锋、建交通强省”主题演讲比赛，营造干事担当良好氛围。组织开展“做悦读党员，建书香机关”主题读书月活动，交通职业技术学院运输工程系教工党支部被省直工委评为“书香支部”。

组织建设不断加强 加强对厅直单位领导班子开展“四好”活动分类指导，对2015年度“四好”活动、落实党建工作责任制进行综合检查和考评通报。组建完成厅质监局、监理处（公司）党委、纪委，对6个单位党组织委员会和厅机关有关党支部书记进行调整完善。扎实抓好落实党建工作责任制、党员组织关系排查、基层党组织定期换届、党费收缴、“三会一课”实施情况、党员领导干部参加双重组织生活、党员档案管理、党代表和党员违纪违法处理等12项党建重点工作。以整顿软弱涣散基层党组织为重点做好新一轮“三分类三升级”工作，评出119个先进党支部、180个一般党支部、11个后进党支部，建立台账管理机制，督促后进支部整改提升。深入开展“创先争优”活动，6名先进个人、3个先进集体受到省委、省直工委表彰。举办入党积极分子培训班和党务干部培训班，培训入党积极分子120名、党务干部60余名。

作风建设不断强化 深入学习贯彻党的十八届六中全会、省委十届九次全会精神，把“三严三实”和巡视反馈问题整改作为加强领导班子思想政治建设重要内容，加强统筹协调、分类指导。深入学习贯彻《关于新形势下党内政治生活的若干准则》《中国共产党党内监督条例》，严肃党内政治生活，严格党员教育管理。在交通运输窗口和执法一线开展以“三亮三比三评”为重点的党员示范和党员志愿者服务活动，命名表彰党员示范岗688个、示范团队（窗口）89个、示范单位14个。在全省交通运输系统继续开展“富民路·连心桥”以评促建、政风行风模拟测评、交通运输执法服务形象大提升等活动。组织开展“传家风、立家规、树新风”活动，征集家训格言，组织参加省直机关“清廉家风伴我行”演讲比赛并获二等奖。元旦、春节、五一、七一和纪念红军长征胜利80周年活动期间，厅直机关共组织走访慰问困难党员、老干部、老党员和劳模510多人。

党风廉洁建设不断深入 组织开展2015年度落实党风廉政建设责任制考核，召开全省交通运输党风廉政建设工作会，制订廉政责任分工，层层签订《党风廉政承诺书》《政风行风建设责任书》《党风廉政建设责任书》。深入学习贯彻《中国共产党问责条例》《中国共产党廉洁自律准则》《中国共产党纪律处分条例》等，持续正风肃纪，督促严格落实中央八项规定和中共四川省委、省政府十项规定、厅党组十二项规定。组织参加省直机关党员学习《廉洁自律准则》《纪律处分条例》知识竞赛活动，荣获组织奖。积极开展巡视反馈问题整改，《厅党组关于落实省委第二巡视组反馈意见整改工作情况的报告》受到省委领导和巡视办充分肯定。制订落实厅党组“三项整改回头看”工作方案和省纪委正风肃纪专项督查反馈问题整改方案，切实抓好整改落实。制订印发《厅党组落实党风廉政建设主体责任实施细则》《厅党组关于贯彻落实全面从严治党要求的实施意见》《厅党组践行“三严三实”行为规范》《厅党风廉政教育联席会议制度》，健全完善相关制度38项。

“党群共建”持续深化 积极开展建言献策活动。召开厅民主党派和无党派人士座谈会，配合做好无党派人才库建设，厅直单位9人入选省直机关无党派人才库。组织开展2015—2016年度交通运输行业青年文明号评选工作。组织开展“五四”纪念、青年联谊、团干培训、“青春扶贫行动”、厅机关职工子女暑期等活动。扎实推进“巾帼文明岗”“三八红旗手”“三八红旗集体”创建活动，组织开展“树清廉家风·创最美家庭”主题活动。组织开展全民健身活动、工会联谊活动。厅被省直工委表彰为“2015年度全省城乡环境综合治理进机关”先进单位。

定点扶贫和驻村帮扶工作成效明显 交通行业智力扶贫、产业帮扶、结对帮扶等进展明显。乐山市金口河区、沐川县和阿坝州理县交通运输发展水平走在贫困地区前列，阿坝州理县水塘村、乐山市沐川县庙坪村如期退出贫困村名单。选派11名优秀年轻干部在乐山市金口河区驻村帮扶，11个村共脱贫103户304人。驻村帮扶干部中1人被评为全省优秀共产党员，1人被评为“扶贫挂职干部先进个人”，2人被评为区优秀共产党员、优秀农村党组织工作者。

（厅机关党委）

交通战备办公室 2016年，全省各级交战办树立实战化标准，提升战略投送能力，广泛开展国防交通专业保障队伍整组、训练和演练，大力加强全省国防交通应急应战能力建设。完善全省交战系统国防基本建设项目库，推进军事训练基地和部队进出重要道路建设。确定交通建设项目6个，下达补助资金700万元。完成凉山州某训练基地进出口（场）道路建设、甘孜州某训练场进出场道路建设前期准备。完成泸州、广元国防交通物质储备仓库建设。参加“全军研讨活动”，认真分析、科学研判，为首长决策提出较为详细的辅助数据，受到战区和省军区首长高度肯定，为全省国防交通战备动员工作积累宝贵经验。组织指导国家公路战略投送、省重点国防交通公路运输和公路工程保障大队开展政治教育和实战训（演）练。组织国防交通（南充）公路运输保障大队，集结客车、抢险维修车、医疗保障车等各型车辆23台，队员53人，开展远程拉练，实施车辆故障排除（更换轮胎、检修发动机）、应对高原冰雪道路措施（拆装防滑链）、医疗救护和应急运输夜间行驶等科目演练。指导组织开展国防交通专业保障队伍训（演）练。全年组织开展公路抢通、公路运输和水上应急等各种训（演）练20余次，检验各类应急预案，提高综合交通保障能力。进一步规范全省国防交通信息数据采集程序和流程，完成全省国防交通信息数据采集和更新，切实把握平板拖车、油罐车等特种车辆的数量和分布情况。完善部队行动交通保障预案，全年完成部队军事演练、演习和处置突发事件等各类交通保障任务30余次，保障车辆装备4 000余台（套）。在“8·15”专项军事交通保障任务中，积极协调交警、高速公路执法等部门，确保部队通行安全保密畅通，受到部队高度肯定。开展国道318线、二郎山翻山公路等重点道路战备勘察。指导雅安市和甘孜州交战办提升川藏公路军事运输交通保障水平，确保进藏军事运输安全。组织四川电信、长途通信传输局、泸州、宜宾、凉山州交战办等单位开展军警民联合护线宣传活动，发放宣传资料5万余份。完善通信设施保护军地协调工作机制，认真履行通信设施保护的组织协调和监督检查职能，全省一、二级干线零阻断。加强全省交通战备组织机构建设，实现市州级交战办机构编制全覆盖。进一步完善目标管理办法，交通战备工作继续纳入厅目标管理体系。印发《四川交通战备信息》12期。

（省交战办）

厅公路局 1952年9月，川西行署交通厅养护处更名为四川省交通厅养护处，负责全省公路养护工作。1954年10月经省政府批准成立四川省交通厅公路局。1958年1月改制为厅内局，1962年6月恢复为省直属局。1971年改制为四川省交通局公路管理处，1980年12月恢复为四川省交通厅公路局。1985年11月核定为县级事业单位，按照省交通厅授权，主管全省公路的规划、新建、改建和国道、省道、县道、乡道公路的养护管理工作。1988年将国、省道及各养护总段成建制下放市地州管理，厅公路局的职能转变为对全省公路养护管理实行宏观调控的行业管理。1996年12月批准局正职，根据干部本人条件可按副厅级干部配备，局副职可按正处级干部配备。2000年6月厅公路局与厅高速公路管理局撤并，组建四川省交通厅公路局，对中层干部实行竞争上岗，一般干部实行双向选择的人事制度改革。受交通厅委托，主要负责全省公路建设、养护、收费和路政稽查的行业管理。2005年批准机关事业编制156名，内设机构为：办公室、政策法规处、公路规划处、财务处、养护管理处、工程管理处、路政管理处、收费管理处、人事处、离退休人员工作处、科技教育处、监察审计处（与纪检组合署办公）、信息处、后勤管理处和机关党委。2006年3月批准增设农村公路建设管理处，所需人员局内部调剂解决。2009年4月省人事厅批准参照《公务员法》管理。2009年12月更名为四川省交通运输厅公路局。2016年8月，省交通运输厅《关于厅公路局收费路桥管理处挂“安全应急处”牌子的批复》，同意收费路桥处称谓为：收费路桥处（安全应急处）其职责是：在保持收费路桥处原有的职能职责的基础上，将路政管理处现有的“全省公路行业安全生产工作”职能和养护管理处的“应急战备”职能调整至安全应急处，强化对全省公路行业的安全监督和应急战备指导工作。

2016年，全省公路交通系统坚持稳中求进工作总基调，深入贯彻“项目年”、促投资稳增长以及脱贫攻坚等重大决策部署。加快建设，强化管养，提升服务，在建设投资、脱贫攻坚、干线公路建设、溜索改桥建设和政务服务等方面有重大进展，主要取得以下工作成效：建设投资高位运行。全年普通公路完成投资787亿元，超额完成年度目标任务。

规划编制更加完善。一是编制实施甘孜藏区、大小凉山彝区和南充交通建设推进方案、渡改桥和农村公路安保工程建设方案等5个专项方案，为普通公路补齐短板提供了有力支撑。二是圆满完成“十三五”普通公路规划编制工作，编制完成普通国省道、农村公路建设规划和普通公路养护发展纲要。

公路建设强力推进。一是国省干线公路建设提质升级。新改建国省干线公路2 248公里，全省国省道二级及以上（三州三级及以上）公路比重达到80%。二是农村公路建设纵深推进。新改建农村公路2.3万公里，新增通硬化路的乡镇57个，新增通硬化路的建制村2 880个，乡镇和建制村通硬化路率分别达到97 %和92%。

脱贫攻坚和“四好农村路”建设。一是脱贫攻坚成绩显著。5个脱贫摘帽县实现“乡乡通油路，村村通硬化路”，2 437个退出贫困村实现100%通硬化路。二是“四好农村路”建设实现良好开局。省政府印发《创建“四好农村路”示范县评定办法》，省交通运输厅制发《推进“四好农村路”建设工作方案》和《“四好农村路”建设技术指南》，要求每个市州每年创建一个“四好农村路”示范县，每个县创建不少于100公里示范路，对“四好农村路”示范县授予荣誉称号并安排1 000万元项目资金奖励。“四好农村路”工作得到交通运输部肯定，并在全国现场会交流发言。

养护管理持续加强。一是明确构建现代公路养护管理体系的工作目标。四川公路养护管理工作，在“十二五”全国排名升位并获进步奖。二是养护管理制度不断完善。《农村公路条例（草案）》经省政府审议通过，《省政府关于进一步促进普通国省道建管养运协调发展的意见》印发实施，建立隧道养护、内业资料管理、规范化建设、养护管理检查考核等工作制度。三是养护工程有序推进。完成大中修工程2 049公里，按计划完成危桥改造、隧道隐患整治和安保工程建设任务，国省干线公路路面使用性能指数达到87.5，持续保持良等水平。四是桥梁隧道养护管理不断加强。开展了桥隧安全隐患排查整治，对94座四五类危桥进行安全预警并加固改造，及时消除安全隐患。

行业管理不断强化。一是加强建设管理。大力推广重大项目代建管理，全省已有40个项目采用代建方式管理，建成一批优质工程。二是强化路政管理。全省路产路权查处案件4 551件，结案率100%。加强治超工作区域联动，与周边六省签订《治超工作区域联动协议》。三是规范收费公路管理。主动服务一级收费公路项目审批，落实“绿色通道”政策。四是“放管服”改革成效明显。清理规范普通公路省市县三级行政权力，推进行政权力依法规范公开运行平台和监察平台建设，建立并公布4张清单。五是应急和安全管理不断加强。出台《普通公路应急抢通保通指导意见》，进一步规范应急处置行为。

（厅公路局）

厅航务局 四川省交通运输厅航务管理局（同时挂四川省地方海事局、四川省船舶检验局，实行“三块牌子、一套机构”）是省交通运输厅领导下参照公务员法管理的事业单位。主要职能是负责贯彻落实国家和省有关水路交通的方针、政策、法律、法规和规章，研究制订相关的实施办法，并组织实施。负责编制全省水路交通行业中长期发展规划、年度计划，并组织实施。负责全省水路交通的运政和水路运输市场、水运服务市场、港口装卸市场的管理，协调重要物资、紧急物资的水路运输。负责全省水运安全管理和水路交通的安全执法监督，事故调查处理和水上救助打捞、船舶防止水域污染工作。负责航道、港口的规划、建设、养护、岸线使用和水路交通航道管理。会同有关部门协调处理水资源综合利用中的有关事宜。负责组织船舶、水上设施的设计、建造，船用产品的技术核验和造船企业生产技术的认可发证以及水运科技的推广应用，水运行业计量、质量、技术标准，船舶通讯导航的管理。负责船舶港务费和船舶检验费等水路交通规费征收的行业指导。负责船舶登记，船员的培训、考试和发证管理工作。负责水运行业的精神文明建设和航运职工队伍的教育培训。承办省交通运输厅交办的其他事项。

2016年，厅航务局各项工作呈现高位求进的良好态势。

内河航运规划体系更加完善 高等级航道达标升级2016—2020年专项工程方案》《渡口改桥2016—2020年建设推进方案》2个专项方案经省政府批准实施，全省21个高等级航道达标升级项目纳入部《水运“十三五”发展规划》12个，“十三五”期总投资200亿元可争取中央补助约53亿元。《四川省“十三五”内河水运发展专项规划》印发实施。《水上交通安全监测巡航救助一体化建设专项工程方案（2016—2020年）》上报省政府。《岷江成都至乐山段航运发展规划》《渠江航运发展规划》《促进四川省水路运输发展规划》完成初稿编制。《金沙江攀枝花至水富段航运发展规划研究》通过交通运输部验收。各市州均编制完成“十三五”水运发展规划。

水运开发建设成效更加明显 全省水运建设完成投资55.43亿元，同比增长45.68%，全面完成目标任务。全省新增四级以上航道194公里，内河四级及以上航道里程达到1 515公里。开工建设嘉陵江川境段航运配套二期、上石盘船闸、广元港张家坝作业区一期、涪江唐家渡枢纽等4个重点项目，全面完成中共四川省委省政府目标任务。继续推进岷江犍为航电枢纽工程等7个在建项目。涪江柳树电航工程土建工程、嘉陵江亭子口枢纽建筑工程基本完工。2016年，安排部省补助资金1亿元，建成渡改人行桥75座、完成目标任务的107%。全省重点水运项目建设“进度、质量、安全、造价、廉政”总体受控。

水路运输发展势头更加强劲 制订《水路运输管理工作指南》《危险货物港口安全监管工作标准化指南》《港口作业流程及服务规范》，开展水路运输企业专项核查，启动内河航运市场秩序专项治理，运输服务和市场管理进一步规范。深化三峡通航保障合作机制，601班重点急运物资和集装箱快班轮优先过闸得到保障。落实重点港航企业联系制度，主动做好重点企业生产经营状况分析，及时发布水路货运信息，引导运输市场发展。《创新水路运输发展机制》《金沙江向家坝库区航运发展》等专题研究取得阶段性成果，为水路运输转型升级提供理论支持。引导长江干线普货船运力有序投放，严控新增长江干线客运和危险品运输经营主体及船舶。加快老旧运输船舶淘汰，鼓励发展先进示范船型，积极发展大型化、标准化、专业化船舶。重点港口加强与长江中下游港口对接合作，落实与上海、南京、武汉等港口的战略合作协议，宜宾港与南京港新签署《投资合作协议书》，新开通宜宾至南京集装箱直航快班，区域合作进一步深化。2016年，全省完成水路运输客运量2 573万人次、旅客周转量2.43亿人公里，货运量8 131万吨、货物周转量222.71亿吨公里，港口货物吞吐量9 477万吨，比上年分别增长-6.37%、-7.33%、-6.41%、21.4%、-0.91%。完成铁路水路联运集装箱吞吐量3.38万标箱，比上年增长42%。完成集装箱吞吐量80.21万标箱、比上年增长29.2%。完成大件运输89批次、1.59万吨。

水上交通安全基础更加牢固 全面完成全省1.2万名船员集中安全教育培训。建立船员培训机构淘汰退出机制，颁布并运行船员管理质量管理体系2.0版，全省船员纳入体系管理。启用《非机动船舶船员适任培训教材》，填补培训无针对性教材空白。完善4型自卸货船标准船型，完成向家坝升船机标准船型方案设计，新建成海事船艇26艘。完成瀑布沟、向家坝库区等新增重点水域航区划分。坚持开展水上安全暗访督查，对重大风险源100%覆盖督查，较大风险源50%以上覆盖督查，发现并整改安全隐患235起。开展溪洛渡、向家坝库区跨区巡航执法，严厉打击各类违法违规行为。全行业共组织检查组近2 800个，检查船舶4.2万艘次、渡口码头8 674个次、巡航里程近55.6万公里，实施行政处罚516件。推动省政府安委会进一步明确涉水部门和船舶安全管理责任。《四川省游艇安全管理办法》《四川省水上交通安全监管标准化工作指南》完成送审，为进一步规范安全监管工作奠定基础。出台《四川省水上交通安全风险防控指导意见》。2016年，全省发生考核范围内水上交通安全事故1起、死亡1人，经济损失5万元，比上年分别下降50%、66.7%和80%。

五是综合保障更加有力 加快“三化”（革命化、正规化、现代化）示范点建设，全省共推出具有代表性和引领作用的示范点8个，以点代面、以示范带全盘的格局基本形成。组织2016年度中国技能大赛——船员岗位操作工技能大赛。加强人才队伍建设，厅航务局组织开展和上海海事局“结对子”等各类培训34期、参训1 300余人次，全行业通过公招等方式补充各类人才35人。健全完善惩治和预防腐败体系，建立完善内部控制管理和廉政及管理风险防控2个制度，开展航务海事局（处）长负责人抓廉政活动，加快“蜀水清风”廉政文化品牌建设，全省9个单位创建全国海事系统廉政文化示范单位，完成机关文化走廊和廉政文化展厅建设。深化精神文明和宣传工作，行业社会形象进一步提升。

（厅航务局）

厅运管局 四川省交通运输厅道路运输管理局前身为四川省汽车运输公司。1985年4月1日改制为正处级行政事业单位，更名为四川省交通运输厅公路运输管理局，隶属省交通运输厅。2011年5月6日机构调整，更名为四川省交通运输厅道路运输管理局，同时撤销四川省高速公路运输管理处，将其编制和职能并入省交通运输厅道路运输管理局。厅运管局为参照《公务员法》管理的事业单位，事业编制107名，内设14个处室：党委办公室、局办公室、政策法规处、人事科教处、财务与规划统计处、客运管理处、货运管理处、车辆维修处、安全稽查处、驾驶员培训管理处、科技信息处、监察审计处、后勤管理处、公交与出租汽车管理处。现有在编在职人员84名（干部78人、工勤人员6人）。直属企业3个：省运业汽车站建设有限责任公司、省蜀运实业有限责任公司和省公路运输服务中心，受厅委托代管四川省大件运输公司。主要职能职责：负责制订全省道路运输行业发展规划并组织实施；指导全省道路运输行业优化结构、协调发展，维护道路运输行业秩序；负责全省道路旅客运输、货物运输、机动车维修、道路运输站（场）、机动车驾驶培训、城市公交、出租汽车、城市地铁及轨道交通运营的行业管理及监督；负责全省道路运输安全的源头管理工作；负责道路运输行业统计，组织实施交通战备、抢险救灾等重点物资的紧急运输；负责道路运输管理队伍建设，并对下级道路运输管理机构的执法活动进行监督。

2016年，厅运管局加快推进道路运输五大体系建设，圆满完成各项目标任务。全省道路运输工作取得预期成效。一是道路运输基础设施网络建设取得明显进展。完成道路运输站场建设投资35.2亿元，建成各类场站678个，在建578个；精准扶贫地区建设县级客运站8个、乡镇客运站176个、村级招呼站975个，全面完成四川省脱贫攻坚领导小组下达的工作目标；客运枢纽全覆盖工程建成8个项目，新开工10个项目，建成和在建项目达29个；汽车客运站提升改造工程建成49个项目，完成规划建设任务；中国西部现代物流港西部铁路物流园等3个货运枢纽（物流园区）加快建设。二是城乡道路客运服务体系建设取得明显进展。实施与其他运输方式差异化发展战略，完善快速直达客运网络，优化城际客运班线线网布局，稳步拓展多样化、个性化客运市场，推进道路运输与其他运输方式合理分工、优势互补、协同发展。组织引导成立全省接驳运输联盟，在297条长途客运线路、1 149辆车上试点推进接驳运输工作；全年新增加3个县开通公交，城市公交覆盖89%的县（市、区）。全年新增及更新车辆中新能源公交车占比超过15%。实施交通一卡通互联互通工程，成都、乐山、绵阳、泸州、内江等城市加入全国交通一卡通联网范围；全年新增通客车建制村1 299个，全省乡镇、建制村通客车率达95%和80.7%。完成1 713辆农村客运车辆提档升级工作。三是道路货运物流体系建设取得明显进展。大力推行甩挂运输、多式联运等先进运输组织模式，5个交通运输部甩挂运输试点项目成效明显，成都国际铁路港集装箱铁公水多式联运示范工程入选交通运输部第一批示范工程项目，金桥物流、驹马物流、安吉物流等一批骨干物流企业脱颖而出；积极贯彻实施城市配送车辆选型技术标准，推广应用安全环保城市配送车辆。制订《关于进一步加快我省农村物流运输发展的实施意见》；稳步推进货运车型标准化，全省甩挂运输车辆均达部颁标准。会同公安部门开展货运源头整治工作，做好存量规范，强化增量把关；全面清理危险货物运输管理基础数据，推进危险货物道路运输电子运单管理制度，全省危险货物运输企业使用面达98%。四是驾培、维修等运输辅助业服务工作取得明显进展。全省548所汽车驾培机构全部推行预约培训制度，其中416所汽车驾培机构提供“计时培训、计时收费、先培后费”服务新模式，覆盖率达75.9%；全省2 749家汽车维修企业安装使用汽车二级维护信息化系统，165家汽车综合性能检测机构安装使用信息化管理系统；为期三年的从业人员素质提升工程全面启动实施，在四川交职院和自贡市分别试点开展教练员和大型客货车驾驶员全日制大专学历班教育。五是道路运输信息化建设取得明显进展。建成全省道路客运联网售票系统“两个中心”和“四大系统”，全省联网售票运营服务中心投入使用。全省219个符合条件的三级以上车站实现联网售票；全省旅游客车、包车客车、三类以上班线客车和危险货物运输车辆联网联控上线率均超过90%；在德阳南站、南充嘉陵汽车站和雅安西门汽车站试点开展电子客票工作成效明显，大幅提升检票通道通行效率；全省符合条件的202个三级以上客运站、6 000台客运车辆安装并投用WiFi，进一步提升服务品质；按交通运输部要求完成19项关键核心指标上传、运政专网迁移、跨省接口调试、跨省业务应用辅助等工作。六是道路运输行业改革和法治建设取得明显进展。清理规范省、市、县三级道路运输机构的权责清单，编制省级道路运输公共服务事项，形成道路运输行政审批事项通用管理目录并向社会公开；开展网上行政审批服务平台建设和网上行权监管平台建设；完成《四川省道路旅客运输管理办法》《四川省道路货物运输管理办法》《四川省机动车维修管理办法》三部政府规章修正工作，开展《四川省公共汽车客运管理办法》《四川省出租汽车客运管理办法》和《四川省道路运输安全生产管理办法》立法前调研；提请省政府出台《四川省深化出租汽车行业改革实施方案》，并以省交通运输厅名义制订一系列改革配套政策文件。七是道路运输行业安全应急和稳定工作取得明显进展。将“六严禁”（详见《附录》）规定、客运车辆安装限速装置、设置最高限速值、安装具有行驶记录功能的卫星定位装置等行之有效的措施固化并上升为政府规章，制订出台《道路运输安全生产工作责任暂行制度》《道路运输行业标本兼治遏制重特大事故工作实施方案》；保持严管重罚的高压态势，全面实施通报、约谈、督办、督查、“黑名单”曝光等强力措施，曝光违法违规驾驶员988名，纳入黑名单748名，“双吊销”652名驾驶员的驾驶证、从业资格证，建立企业违法行为数据库；全年发生道路运输行车事故195起、死亡248人，比上年分别下降5.3%和8.1%，实现事故总量、死亡人数、客车较大事故“三个继续下降”；八是应急基础工作不断夯实。编制完成《2016年全省地震重点危险区道路运输抗震救灾专项应急预案》，落实应急储备客货运力4 520辆，成功举办省市县三级联动道路运输应急演练。九是党的建设和党风廉政建设取得明显进展。严格履行全面从严治党主体责任，扎实开展“两学一做”学习教育，大力加强干部队伍思想政治建设，教育引导广大党员作“四讲四有”合格党员；强化党委主体责任和纪委监督责任，加强对干部的教育管理和监督惩处，加强重点领域和关键环节廉政风险防范，始终保持正风肃纪和惩治腐败的高压态势；深入践行社会主义核心价值观，大力加强行业精神文明建设，涌现出泸州公交车驾驶员涂北川、达州公交车驾驶员王顺全、广元汽车客运站7182服务队等先进典型。

（厅运管局）

厅高管局 2011年5月，四川省交通运输厅高速公路管理局挂牌成立，受省交通运输厅委托承担全省高速公路养护、运营服务的监督管理和联网收费管理、安全监控、应急处置等工作。厅高管局与厅高速公路交通执法总队实行“一套机构、两块牌子”，受省交通运输厅委托管理7个高速公路交通执法支队和高速公路监控结算中心。厅高速公路交通执法总队和7个高速公路交通执法支队受交通运输厅委托承担全省高速公路路政、运政和收费稽查工作。

厅高管局（厅高速公路交通执法总队）机关核定编制70名，其中领导职数4名（1正3副），总工程师1名；内设机构领导职数21名（8正13副）；内设综合办公室、政策法规处、安全监督处、运行管理处（应急办公室）、建设养护处、收费财务处、服务监管处、人事教育处、监察审计处8个处室。机关在编人员52人，平均年龄41岁，研究生学历28人、大学学历23人、大专及以下学历1人。7个执法支队批准设立106个执法大队，核定编制1 314名。每个执法支队领导职数1正3副，7个执法支队共核定领导职数28名；执法支队机关内设办公室、执法科、人事教育科、财务科、监督科5个科室，各科室领导职数按1正1副配备，共70名；每个执法大队核定领导职数1正2副，共285名。7个执法支队实际成立106个执法大队、2个治超站，在编执法人员1 196名，协助执法人员582名。

监控结算中心承担全省高速公路的联网收费管理，与科研所、智能公司实行“统一党政领导、统一设置内设机构、统一管理人员、统一工作安排调度”，内设办公室、系统运行处、技术维护处、信息情报处、财务处、后勤物业处6个处室。监控结算中心核定编制66名，其中领导职数3名（1正2副），在编人员25人，平均年龄40岁。科研所核定编制66名，其中领导职数4名，在编人员28人，平均年龄43岁。智能公司现有人员（川高直属企业）73名。

高速公路法治建设方面，起草《<四川省高速公路条例>释义》，制定《四川省高速公路车辆通行费收费标准与工程和服务质量挂钩管理办法》，在全国率先探索建立收费标准动态调整机制。高速公路超限治理方面，组织开展高速公路交通安全综合治理长效机制建设年行动，贯彻落实超限治理新标准，基本实现违法超限车辆“零驶入”。高速公路交通执法方面，全面梳理高速公路交通执法和行业监管职能职责，清理规范权责清单73个事项，健全完善操作流程；初步建立联动机制，协调多市地方政府及有关部门开展“一路四方”联动试点，全年整治违法非标278块；逐步深化审批改革，按照放、管、服要求，清理规范行政审批事项2个，基本实现超限运输审批“两集中、两到位”；加快整合执法资源，48个基层执法大队实行“一路‘一大队’”管理模式及“一片‘一分队’”应急处置模式，联合巡查、路产赔（补）偿监督及调解机制逐步建立；加强危化品运输车辆监督，维护群众生命财产安全。高速公路“智慧交通”建设方面，建成76处国家级交调站；累计开通ETC车道1 309条，实现ETC车辆收费站全覆盖；开通ETC客服网点1 689个，用户突破180万。高速公路公共服务方面，完成49处收费站改造，组织评定星级收费员9 200余名；按规定落实绿色通道、货车计重收费优惠及重大节假日小型客车免费通行等政策；配合实施收费公路审计；加快规范联网收费高速公路车辆通行费结算清分工作；推动服务区服务提档升级。高速公路养护监督方面，协调各营运公司实施大中修里程942车道·公里，路面使用性能指数总体保持优等；加快推进绿色养护，推动路面废旧材料回收及循环利用指导意见贯彻落实，沪蓉高速公路四川段服务区5处电动汽车充电站建成投用；推广“四新”技术，组织开展全省高速公路路面养护技术交流；推进养护管理信息化，健全高速公路养护数据库，升级完善数据平台系统；开展道路交通安全综合治理长效机制年活动，排查整治“两标一线”问题1 159个；组织地质灾害和安全隐患排查，整治完成25处重点安全隐患、18处隧道路面防滑安全隐患、38座隧道机电系统安全隐患。

（厅高管局）

厅质监局　为适应全省交通发展需要，加强交通建设工程质量监督管理工作，1988年5月，省交通运输厅成立公路工程质量监督站（以下简称“厅质监站”），挂靠厅公路局开展工作。1990年10月，经省编委批准成立厅公路工程质量监督站，为县级事业单位；2003年10月，原属厅航务局内设的水运工程质监站并入厅质监站，同时更名为厅公路水运质量监督站；2009年12月经人事厅批准改为参照公务员管理单位；2010年7月，更名为厅公路水运质量监督站。2012年8月，更名为厅工程质量监督局。局内设综合办公室、质量监督科、安全监督科、工程技术科、资质管理科。

2016年，厅质监局完成各项目标任务：

工程质量监督　抽检汶马、雅康等7个高速公路项目18类407组样品，合格率比上年提升2.1个百分点；开展高速公路、重点水运项目质量安全综合督查，对广元、绵阳、宜宾等市州重点公路进行年度检查；分析发布全省16个在建高速公路项目、78个一级公路项目、82个二级公路项目、429个三级及以下公路项目质量状况。

竣（交）工质量验收　完成宜叙、叙古、巴南广、遂广、成安渝、仁沐高速、成都第三绕城（简浦段）等7个高速公路项目（段落）交工验收工作；完成国道317线汶马路、国道213线川汶路、邛名高速公路、内遂高速公路、泸州港二期、宜宾港志城作业区一期等6个项目竣工验收质量鉴定工作；完成绵阳绕城、宜泸、丽攀、乐雅、映汶、绵遂、南大梁等7个高速公路项目机电、绿化、房建等单项交工验收检测工作；组织8家参与年内通车项目交验的检测单位对桥梁和隧道共计5个关键检测指标开展比对试验。

安全生产监管　完成11个高速公路及3个大型水运工程项目“平安工地”考核评价工作；出台全省安全生产管理人员考核工作实施细则，组织2016年到期的由省交通运输厅颁发的省内二级及以下施工企业三类人员继续教育培训考核工作，培训考核332人；对在建高速公路开展质量安全综合督查和安全专项检查146次，发现安全隐患533处；以“打造本质安全，共享平安交通”为主题开展“安全生产月”活动；在雅康、汶马2个高速公路建设项目开展安全风险试点管理工作。

资质资信管理　将监理资质行政许可事项和试验检测资质管理公共服务事项纳入省政府政务服务中心实行；完成145家监理和试验检测机构信用评价，完成104次监理资质行政许可事项及68次试验检测资质管理公共服务事项，完成监理、检测人员注册注销1 194余人次。

（厅质监局）

纪检工作
JIJIAN GONGZUO

纪律审查　2016年，驻厅纪检组调查处理28条涉纪问题线索，做到所有线索全部核查，所有责任人全部处理，所有处理全部到位。给予党纪重处分3人，轻处分10人，组织处理12人，诫勉谈话15人，批评教育34人，纳入处理的共64人、74人次，充分体现“四种形态”要求。通过不断加强纪律审查力度，形成了强大震慑，干部职工对纪律和规矩、对纪律审查的敬畏之心逐步形成。

宣传教育 2016年，驻厅纪检组落实中共四川省委和省纪委“大宣讲”要求，开展党纪党规解读和典型案例通报46场，问题通报到每一个人，党纪党规解读到每一个人。涵盖厅机关和32个直属单位的14名厅级干部、314名处级干部，3537名干部职工。摘编解读要点，形成6个系列58条，厅直宣传载体持续刊发，覆盖全省5万名从业人员。系统地、全面地传递执纪越来越严的信息。

2016年8月，省纪委驻厅纪检组组长、厅党组成员杜世相在厅公路设计院解读党纪党规 驻厅纪检组 供稿

落实“三转”和十项工作 2016年，驻厅纪检组部署厅直系统纪检组织“十项工作”，即信访举报件件处理到位；扫除办案空白点；案件件件通报到位；纪委书记在集体决策时表态必须明确；纪委出具的廉洁意见“一票否决”；单位班子成员向纪委述责述廉等。组织开展“十项工作”落实情况监督检查，检查结果在厅直系统通报，厅直单位纪检组织有责任、有任务、有压力，“三转”（转职能、转方式、转作风）工作推进平稳有序。

述责述廉 2016年，驻厅纪检组会同厅人事教育处、厅直机关党委（纪委）开展厅直单位纪委书记述责述廉，对厅直单位纪检工作逐一点评并测评排序。将厅直单位履职中存在的问题在厅党组扩大会、厅直单位党委扩大会、厅直纪检系统通报。测评排序情况作为干部选任的重要依据，对排序靠前的提拔重用，对排序靠后的交流轮岗。

纪检队伍建设 2016年，驻厅纪检组会同厅人事教育处研究制定《关于厅直系统纪检组织落实“两为主”、推进“三转”工作实施意见》，对纪检机构设置、队伍建设、工作机制作出具体规定。结合厅直单位实际情况，制定《实施意见》“六十条解读”，有针对性提出落实的具体措施。《实施意见》在厅直系统落地落实，纪检组织实现全覆盖，新增纪检干部35名，共计配备专兼职纪检干部140名，横向到边、纵向到底的监督网络基本形成。选送2人到省纪委实战锻炼，选送1人到中央巡视组锻炼，选送1人到驻部纪检组锻炼，抽调20名厅直单位同志到驻厅纪检组实战锻炼，在实践中培养和提升文字写作、纪律审查、组织协调能力。组织专兼职纪检人员到中国纪检监察学院、北戴河培训中心、交通运输部党校、省交通干校培训105人次。厅直系统纪检干部履职尽责能力进一步提升。

（本栏目供稿单位：驻厅纪检组）

机关党建

JIGUAN DANGJIAN

领导干部理论学习 2016年，交通运输厅党组把中心组学习作为加强领导班子思想政治建设的重要内容。围绕交通运输中心工作，扎实开展中心组学习。一是调整完善厅中心组学习机构。由厅党组书记、厅长汪洋任厅中心组组长，厅党组副书记、副厅长周道平和厅党组成员，厅机关党委书记张勇任厅中心组副组长，其他厅领导为中心组成员，厅机关党委专职副书记担任学习秘书。中心组成员认真开展专题辅导和讲党课，全年每人都达到1次以上。编印专题学习资料4期。二是严格执行学习制度。采取集中学、扩大学、专题学等有效形式开展学习，厅中心组全年集中学习17次，共计12天。二是严格学习考勤。厅中心组每次集中学习均有考勤记录，厅中心组成员参学率每次均达到90%以上。全年人均深入基层调研时间超过60天，撰写调研报告1篇以上。三是学习内容完成情况良好。制订《2016年厅中心组理论学习计划》，认真开展了党的十八届六中全会和省委十届九次全会精神、五大发展理念、《中国共产党章程》等党内法规制度和深入推进法治交通建设等8个专题的学习。深入推进法治交通建设，全年集中学法2次。组织举办处级干部、党务干部、纪检干部、入党积极分子、党内统计等培训班6期，培训人数600余人。四是学习保障落实到位。根据省委、省直机关工委部署和厅中心组年度学习计划，厅直机关党委编印了3期厅中心组“两学一做”学习教育参考资料、7期定点帮扶和干部驻村工作简报，并及时向厅中心组成员、厅机关各处室、厅直各单位购买发放了《党的十八届六中全会辅导读本》《中国共产党的70年》《学习习近平同志关于机关党建的重要论述》《治蜀兴川的全面小康之路》等一批学习参考资料和书籍。积极向“四川机关党建网”、《时代先锋》报送中心组学习和党建工作信息，10多篇稿件被采用。

“四好班子”建设 2016年，厅党组被省直工委表彰为“省直部门（单位）开展四好活动先进班子”。根据厅党组《厅直单位领导班子开展“四好”活动实施办法》，开展对直属单位领导班子考核，厅航务局、厅公路局、厅运管局、厅高管局、交职院、厅质监局、宣传中心、厅后勤中心，交通运输工会、高速公路交通执法三支队、高速公路交通执法六支队、高速公路交通执法七支队、兴蜀公司13个单位领导班子被考核为“开展四好活动先进班子”。

基层党组织建设 2016年，厅机关党委以“两学一做”学习教育为契机，扎实抓好党建工作责任制落实、党员组织关系排查、基层党组织定期换届、党费收缴、“三会一课”实施情况、党员领导干部参加双重组织生活、党员档案管理、党代表和党员违纪违法处理等党建重点工作。以整顿软弱涣散基层党组织为重点做好新一轮“三分类三升级”工作，评出119个先进党支部、180个一般党支部、11个后进党支部，建立台账管理机制，督促后进支部整改提升。深入开展“创先争优”活动，6名先进个人、3个先进集体受到省委、省直工委表彰。办好厅党校，举办入党积极分子培训班和党务干部培训班，培训入党积极分子120名、党务干部60余名。截至年底，省交通运输厅共有23个党委，17个党总支部，362个党支部，4 353名党员（其中在职党员3 160名，离退休党员1 108名，学生党员85名）。

落实党风廉政建设主体责任 2016年，省交通运输厅党风廉政建设和反腐败工作不断取得新的成效。一是加强组织领导，勇担主体责任。调整完善厅党风廉政建设和反腐败工作领导小组。坚持把党风廉政建设与业务工作同部署、同检查、同考核、同落实。召开10次党组会研究落实35个党风廉政建设方面议题安排部署相关工作。研究出台《厅党组关于落实党风廉政建设主体责任的实施意见》和《实施细则》，明确各项主体责任。建立责任分工落实机制，对42项党风廉政建设和反腐败重点任务、65项政风行风建设重点工作逐一明确牵头领导和责任部门。建立“四个一双”工作机制。厅党组专门安排17个督导检查组，对21个市州交通运输局、28个厅直单位作风建设和反腐倡廉建设情况进行监督检查。二是推进改革创新，落实监督责任。研究制定《驻厅纪检组落实监督责任实施办法》。大力支持驻厅纪检组聚焦主业，制订印发《关于厅直系统纪检组织落实“两为主”、推进“三转”工作实施意见（试行）》。大力加强厅直单位纪检组织和纪检队伍建设，凡成立党委的单位都成立了纪委并配备专兼职纪委书记，成立党总支部（党支部）的都设置了专兼职纪检委员。创新执纪理念，健全审查制度。坚持用好监督执纪“四种形态”。

2016年4月22日，全省交通运输党风廉政建设工作会议召开　　厅机关党委 供稿

结合实际，建立线索排查会议制度、立案审查会议研究制度、查审分离制度等监督制度。坚持关口前移，建立监督预警机制，充分挖掘问题线索的教育作用，按规定对问题线索处置后，视情况开展信息通报、廉政约谈、诫勉谈话等工作。约谈提醒48名党员干部，开展任前廉政谈话42人。保持高压态势，结合巡视反馈问题核查，厅党组对发现涉及纪律问题的28件违纪线索，驻厅纪检组牵头逐条初核后转立案调查给予党纪处分13人，组织处理12人，纳入处理64人、74人次。三是强化宣传教育，深化正风肃纪。制订印发并认真落实《四川省交通运输厅党风廉政教育联席会议制度》。深入学习

《准则》《条例》，开展南充拉票贿选案警示教育、新任处级干部赴省法纪教育基地开展法纪警示教育等系列活动。开展“巡视发现问题相关党纪党规解读”，将8个案例72人次处理情况通报到每个人，安排解读46场，涵盖14位厅级领导、厅机关和32个直属单位、314名处级干部、3 573名处级以下干部。摘编党规党纪解读要点，通过“四川交通手机快讯”等平台，将党纪党规解读从厅直单位扩大到全省交通运输系统，覆盖全省5万名从业人员。四是着眼标本兼治，织牢制度笼子。健全完善厅党组落实主体责任实施意见及实施细则、全面从严治党实施意见等。推动行政权力公开透明运行，206项行政权力事项在省行权平台运行。高效规范实施行政许可，交通政务中心窗口行政许可事项现场办结率、提前办结率、群众满意度率均达100%，省政务中心交通窗口共办理行政审批85 314件，有效投诉为零。加快实施“互联网+交通运输”专项方案。严格落实交通行政执法主体资格审查及公示制度、行政执法人员持证上岗等重要制度。强化执法公示，自觉接受外部监督，开通“12328”服务热线、“12122”高速公路服务热线。大力推行交通执法全过程记录制度，全省108个高速执法大队安装100个执法监控点位，基本实现电子监察全覆盖。健全完善党风廉政建设制度，清理出制度建设成果共492项。进一步健全完善并严格执行国有资产监督管理、薪酬管理、财务管理等方面的制度规定25项，积极推进交通运输法治政府部门建设取得新进展。

开展“两学一做”学习教育 2016年4月26日，交通运输厅召开“两学一做”学习教育工作座谈会，学习贯彻习近平总书记重要指示和中央、省委“两学一做”学习教育座谈会精神，对厅直机关开展“两学一做”学习教育进行动员部署。重点通过八个环节开展学习教育：一是开展“重温入党志愿、重温入党誓词”主题党日活动。5月中旬前，各党支部普遍开展一次主题党日活动，组织党员重温入党志愿和入党誓词。二是突出主题开展学习讨论。厅党组3次组织学习研讨。第一主题为坚定理想信念、明确政治方向。第二主题为坚持根本宗旨、勇于担当作为。第三主题为坚守纪律底线、树立清风正气。三是多种形式讲党课。厅各级党员领导干部突出坚定理想信念、严守党纪国法、提升能力素养、发挥党员作用等内容，在所在党支部讲党课，到分管单位党支部讲党课。四是召开“两学一做”专题组织生活会。机关党委率先召开专题组织生活会进行示范，厅直机关党委10名委员分别深入基层支部指导。五是开展民主评议党员。各党支部召开党员大会，严格按照个人自评、党员互评、民主测评的程序，开展民主评议党员工作。六是开展“双报到”志愿服务和“走基层”活动。机关党员和党组织到社区“双报到”开展志愿服务。开展“三亮三比三评”（亮标准、亮身份、亮承诺，比技能、比作风、比业绩，群众评议、党员互评、领导点评）活动，全面实行党员挂牌上岗、亮明身份。七是立足岗位作贡献。各单位党组织结合本单位本部门实际，组织开展岗位练兵、知识技能提升等活动，促进党员提升履职能力和基本功。八是领导机关领导干部作表率。党员领导干部建立基层支部联系点，下到基层、下到支部，推动学习教育扎实开展。严格执行双重组织生活制度，带头参加学习讨论，带头谈体会、讲党课、作报告，带头以普通党员身份参加所在党支部的组织生活会、民主评议，与党员一起接受教育，发挥带学促学作用。

定点扶贫和驻村帮扶 2016年，厅机关党委牵头负责定点扶贫乐山市金口河区和沐川县，参与定点扶贫阿坝州理县；驻村帮扶乐山市金口河区共安彝族乡新建村等11个村。厅及驻村帮扶干部协助落实帮扶项目67个，总投资2 184万元，建成43个，完成投资1 124万元。厅驻村帮扶的金口河11个村共脱贫103户304人。沐川县7个贫困村退出，共脱贫1 505户5 162人。理县脱贫338户1 216人。

2016年5月17日—18日，省交通运输厅厅长汪洋（前排左四）率督导组深入乐山市金口河区共安彝族乡新建村，专项督导脱贫攻坚工作。图为汪洋在新建村督导扶贫工作
厅机关党委 供稿

统战工作 2016年，厅机关党委召开民主党派及无党派人士迎新座谈会，通报全省交通运输工作情况。发放无党派人士调查问卷，了解无党派人士诉求。积极支持各民主党派和无党派人士工作，健全完善联谊沟通、联席会议、考察调研、民主监督等制度，给予必要工作经费和工作条件保障，并加大党外干部培养教育和使用力度，确保发挥各民主党派和无党派人士的重要作用。

群团工作 2016年，厅级党委落实《四川省交通运输系统青年文明号管理办法（试行）》，深化青年文明号创建和青年志愿者服务工作，组织开展2015—2016年度交通运输行业青年文明号评选工作。厅公路设计院被命名为2015—2016年度全国青年文明号。组织开展“五四”纪念、青年联谊、团干培训、“青春扶贫行动”等活动。省交通工会、厅机关工会、厅机关妇委会联合组织开展全民健身活动。扎实推进“巾帼文明岗”“三八红旗手”“三八红旗集体”创建活动，组织开展“树清廉家风·创最美家庭”主题活动。以服务职工为重点，组织开展全民健身活动、工会联谊活动。积极开展城乡环境“进机关”活动，厅被省直工委表彰为“2015年度全省城乡环境综合治理进机关”先进单位。

走基层活动 2016年，厅机关党委注重把“走基层”活动与解难题、办实事、惠民生相结合，采取“三项措施”，着力解决社会群众关注的出行难题，取得明显成效。一是健全制度载体保障“走基层”。健全完善厅领导联系指导市州交通运输工作、联系高速公路和联网畅通工程建设项目、直接联系基层困难群众等三项制度，明确每位厅领导联系指导1至3个市州交通运输工作、联系指导交通建设项目和联系帮扶1至2户基层困难群众。明确规定每位厅领导每年深入基层调研不少于60天。二是督导交通建设集中“走基层”。由厅领导带队，扎实开展“服务项目”活动，帮助解决项目推进中的矛盾和问题。派出督导组分赴市州和县乡，督导普通国省干线公路大中修工程建设，指导甘孜藏区和凉山彝区公路建设。以“四好农村路”建设为主抓手，督促加快推进农村公路改善提升工程、农村客运等“民生工程”建设，圆满完成省政府“民生工程”和交通运输部更贴近“民生实事”目标任务。三是致力脱贫攻坚深入“走基层”。贯彻落实省委省政府脱贫攻坚决策部署，举全厅之力打赢脱贫攻坚战。坚持厅领导带头、直属单位和机关处室党员干部全面参与，结对帮扶108户贫困户。派出14名定点扶贫和驻村帮扶干部参与1区两县14个村的帮扶工作。向定点帮扶的建档立卡贫困户419户、1 128人，其他特殊困难群众199户、560人，累计购买发放337床棉被和293件棉大衣。采取职工个人捐款等形式，筹集帮扶慰问资金50余万元，向结对帮扶贫困户送去慰问物资和慰问金。（本栏目供稿单位：厅机关党委）

以习近平总书记系列重要讲话精神为指导 切实推进交通精准扶贫脱贫攻坚

汪 洋

反贫困是古今中外治国理政的一件大事。在全面建成小康社会进入决胜阶段、脱贫攻坚进入冲刺阶段之际，习近平总书记多次从战略和全局高度，深刻阐述了推进脱贫攻坚的重大意义，对当前和今后一个时期脱贫攻坚任务作出部署，明确了新时期扶贫开发工作的大政方针、目标任务和总体要求。以习近平总书记系列重要讲话精神指导交通扶贫脱贫攻坚，确保到2020年农村贫困人口实现脱贫，就要认真学习贯彻习近平总书记系列重要讲话精神，紧密结合四川交通建设与发展实际，使交通精准扶贫脱贫攻坚工作站在高处，想在远处，干在实处。

一、深化认识，增进交通精准扶贫脱贫攻坚的思想和行动自觉

共同富裕是中国特色社会主义的本质特征。习近平总书记指出，“消除贫困、改善民生、实现共同富裕，是社会主义的本质要求，是我们党的重要使命”。扶贫开发事关全面建成小康社会，事关人民福祉，事关巩固党的执政基础，事关国家长治久安，事关中国国际形象。交通是支撑国民经济和社会发展的重要基础性、先导性产业，具有主动引领和先导作用；更是推进“四个全面”战略布局的需要，事关稳增长、调结构、

惠民生的发展大局。四川省交通运输把交通精准扶贫脱贫摆在特别重要位置，唯此为大，念兹在兹，既让交通系统充分认识交通精准扶贫脱贫的重要意义，也要推动全社会提高认识，形成强大的精神力量和共同关注支持交通精准扶贫脱贫的良好氛围。

二、探寻路径，提高交通精准扶贫脱贫攻坚的精准度

（一）在扶贫范围上更加精准。在精准发力上下功夫，紧紧瞄准不通油路的乡镇、不通硬化路的建制村，分年度梳理补助计划，落实到具体的县、乡、村和项目。

（二）在支持政策上更加精准。在资金总量有限的情况下，要加快交通扶贫脱贫攻坚政策调整，把交通精准扶贫脱贫这“雪中炭”做得多一点，及时砍掉那些“锦上添花”的项目。

（三）在发展重点上更加精准。在交通扶贫脱贫重点上，更加聚焦“托底性”任务，同时兼顾贫困地区经济社会长远发展需求。要突出兜住底线。提高供给能力，深入推进普通公路精准扶贫精准脱贫，着力补齐贫困地区、民族地区公路发展短板。要突出畅通通道。推进贫困地区高速公路建设和普通国省干线公路提级改造，促进贫困地区内部以及与外部大通道的贯通。要突出提升品质。为人民群众提供更多的出行选择，改善群众出行体验，不断增加人民群众的获得感。

三、讲究方法，推进交通精准扶贫脱贫攻坚提质增效

（一）强化规划引领。始终坚持“创新、协调、绿色、开放、共享”五大发展理念，结合贫困地区交通和经济社会发展实际，结合交通运输部“十三五”交通扶贫相关政策和规划，科学制定交通精准扶贫规划和实施方案，引领贫困地区交通运输有序发展。

（二）坚持循序渐进。坚持尽力而为，量力而行，不做不切实际的承诺，一步一个脚印推进交通精准扶贫脱贫各项工作。

（三）激发内生动力。进一步树立地方政府和贫困群众在脱贫攻坚中的主体地位，注重激发贫困地区自力更生、艰苦奋斗，增强自我发展能力。

（四）着力整体推进。将工作重点由建设攻坚向更加注重建、管、养、运、安协调转变，下更大功夫优化结构、补齐短板，有效改善贫困地区的基本生产生活条件，为贫困群众加快发展、脱贫奔康创造良好外部环境。

四、依靠创新，推动交通精准扶贫脱贫攻坚走在前列

（一）创新发展理念。坚持协调发展，统筹建、管、养、运各项工作，推动“路、站、运”一体化发展，全面提升农村公路服务水平。要坚持绿色发展，贫困地区扶贫脱贫，既要金山银山，又要绿水青山，发展交通要注重集约节约利用资源，最大限度减少对自然环境的破坏，着力建设品质公路、美丽公路。

（二）创新建设方式。着眼民族地区建设任务集中、地质气候条件恶劣、工程实施难度大的实际困难，通过群众“一事一议”的办法，将农村公路项目整体打捆建设，选择施工能力强、履约信誉好的施工企业统一实施，缩短工作周期，降低建设成本，保证建设质量。全面推广干线公路项目代建制，动员交通系统技术管理力量，落实专业代建机构参与建设管理，确保项目实施效果。加强养护管理，巩固建设成果，推动建管养运协调发展，充分发挥建设效益。

（三）创新资金筹措机制。指导各地将农村公路建管养运各项资金分级纳入财政预算安排，整合扶贫、以工代赈、新农村等各类涉农资金，充分利用土地、旅游、矿产等资源，积极发动企业、群众捐资，构建上级补助、地方投入、社会捐资和群众投工投劳的多元投入机制。用好国家收费公路政策，创新推广PPP模式充分吸引社会资本参与交通扶贫。

（四）是创新帮扶方式。树立“缺什么、帮什么”的理念，从主要注重资金支持向全方位、有针对性的帮扶转变，在人才培养、技术支持等方面提供更加有力的帮扶。

坚持以习近平总书记系列重要讲话精神为指导，增强交通精准扶贫脱贫责任感和紧迫感，突出交通精准扶贫脱贫针对性、科学性、创新性，四川交通必将大有可为，大有作为，必将为推进全省贫困地区交通发展新跨越，全面建成小康社会提供有力的交通运输保障。

（编者注：2016年，四川省政府开展政务调研课题研究。围绕交通精准扶贫中心工作，结合“两学一做”学习教育，省交通运输厅厅长汪洋于2016年12月形成了《以习近平总书记系列重要讲话精神为指导 切实推进交通精准扶贫脱贫攻坚》成果文章。本文为文章摘要）

增强党内政治生活的战斗性

周道平

习近平总书记强调：“增强党内政治生活的战斗性，就是党内政治生活要旗帜鲜明坚持真理、修正错误，勇于开展批评和自我批评，使每个党组织都成为激浊扬清的战斗堡垒，使每个党员都成为扶正祛邪的战斗员。”党的建设历史和实践证明，把党内政治生活严肃认真起来，解决好党内存在的自由主义、好人主义等突出问题，离不开战斗性。否则，党内政治生活就会丧失活力、流于形式、失去作用。增强党内政治生活的战斗性，必须着力解决好四个问题。

着力解决好认识问题。思想是行动的先导，只有认识到位，行动才能自觉。要认识到开展严肃的党内政治生活不是制造矛盾而是解决问题。习近平总书记指出："严肃的党内生活，是解决党内自身问题的重要途径。"对同志身上的缺点错误及时予以批评和提醒，才能避免小缺点小错误演变成大问题。要认识到开展严肃的党内政治生活不是损害和谐而是增进团结。一个同志有了缺点错误，不提醒、不教育、不批评，表面上求得了一团和气，实质上则破坏了团结和谐的基础。帮助同志认识和改正缺点错误，是对同志的真正关心爱护；也只有通过严肃的党内政治生活，才能把党内各种不同的认识、看法统一到我们党共同的政治基础和思想基础之上，才能消除影响党内团结和谐的隐患，才能真正建立和巩固良好的党内关系。要认识到开展严肃的党内政治生活不是影响进步而是促进发展。一个党组织、一个党员干部就是在矛盾不断产生和不断解决中前进的。敢于面对缺点错误，公开承认与努力改正缺点错误，把那些暂时处于隐形状态的问题和缺点、错误尽早揭出来、亮出来，可能是一个痛苦的选择，但只有这样做，才能在组织和同志的帮助下，增强战胜缺点错误的信心和力量，进而获得组织的信任、同志的信赖，才能最终甩掉"包袱"轻装前进、健康发展。

着力解决好勇气问题。当前，在一些班子和党员干部中存在明哲保身、息事宁人等怪象，其症结在于缺乏敢于直面问题的勇气。增强党内政治生活的战斗性，必须敢字当头，拿出勇气。敢字当头，就要增强政治意识，拿出自我解剖、坦诚坦荡的勇气。每一名党员干部特别是党员领导干部都要增强政治意识，从讲政治的高度看待和融入党内政治生活，把自我解剖、坦诚坦荡作为讲政治的具体表现。要正确对待自己，正确对待问题，襟怀坦荡、虚怀若谷地接受批评与建议。要多从自身找问题，从主观上查原因，勇敢地改正缺点错误，努力增强自我净化、自我完善、自我革新、自我提高能力。敢字当头，就要增强责任意识，拿出出以公心、无私无畏的勇气。作为党员，每个同志对党都是负有责任的。这个责任，就是对党忠诚、向党负责。私心是勇气的最大敌人。党员干部应当始终坚持党的事业至上、人民利益至上，坚决根除私心杂念，保持一心为公的情怀，对他人的缺点和错误，该批评的要批评，该得罪人时要敢于得罪。要敢于担责，面对大是大非要敢于正确亮剑，面对歪风邪气要坚决斗争。敢字当头，就要增强角色意识，拿出坚持真理、修正错误的勇气。开展严肃的党内政治生活，是制度、是法规，是每个党员必须履行的义务，这个角色定位不能有偏差。要坚持实事求是，讲党性不讲私情，讲真理不讲面子。对存在的缺点错误不遮掩、不回避，敢于深挖灵魂深处，敢于摈弃陈旧观念，敢于破除各种"潜规则"，让坚持真理、修正错误成为党内生活的常态。

着力解决好环境问题。环境塑造人同样也改变人。要积极创造条件，营造良好的政治环境，特别是要营造一种有利于党内批评与自我批评的良好氛围，为增强党内政治生活的战斗性提供环境保障。要强化领导带头、以上率下的引领作用。领导干部特别是主要领导的态度与行为表现具有极大的示范效应。一个单位、一个地区，领导干部特别是一把手敢于率先垂范，带头搞好自我批评，带头剖析自己，带头讲真话、讲实话，听真话、听实话，这里的政治生态就好。要养成从我做起、从小做起的行动自觉。增强党内政治生活的战斗性离不开良好的大环境，也离不开每个党员干部自身的努力。党员干部要克服政治生态"事不关己"等模糊认识和消极观念，正确认识"大环境"与"小环境"的关系，树立每个党员干部自身就是"小环境"的理念，从我做起、从一言一行做起，推动形成风清气正、从严尚实、干事创业的政治生态"大环境"。要营造敢讲真话、敢吐实言的浓厚氛围。党组织要旗帜鲜明地保护说真话的干部，为敢于说真话的干部担当，对坚持原则、不怕得罪人的同志要支持鼓励、呐喊喝彩；对压制批评、打击报复的，要坚决予以严肃处理。要树立鲜明选人用人导向，把敢于直言、担当负责的优秀干部识别出来，放到更重要的岗位、更宽广的舞台建功立业、实现价值。

着力解决好路径问题。增强党内政治生活的战斗性，必须遵循党内政治生活自身的要求和规律，找准着力点，积极探索新思路、寻求新方法、开辟新路径。强化思想教育和党性锻炼是基础。党员特别是党员领导干部的党性修养不高，是导致党内政治生活缺乏战斗性的重要因素。要真正把党内生活严起来，最根本的是要帮助广大党员不断加强党性修养，树牢坚定的理想信念。必须针对党内政治生活中出现的问题，加强对党员干部的教育管理，大力加强马克思主义信仰、社会主义和共产主义信念教育，锻造共产党人思想上的战斗力。用好批评和自我批评有力武器是关键。增强党内政治生活的战斗性，需要我们切实用好批评和自我批评这一有力武器，使之成为党内政治生活的常态。要讲究方法，把握尺度，防止"过"与"不及"，对不同性质矛盾做区别对待。要注意分清界限，既不在原则问题上和稀泥，也不纠缠于非原则性问题。要注意以人为本，因人而异，对不同的同志采取不同的批评方式。必须认真贯彻执行民主集中制原则，以此来设定和处理党内系列重要关系，运用民主集中制原则来防止和纠正政治生活缺位错位、本末倒置等问题的发生，充分发挥民主集中制原则在党内政治生活中的根本制度保障作用。发挥监督体系的监督作用是要害。要把贯彻落实《中国共产党党内监督条例》贯穿党内政治生活全过程，发挥监督体系的校正纠错效应，通过加强监督这一硬约束，使党内政治生活真正严肃认真起来，突出问题得到有效解决。

（该文 2017年05月18日刊于《光明日报》第11版）

工会工作

GONGHUI GONGZUO

概　况　2016年，省交通运输工会主要开展了以下工作。一是固本强基谋发展，不断加强自身建设。扎实开展“两学一做”教育活动，强化思想政治建设；不断加强工会干部队伍建设，强化工会内控制度建设；积极配合省交通运输厅稳妥推进完成职工俱乐部事业单位改革。二是突出主业主责，服务交通运输中心工作。启动多项劳动竞赛和技能比武，切实提升职工技能水平；深入开展“安康杯”竞赛活动，全面提高行业安全隐患排查治理能力。三是着力抓好阵地建设，推动民主管理。不断强化基层组织建设，建设“六有”规范化职工之家；加大基层职工书屋建设力度；推动各基层组织民主管理工作。四是切实服务职工，主动推进和改善民生。继续深化“四季送活动”，多层次、全方位服务一线困难职工；精准扶贫与精准帮扶相结合，着力提升扶贫攻坚实效；切实关心关爱女职工，着力提升女职工权益保障能力。

职工之家　2016年，省交通运输工会指导厅高管局工会和厅高速公路交通执法支队工会等10个基层工会做好组建、干部配备以及相关基础性工作；指导四川省高速公路绿化环保开发有限公司工会等16个基层工会做好组建、换届改选、增补等工作。切实做好农民工入会工作，最大限度地把农民工吸引到工会组织中来，全年帮助1 000名农民工入会。协助出租车行业管理部门，深入推进出租车行业健康发展，指导各地出租车企业依法建立工会，鼓励、支持和引导出租车企业、行业协会与出租车驾驶员代表、工会组织开展平等协商，依法维护驾驶员合法权益。全省185个出租车企业组建了工会，出租车从业人员加入工会组织的比例为59%。截至年底，省交通运输工会所辖基层工会114个，职工4.3万人，工会会员4.2万人。广泛开展会员评议职工之家工作。指导基层工会制订建家规划，开展职工之家建设的升级上档活动。不断加大职工之家、职工书屋资金投入，定向补助基层工会职工之家、职工书屋建设点40个共32万元。全省全年共建职工书屋300个，藏书量17万册、电子书6万余册。

慰问帮扶　2016年元旦、春节期间，省交通运输系统各级工会共走访企业205家，发放款物563万元，其中，慰问困难企业17家，慰问一线职工12 087人、困难职工2 473户、困难党员职工357户、困难劳模34户、困难农民工303户、贫困残疾职工49户。继续开展“夏送清凉”活动，省交通运输系统各级工会共筹集慰问资金211.2万元，购买价值179万元的防暑降温用品，走访基层单位603家、职工15 694人次，开展监督检查活动268次。“金秋助学”活动共资助114名困难职工（农民工）子女分别就读大、中、小学。“六一”国际儿童节看望困难职工子女173人、农民工留守子女62人，购买价值6万余元的学习用品。帮扶国家级和省部级劳模共181名，发放劳模慰问金44.86万元。为36 名劳模做了健康体检，组织 6名劳模分别参加全国总工会、省总工会劳模短期疗休养，为4名困难劳模发放困难补助金9.5万元。深入开展脱贫攻坚，及时对接扶贫帮扶对象。2016年全行业有11名优秀年轻职工被选派到乐山市金口河区进行驻村帮扶，共帮助103户脱贫，直接脱贫受益者304人。投入14万元分别为公路养护站、道路和水运基层单位解决了饮水、用电、房屋维修等实际困难。

保障女职工合法权益　2016年，省交通运输工会大力宣传普及女职工权益保护法律法规知识，组织女职工学习《中华人民共和国妇女权益保障法》《中华人民共和国婚姻法》《中华人民共和国母婴保健法》《中华人民共和国劳动法》等法律法规，不断增强女职工知法、守法、用法的自觉性，帮助女职工掌握依法维权的方法，为女职工运用法律武器保护自己合法权益保驾护航。大力推进女职工权益保护专项集体合同签订。三八国际妇女节期间，开展女职工“维权活动月”宣传活动。

劳动竞赛 2016年，省交通运输工会在全省交通运输系统组织开展以“大培训、大比武、大提升”为主题的职工技能提升劳动竞赛。全省22个代表队66名选手参加“2016年中国技能大赛——四川省交通运输行业机动车驾驶教练员技能大赛（决赛）”，其中，24名选手取得优异成绩，8个团队荣获团体奖。全省108名选手参加“2016年中国技能大赛——四川省交通运输行业船员岗位操作工技能大赛”，其中，16名选手取得优异成绩，9个团队荣获团体奖。“2016年中国技能大赛——第八届全国交通运输行业职业技能大赛”中，四川省交通运输厅荣获团体第四名。内江市双安机动车驾驶员培训学校威远县驾校教练员谢利被四川省总工会授予2016年四川省五一劳动奖章。组织开展以“教育培训强基础，隐患排查保安全”为主题的“安康杯”竞赛。87个单位、2 170个班组、4.4万名职工参赛。省交通运输工会荣获全国职工安全卫生消防应急知识普及竞赛活动“最佳组织单位”称号。

（本栏目供稿单位：省交通运输工会）

2016年11月22日—24日，2016年中国技能大赛——四川省交通运输行业机动车驾驶教练员技能大赛（决赛）在四川交职院举行。图为厅党组成员、副厅长黄英权（前排左三），厅党组成员、机关党委书记张勇（前排左一）为获奖队伍颁奖 施黎明 朱姜郦 摄

2016年11月30日，川西公司举办劳动竞赛活动 厅交通运输工会 供稿

交通科技教育文化

JIAOTONG KEJI JIAOYU WENHUA

2017

四川交通年鉴

交通科技

JIAOTONG KEJI

概　况　2016年，省交通运输厅向交通运输部推荐的《城市轨道交通运营组织与风险管控科技示范工程》《高寒高海拔地区公路工程质量监测与控制科技示范工程》等两项科技示范项目，获批准列入2017年度交通运输部科技示范工程计划支持。与同济大学签署《厅校战略合作协议》等文件，首期合作约定的3项培训项目已全面完成，4项科技项目已全部启动，首期合作取得阶段性成果。指导厅公路设计院承担的陆地交通灾害国家工程实验室温江试验中心、四川省路面结构材料及养护工程实验室等建设工作按计划推进，确保按期完成。严格实行营运车辆燃料消耗量准入制度，继续加快淘汰营运“黄标车”。继续推进内河船型标准化，推进新增船舶燃料消耗准入制度，引导内河船舶运力结构调整，严格推行港口码头污染治理和污染应急准备工作。开展高速公路标准化施工，利用高速公路、国省县乡道路的建设和改造，大力发展路网建设和路面等级提升，有效控制营运车辆燃料消耗。初步编制《四川省交通运输厅关于加强和改进交通运输标准化工作的实施方案》。《钢管混凝土梁桥技术规程》《普通国省干线公路养护规范化管理》等11项地方标准获省质监局地方标准制（修）订项目立项计划支持。指导四川省交通工程检测设备计量检定站后续建设，依托其获准在全省交通行业范围内承担交通工程检测设备的计量检定/校准资质，连续第三年被列为交通运输部开展的部省联动交通产品质量抽查试点省，完成四川省2016年部省联动交通产品质量抽查工作。

节能减排　2016年，省交通运输厅积极推进交通运输行业节能减排。印发《四川省2016年交通运输节能减排工作要点》，部署全省交通运输行业本年度节能减排工作。完成《四川省交通运输节能减排“十三五”发展规划》编制，12月经厅党组审议通过并印发实施。由省交通运输厅牵头，会同省发展改革委、省经信委和省国资委组成省第四考核组，完成乐山、雅安和甘孜3市州2015年度“十二五”节能节水降碳和淘汰落后产能目标责任评价考核工作。配合省节能办对各市州2015年度交通运输行业节能减排工作完成情况进行评分。6月12日—18日，围绕交通运输行业宣传主题“绿色交通 低碳出行”，在行业内开展“2016年交通运输行业节能宣传周和低碳日”活动，组织厅直单位及厅机关处室开展绿色低碳相关活动，发放宣传资料，提升行业从业人员节能意识。

“山区桥梁人工集料混凝土的性能提升技术与应用”获省科技进步二等奖　该项目由厅公路设计院、武汉理工大学等单位联合研发。针对四川省山区桥梁建设的特点，开发人工集料混凝土具有增稠性、调粘性、分散性和抑制泌水性的多功能复合减水剂，实现人工集料混凝土性能升级，助推山区桥梁混凝土产业发展。提出基于密实骨架理论的富浆系数与额定粉体材料用量的人工集料混凝土配合比设计新方法，工艺先进，社会经济效益显著。该项目获2016年度省科技进步二等奖。

“公路隧道抗震及减震技术研究”获省科技进步三等奖　该项目由厅公路设计院、西南交通大学等单位联合研发。通过研究，建立山岭隧道洞口浅埋段地震动峰值加速度修正方法，明确隧道地震力传递机制，修正隧道洞口横断面抗震设计计算方法、建立隧道洞口纵向以及穿越粘滑断裂隧道结构的抗震设计计算方法，提出隧道洞口及断层破碎带设防段的衬砌结构单层配筋抗震技术并建立隧道复合式衬砌内置减震层的减震模型。项目组编制完成《公路隧道抗震及减震技术设计指南》和计算软件，具有较强的可操作性及适用性。该项目获2016年度省科技进步三等奖。

“西部地区公路瓦斯隧道设计与施工技术”获省科技进步三等奖　该项目由厅公路设计院、四川都汶高速公路有限责任公司等单位联合研发。以四川省紫坪铺和华蓥山瓦斯隧道为依托工程，共分为分级、勘察、设计、施工、揭煤防突、运营监测和通风6个子课题进行研究。研究的主要手段为文献调研分析、现场检测测试、室内试验、计算分析与数值模拟。该项目解决了公路瓦斯隧道分级问题，提出公路瓦斯隧道勘察煤层基本参数和方法、勘察瓦斯基本参数和方法，制订公路瓦斯隧道设计与施工对策措施，确定公路瓦斯隧道揭煤防突方案及揭煤前预留安全岩柱值，提出公路瓦斯隧道运营期间瓦斯检测标准以及通风与监测技术。编制完成《公路瓦斯隧道设计与施工技术指南》，具有较强的可操作性及适用性，通过依托工程的应用，取得较好的经济效益和社会效益。该项目获2016年度省科技进步三等奖。

“小半径螺旋型曲线隧道施工通风技术研究”获中国公路学会科学技术二等奖 该项目由四川雅西高速公路有限责任公司、中铁西南科学研究院有限公司等单位联合研发。针对小半径螺旋型曲线隧道施工风险预测与通风方式进行研究，提出高速公路螺旋型曲线隧道施工安全预防控制措施，建立针对不同半径螺旋型隧道施工通风与安全影响的计算方法及其适用条件，对提高特殊条件隧道施工安全具有指导意义。该项目获2016年度中国公路学会科学技术二等奖。

“新型复合结构抗落石冲击能力关键技术应用性研究”获中国公路学会科学技术三等奖 该项目由厅交通设计院、四川大学等单位联合研发。针对常规钢筋混凝土棚洞结构笨重、防护能级低、回填土石量巨大等缺点，拟以国道245线乌斯河至甘洛公路为依托工程，采用材料试验、模型试验、理论分析和数值计算相结合的方法，对定量对抗落石冲击棚洞缓冲材料作用机理、缓冲层组合及耗能构件型式、梁体抗冲击性能、棚洞回填材料及坡度等设计建造中的关键技术进行深入研究，提出适用于提高棚洞抗冲击能力的缓冲耗能构件及完善工程技术措施，形成可用于指导棚洞设计的技术指南，为改良常规钢筋混凝土棚洞结构形式，提高其防护能级提供关键技术支持。项目成果可以补充完善钢筋混凝土棚洞的设计建造技术，并有效地解决棚洞建设中提高抗落石冲击这一关键性问题，对于复杂地形条件下公路防灾减灾设计提供切实可行的思路、参数、图集。对山区公路沿线频发的飞石、滚石灾害进行综合研究，并结合结构设计耦合作用特征进行分析研究，获取相关规律，为进一步深入研究落石地质灾害对结构物的影响打下基础，为山区公路建设中防灾减灾问题提供新的解决方案。该项目获2016年度中国公路学会科学技术三等奖。

“路面原位循环再生利用关键技术研究”获2016年度中国公路学会科学技术三等奖 该项目由厅公路设计院、西南交通大学、四川公路桥梁建设集团有限公司等单位共同研发。通过理论研究、模型试验及试验路段验证，系统研究既有水泥及沥青路面原位再生的成套技术，实现在原位将旧路面材料转换为新路面结构层。在此基础上，历经300公里实体工程推广应用及长期性能验证，形成系列解决方案及指标体系，攻克路面原位循环再生利用的技术瓶颈，取得成套创新技术成果，最终形成四川省路面原位循环再生利用的成套技术。具有原创性、系统性、实用性，已在成渝、自宜、成都三环等多条高速公路、国省干线和市政工程中推广应用，将彻底改变四川省路面传统的养护模式，引导路面养护走上资源节约型和环境友好型可持续发展道路，具有十分显著的社会经济效益。该项目获2016年度中国公路学会科学技术三等奖。

在成都市三环路改造中使用路面原位循环再生利用技术施工
厅科教处 供稿

“高钛重矿渣集料的桥梁高性能混凝土制备与应用技术研究”获中国公路学会科学技术三等奖 该项目由厅公路设计院、四川丽攀高速公路有限责任公司、武汉理工大学等单位共同研发。利用高钛重矿渣制备出具有抗裂、抗冻、高耐久、可泵送施工的混凝土，开发具有减缩增韧和内养护功能的外加剂，并在丽攀高速公路和民用建筑工程进行大规模应用，具有广阔的应用前景，不仅满足可持续发展的需求，且对降低工

丽攀高速公路高钛重矿混凝土入模施工现场 厅科教处 供稿

程成本，节约天然资源，避免开山炸石，保护长江上游的生态平衡等具有重要意义。该项目获2016年度中国公路学会科学技术三等奖。

厅校战略合作 2016年度省交通运输厅与同济大学开展科技和教育培训两方面的合作。厅校双方讨论并原则通过《四川省交通运输厅与同济大学厅校战略合作工作方案》，就2016年正式启动首期合作达成一致意见。2月，省交通运输厅派相关工作人员赴同济大学商讨合作具体事项，双方签署厅校战略合作框架协议，明确重点合作领域，并共同建立长效合作机制。2月20日，省交通运输厅与同济大学签署《厅校战略合作协议》，厅党组成员、总工程师陈乐生出席签字仪式。2月26日，陈乐生主持召开厅与同济大学加快推进双方战略合作座谈会。

厅校启动西部山区环境友好型组合钢板梁桥技术开发与示范、普通公路路面工程养护成套技术解决方案、长距离连续隧道群运营与安全关键技术研究、川西高原公路隧道设计与施工技术指南4项科技合作项目，预期研究成果将破解相关工程建设中的一系列技术难题，并形成领域相关技术规范和行业标准，将有力推进交通工程建设的技术创新和交通运输行业管理的规范化、标准化、优质化。此外，双方积极拓展合作领域，已开展业务咨询、科技交流20余次，为行业提供技术服务30余项，收到了引智聚才的良好成效。年内，厅校联合举办四川交通运输系统县处级干部综合能力提升专题培训、职业教师综合素质提升专题培训、重点公路建设管理培训3项培训合作项目，送培规模200余人。通过厅校战略合作，同济大学为四川省交通运输行业提供多项前沿技术支持，在多个领域破解制约瓶颈，为四川省交通运输转型发展、提质增效提供了有力支撑；培训一批干部人才，带回先进的思维方式和发展理念，为四川省交通运输持续健康发展注入新的活力。

4项地方行业标准发布实施 2016年，省交通运输厅不断推进交通运输行业各领域标准化工作并取得实效。8月24日，《道路旅客运输企业安全生产规范》《公路瓦斯隧道设计与施工技术指南》《农村公路路面典型结构设计指南》《拉索减震支座与应用技术指南》4项交通运输行业地方标准经国家质监总局备案后，由省质监局正式发布，于9月1日起实施。这是继2015年四川省交通运输行业首次发布6项地方标准后，第二批发布实施的地方标准。年内，获交通运输部行业标准续研立项支持1项，获地方标准立项计划支持11项，标准化支撑和服务行业发展能力逐渐增强，“以标促建、以标提质、以标增效”的管理格局初步形成。

牟廷敏获首届“四川杰出人才奖” 2016年10月8日，四川省人才工作会议在成都召开。中共四川省委副书记、省长尹力宣读中共四川省委、省政府《关于授予“四川杰出人才奖”的决定》，厅公路设计院牟廷敏受到表彰。牟廷敏是厅公路设计院副总工程师、教授级高级工程师，主要从事桥梁技术开发与设计工作，负责承担了世界首座全钢管混凝土桁梁桥——雅西高速公路干海子大桥、世界最高钢管混凝土组合桥墩——雅西高速公路腊八斤大桥、世界最大跨度钢管混凝土拱桥——合江长江一桥等30余座特殊桥梁的设计与施工技术服务。编制《钢管混凝土拱桥技术规范》等7部地方、行业和国家规范，主编出版《公路钢管混凝土桥梁设计与施工指南》等14部企业与部门技术指南，发表论文70余篇，获国家专利43项。先后获国家科技进步二等奖、全国五一劳动奖章及享受国务院特殊津贴专家、省学术和技术带头人等奖励和荣誉。

年度科技统计工作获交通运输部通报表扬 2016年12月22日，交通运输部发布2015年度交通运输科技统计工作考核情况的通报，省交通运输厅被评为优秀单位并获通报表扬。近年来，省交通运输厅不断加强科技管理工作，取得良好效果。一是注重规划引领，组织编写《四川省交通运输科技和标准化“十三五”发展规划》，指导“十三五”期间行业科技发展。二是坚持开放合作，先后与同济大学、交通运输部科学研究院等签署战略合作协议，发挥科研院校的“外脑”优势，为四川省交通建设在新常态下取得新成效给予更多帮助和支持。三是加强成果转化，将一批技术成熟、实用性强、效益明显的科技成果，重点转化为地方标准推广应用。四是强化科技能力建设，国家工程实验室、四川省交通工程检测设备计量检定站相继建立，人才队伍整体素质进一步提升。全省交通科技的整体进步，有力地支撑了交通建设持续快速发展。

质量管理工作获表扬 2016年12月22日，省质量强省工作领导小组办公室发布《关于2015—2016年度迎接国务院质量工作考核情况的通报》，省交通运输厅按照省政府统一部署，优质高效开展资料搜集、质量分析及材料上报等工作，全面完成质量工作考核任务，成绩突出，得到国务院考核组认可，获省质量强省工作领导小组办公室通报表扬。近年来，省交通运输厅始终将质量管理放在重要位置，强化工程质量、服务质量及环境质量综合管理，以标准管理促进工程质量、以综合监管提升服务质量、以节能减排改善环境质量、以部省联动保障产品质量，行业质量管理有效可控，质量发展整体平稳，以质量进步推动交通运输发展转型升级，为四川省交通运输持续快速发展提供了重要支撑。

（本栏目供稿单位：厅科教处）

市州交通
SHIZHOU JIAOTONG

2017

四川交通年鉴

成都市交通

CHENGDU SHI JIAOTONG

2016年成都市交通运输能力概况

公路交通运输			
通车里程	总里程（公里）		26 037
	其中	高速公路	925
		一级公路	1 487
		二级公路	2 143
		三级公路	2 430
		四级公路	17 288
		等外公路	1 764
公路密度	按国土面积计算：每百平方公里 181.62 公里		
	按人口计算：每万人 18.92 公里		
通达里程	通公路的乡镇 318 个，占乡镇 100%		
	通公路的村 3 635 个，占村 100%		
客运站	总　数（个）		98
	其中	一级站	13
		二级站	18
		三级站	30
		四级及以下站	37
营运车辆	总　数（辆）		161 853
	其　中	客车 8 423 辆　231 563 座	
		货车 153 430 辆　877 239 吨	
公路运量	客　运	客运量（万人次）	12 370
		旅客周转量（万人公里）	1 230 238
	货　运	货运量（万吨）	24 505
		货物周转量（万吨公里）	2 455 549
内河航运运输			
通航里程	总里程（公里）		
	其中	三级航道	
		四级航道	
		五级航道	
		六级航道	5
		七级航道	185.76
港口（码头）	总　数（个）		88
	吞吐量	旅客吞吐量（万人次）	
		货物吞吐量（万吨）	
水路运量	客　运	客运量（万人次）	90.602 2
		旅客周转量（万人公里）	453.817 2
	货　运	货运量（万吨）	195
		货物周转量（万吨公里）	1 377
营运船舶	总　数（艘）495		
	其　中	客船 395 艘 7 278 座	
		货船 100 艘 7 681 吨	
城市公交运输			
营运车辆	10 781 辆		
公交线路	502 条		
公交站	5 335 个		
运　量	14.182 6 亿人次		

注一：185.76公里七级航道，其余为等外级

注二：88个港口（码头）中，其中码头54个、渡口34个

交通运输概况　2016年，全市全年完成交通固定资产投资240亿元，超计划投资20%。成都双流国际机场通航城市209个（国内城市131个、国际及地区城市78个），通航航线270条（国内航线175条，国际地区航线95条）；双流机场旅客吞吐量为4 603.9万人次、比上年增长9.0%，货邮吞吐量为61.2万吨、比上年增长9.9%。成都铁路局成都车站发送旅客6 190.1万人次，比上年增长34.8%；成都市铁路货物发送量为933.4万吨，比上年减少10.0%。圆满完成2016年春运、2016年第三次G20财长和央行行长会议、第十六届西博会等重大展会、节庆运输保障任务。2016年，成都市道路运输完成客运量12 370万人、旅客周转量1 230 238万人公里，较2015年同期分别下降18.1%和10.7%；完成货运量24 505万吨、货物周转量2 455 549万吨公里，较2015年同期分别上升8.1%和2%。全市建制村客运通达率91.4%，其中简阳市建制村客运通达率由65%提升至67%。全面完成包括青白江综合客运枢纽站、新都客运枢纽站等16个汽车客运站提升改造工程项目，超额完成工作目标，总投资5.56亿元。年内，成都市三级及以上汽车客运站联网售票系统覆盖率达80%，客运高峰期通过联网售票系统购票的旅客占比突破30%。

航空枢纽建设 2016年，成都天府国际机场开工建设，成都跻身全国航空“一市两场”城市三甲之列。成都双流国际机场扩容改造启动，按照年旅客吞吐量6 000万人次的能力要求，年内已建成停机坪23个，完成T1航站楼国际厅扩容优化改造，机场高速公路南辅道提前贯通营运。

成都天府国际机场 2016年5月27日，成都天府国际机场开工建设。机场位于简阳县芦葭镇，距成都市中心城区约50公里，规划6条跑道，占地45平方公里。设计年旅客吞吐能力9 000万人次、货邮吞吐能力200万吨。一期工程规划3条跑道，占地约25平方公里，设计年旅客吞吐能力4 000万人次、设计货邮吞吐能力70万吨，航站楼52万平方米，初步设计批复投资562.08亿元。12月，完成机场红线1 765.4公顷土地拆迁。12月25日，机场主体工程开始施工。

铁路枢纽建设 2016年，成蒲铁路、成都火车北站扩能改造、成兰铁路、西成客专、成贵高铁、川藏铁路朝阳湖至雅安段、成昆铁路扩能改造成都至峨眉段等铁路建设项目全力推进。西成客专动车运用所一期工程建成投用；蓉昆高铁成都至自贡段、成都至西宁铁路等项目可行性研究报告编制完成；蓉京高铁成都经达州至万州段项目预可行性研究报告编制完成。成都“148”高铁交通圈加速形成。

相关链接

“148”高铁交通圈：指成渝经济圈1小时，至相邻省会城市4小时，至京津冀、长三角、珠三角地区8小时。

西成客专 该项目为新建双线客运专线，速度目标值时速250公里（预留时速350公里）。线路自陕西省西安市，经汉中，四川省广元至江油与成绵乐客专相接，线路全长510公里，其中陕西境内线路长343公里，四川省境内线路长167公里，总投资694亿元。项目在成都市境内仅涉及成都动车运用所扩建工程，投资4亿元，已建成投用。全线预计2018年建成通车。

成蒲铁路 该项目为新建双线Ⅰ级铁路，速度目标值时速200公里。项目自成都西站引出，经双流、温江、崇州、大邑、邛崃至蒲江，全长99公里，共设成都西、温江、崇州、大邑、邛崃、西来、蒲江、朝阳湖8座车站，预留双流北、羊马、王泗镇3座车站，总投资157亿元。该项目于2013年9月开工建设，截至2016年12月，集体土地交付99.89%，国有土地交付89.39%，自开工累计完成投资110.5亿元，路基、桥梁、隧道等土建工程加快实施，预计2018年建成通车。

成兰铁路 该项目为新建双线Ⅰ级铁路，速度目标值时速200公里。项目自成都枢纽青白江站引出，经什邡、绵竹、茂县、松潘、九寨沟，引入在建兰渝铁路哈达铺站，正线长458公里，其中成都段里程长7公里，途经成都市彭州市和青白江区。项目总投资636亿元，其中成都段投资12亿元。项目于2013年11月全面开工建设，截至2016年12月，成都境内建设用地交付99%，大弯货站桥梁完成86.8%，路基土石方完成99.4%，铺轨完成79.4%，自开工年累计完成投资11.1亿元，预计2019年全线建成投用。

成昆铁路扩能改造成都至峨眉段 该项目为Ⅰ级铁路，增建二线，速度目标值时速160公里。自成都南站引出，沿既有成昆铁路增建第二线，引入成都枢纽时在既有花龙门站疏解，经彭山、眉山、思蒙、夹江至峨眉，增建二线长131公里，既有线改建长度25公里。成都境内里程31公里，途经锦江区、高新区、双流区、新津县4个区县。项目总投资91亿元，其中成都段25亿元。项目2013年12月进场施工，截至2016年12月，成都境内段正线用地交付99%，路基完成96.3%，桥梁完成96.6%，隧道完成100%，自开工累计完成投资22.1亿元，预计2017年建成投用。

川藏铁路朝阳湖至雅安段 该项目为新建双线Ⅰ级铁路，速度目标值时速200公里，起自蒲江县境内成蒲铁路朝阳湖站，经名山至雅安，线路长42公里，成都市境内6公里。项目总投资42亿元，成都段6亿元。于2014年12月6日开工建设，截至2016年12月，成都境内全部用地完成交付，路基完成83.8%，桥梁完成76.4%，隧道完成84.7%，累计完成投资3.2亿元，预计2018年建成投用。

成都火车北站扩能改造工程 该项目位于成华区和金牛区，成都站扩能改造工程包括8万平方米站房、1.9万平方米行包房、10台18线站场，以及连接成都站至成都东站的引入线13.86公里，概算总投资83.489 5亿元。2013年12月进场施工，东环线、动车走行线以及北站房、行包房土建工程加快实施，自开工累计完成投资44.6亿元，预计2022年全面改造完成。

高速公路枢纽建设 2016年，成都市高速公路在建项目6个（新开工4个、续建2个）、拟开工项目5个，计划投资62亿元，实际完成投资67亿元。截至年底，全市高速公路通车里程达926公里，高速公路网密度每百平方公里5.7公里，“二环十一射”高速公路网络形成。

已开工项目中，成安渝高速公路一绕至川渝界段149公里和成都经济区环线高速公路简阳至蒲江段（禾丰至古佛段）61公里于12月底建成通车，剩余路段计划于2017年6月全线建成通车。天府国际机场高速公路和成都经济区环线高速公路蒲江至都江堰段分别于8月30日、9月19日开工建设，隧道、大桥、路基等控制性工程全面开工，征地拆迁加快推进。成彭高速公路扩容改造项目征地拆迁基本完成，路基、桥梁施工加快推进。成都经济区环线高速公路德阳至简阳段由德阳市牵头，成都境内部分枢纽互通等控制性工程先期启动，征地拆迁进展顺利。

拟开工项目中，国道0511线都江堰至德阳段由德阳市牵头按PPP（详见《附录》，下同）模式实施，项目核准工作加快进行。成乐高速公路扩容改造PPP项目（含双流机场第二高速公路和青龙场至乐山段加宽改造），由省交投集团担任项目业主，工程可行性研究报告送交通运输部审查，力争2017年完成项目核准等前期工作并实现试验段开工。成南高速公路扩容改造项目工程可行性研究报告审批等前期工作加快开展，计划2017年试验段开工。成资潼、成宜高速公路分别由资阳、宜宾市牵头，年内完成招商，预计2017年完成准备工作并实现控制性工程开工。

相关链接

“二环十一射”：“二环”指成都绕城高速公路、成都二绕高速公路，“十一射”指成彭高速公路、成灌高速公路、成温邛高速公路、成雅高速公路、双流机场高速公路、成自泸高速公路、成渝高速公路、成乐高速公路、成南高速公路、成巴高速公路、成绵高速公路

成安渝高速公路 该项目起于成都绕城高速公路，经龙泉驿、资阳、止于川渝界，路线全长173.4公里，总投资195亿元，双向六车道，设计时速100公里。其中，成都境内72公里，投资38亿元。项目于2016年8月上旬复工，由资阳市牵头，成都市配合，中电建投资建设。截至2016年底，路基完成47%，桥梁完成86%，隧道仰拱修复完成62%，路面完成15%。计划2017年6月底前全线建成通车。

成都经济区环线高速公路 简阳至蒲江段起于成安渝高速公路，经简阳、仁寿、彭山、东坡区，止于蒲江县天华镇，全长127公里，总投资157亿元，双向六车道，设计时速100公里。其中，成都境内50公里，投资61亿元。项目由眉山市牵头，成都市配合，中铁建投资建设。截至2016年底，路基完成99%，完成桥梁下部，桥梁上部完成98%，完成隧道、涵洞，路面完成60%。计划2017年6月底前全线建成通车。

蒲江至都江堰段起于成雅高速公路，经蒲江、邛崃、大邑、崇州、都江堰，止于都汶高速公路，主线长101公里，成都二绕至三绕连接线长16公里，总投资175亿元。双向六车道，设计时速120公里。项目由中国铁路建设总公司投资建设。至2016年底，征地拆迁工作按计划加快推进，桥梁、路基等控制性工程全面开工建设。计划2019年建成通车。

德阳至简阳段起于成绵高速公路，经旌阳区、中江、金堂、简阳，止于成安渝高速公路。全长105公里，总投资136亿元，双向六车道，设计时速120公里。其中，成都境内37公里，投资48亿元。项目由德阳市牵头，成都市配合，中铁建投资建设。截至2016年底，初步设计和施工图设计得到批复，征地拆迁进展顺利，部分枢纽互通等控制性工程全面开工建设。计划2019年建成通车。

2016年9月19日，成都经济区环线高速公路蒲江至都江堰段开工。图为项目主线效果图 成都市交委 供稿

国道0511线都江堰至德阳段 该项目起于都汶高速公路，经都江堰、彭州、什邡、绵竹、德阳旌阳区，止于成绵高速公路。全长110公里，总投资160亿元，主线起点都汶高速共线段双向八车道，成灌高速至止点段双向六车道，主线设计时速120公里。其中，成都境内49公里，投资80亿元。由德阳市牵头，成都市配合，按PPP模式实施，中铁建投资建设。截至2016年底，基本完成项目初步设计，项目核准工作开展有序推进。计划2017年内控制性工程开工建设。

天府国际机场高速公路 2016年8月30日，成都天府国际机场高速公路举行开工仪式。项目主线起于绕城高速公路，沿成渝客专东侧至华龙路下穿成渝客专至西侧，穿越龙泉山，跨成都二绕高速公路，止于成都经济区环线高速公路，接成资潼高速公路，全长89公里，总投资180亿元，主线设计时速120公里。其中绕城高速公路至天府国际机场段双向八车道，天府国际机场至成都经济区环线高速公路段双向六车道，天府连接线和新机

高速公路建设 2016年12月15日，乐自高速公路自流井舒坪互通及连接线正式通车。乐自高速公路自流井舒坪互通距贡井桥头互通7.6公里，距永安枢纽互通8.2公里，采用B型单喇叭立交式，设A、B、C、D、E五条匝道，全长3.46公里，设5进10出匝道收费站1处。乐自高速公路自流井区连接线是全市高速公路城区连接线重要组成部分，项目起于乐自高速公路自流井舒坪互通E匝道止点，由南向北展线，止于贡井区长征大道大坡村，路线全长8.5公里，按一级公路标准设计建设，设计行车时速60公里，路幅宽40米，2014年6月开工建设。

2016年9月26日，自贡市富顺县举行沱江三桥市政桥梁主体工程交工验收大会，标志沱江三桥（富州大桥）正式建成通车。沱江三桥（富州大桥）位于富顺二环路晨光段连富世镇和东湖镇，横跨沱江。桥梁于2014年7月开工建设，全长665.5米，桥宽26.5米，是自贡市地方公路建设中第一座预应力混凝土变截面连续钢构桥。该桥东连省道305线富顺绕城段和成自泸高速公路，北接晨光工业园区及富顺二环路和自隆高速公路，形成富顺县城过境公路和高速公路交通环线，构建通往成渝等地的快速通道。

新建成的乐自高速公路自流井区连接线　自贡市交通运输局 供稿

国省干线改造 2016年7月25日，国道247线自贡境改建工程开工建设。国道247线自贡境改建工程起于贡井区艾叶镇檬坳村，止于漆树乡星星村自贡宜宾界，路线全长25.707公里，总投资9.4亿元。一阶段先期实施飞龙峡旅游快速通道建设，路线全长13.076公里，投资6亿元，按双向四车道一级公路标准建设，路基宽22.5米。至年底，北环路拓宽改造工程主体完工。北环路拓宽改造工程路线全长6公里，设计为一级公路，采用沥青混凝土路面，路基宽30米，工程于2015年8月开工建设。

交通“民生工程” 2016年，自贡市交通运输局以“四好农村路”建设为主抓手，加快推进农村公路改善提升、农村客运等民生工程建设，超额完成“民生工程”各项目标任务。全市全年完成农村公路新（改）建389.3公里，完成投资41 172万元，为“民生工程”目标任务299.5%；其中县乡道完成160.2公里、为目标任务200.3%，通村硬化路完成229.1公里、为目标任务458.2%。建成渡改公路桥4座、渡改人行桥1座，国省干线公路路面使用性能指数为86.5，新增通客车建制村26个。

公路水路运输 2016年，自贡市完成公路客运量4 851.42万人次、旅客周转量159 667.169万人公里，货运量5 049.43万吨、货物周转量560 355.204万吨公里；完成城市公共交通客运总量21 337.9万人次；完成水路客运量101万人次、旅客周转量630万人公里，货运量221万吨、货物周转量3 932万吨公里。春运期间，道路旅客运输输送旅客966.45万人次，开行班次221 661班，其中加班9 344班，输送民工59 610人次；投放客、渡船舶168艘、运输航线23条，安全运送旅客27.72万人次，比上年上升10.31%。圆满完成春运、灯会、十一等关键时段重点物资和旅客运输任务，被省交通运输厅运管局评为“2016年道路春运成效显著单位。”

城市公交服务 2016年，自贡市大力推进城市公交服务优先发展战略，新增公交线路1条，调整优化线路79条次，新增（更换）高级公交车275辆，其中新能源公交车156辆。指导城市公共交通运营单位建立安防责任体系，建设“安全公交”。深入推进城市客运安全标准化，加强安全预防，狠抓谨慎驾驶和防御性驾驶，实化员工层面的安全管理，全面提升企业安全管理水平。稳妥推进出租汽车行业改革，完成出租汽车行业改革专题调研，起草《自贡市深化改革推进出租汽车行业健康发展的实施意见（征求意见稿）》，完成《自贡市四城区出租汽车行业调查报告》《关于自贡市出租汽车行业信访突出问题的调研报告》《自贡市出租汽车行业的突出问题及对策建议》《自贡市出租汽车行业维稳处置应急预案》等出租汽车行业改革专题调研报告。

道路运输管理 2016年，自贡市新增客运班线5条、客车8台，延续经营（含报废更新）线路26条、客车36台；积极实施“互联网+道路客运”行动，开展翔宇定制、城际专车、机场专车、高铁站专车等定制服务；启动长途客运接驳运输试点，对符合接驳运输条件的四川省汽车运输自贡集团富顺振兴有限公司、富顺县神驹运业有限公司、荣县华益运业有限公司等3家运输企业，开行的14条长途客运线路，75辆客运车辆，开展长途客运接驳运输试点工作；大山铺汽车客运站、贡井西客站、沿滩区南站3个县级客运站提升改造工程竣工验收，新建成5个乡镇客运站、20个村级招呼站。全面推进危货运输电子运单系统试点工作，全市15家道路危险货物运输企业全部使用电子运单，全市危险货物运输企业签发危险货物电子运单共计8 424趟次，完成危险货物运输量125 011.939吨，电子运单使用率91.63%。建成道路运输车辆动态监督市级监管中心，实现8 200余台重点营运车辆24小时不间断监管。严格落实寄递物流“三个100%”

（100%收寄验视、100%实名收寄、100%过机安检，下同）工作，对自贡市3个有小件快运服务的客运站开展检查29次，并全部落实托运物品“三个100%”。加快汽车客运联网售票系统和道路运输WiFi覆盖建设工作，符合条件的5个三级以上汽车客运站实现联网售票，符合条件的8个三级以上汽车客运站、48辆旅游客车、127辆高速直达客车和超长客车实现WiFi全覆盖。积极创新驾培服务模式，全市23所驾校提供“计时培训、计时收费、先培后费”服务，覆盖率100%。严格规范客车租赁管理，依法办理4个汽车租赁公司租赁车辆备案手续。继续深入开展争创最“美客运精品线”“最美客车”“最美客运站”“最美驾驶员”等创建活动，2016年，推选出“最美汽车客运站”1个，道路客运“最美司机”48名，城市公交“最美精品线”6条，城市公交“最美司机”8名，出租汽车“最美司机”20名，机动车驾驶员培训“最美驾校”2个，机动车驾驶员培训“最美教练”18名。

公路路政管理 2016年，自贡市交通运输局以省道305线为主，坚持干线公路全天候全路域巡查，路政巡查工作制度化、规范化、常态化。大力推进路域环境专项治理，对公路两侧建控区乱象、“非公路标志”、占道、抛洒、污染公路等违法违规行为进行集中整治，实现干线公路畅、洁、绿、美、安。探索路产路权管理模式改革，建立公路路政和公路养护联合巡查联勤机制。全年出动巡查执法人员7 700人次，出动执法车2 060余车次，拆除非交通标志150余块，查处规范违章加水洗车修车点18处，清除路障1 420余处，规范涉路建筑施工场地32处，治理车辆抛洒、污染公路1 580余车次。充分发挥全市国家站、省级站和流动站三级治超监控网络体系，坚持24小时不间断监测，严格执法标准，坚持卸载放行，全市货运车辆严重超限运输行为得到有效遏制。全年出动超限执法人员17 620人次，检测货运车辆202 358辆，其中超限车辆1 385辆，卸载1 100辆，卸载货物2 920.34吨，超限率0.69%。

交通行政执法 2016年，自贡市交通运输局进一步加大路政、运政、海事执法力度，加强和改进对公路水路运输、旅游客运、出租汽车、维修、驾培等源头监管，着力规范运输市场秩序。全行业全年出动执法人员4.44万人次，检查车辆（船舶）5.65万辆（艘），实施行政处罚2 533起。严格执行工程质量标准和规程，加大工程质量监督力度，对全市交通重点在建工程开展全面质量监督检查，监督覆盖率100%。制订《加强交通运输行政执法队伍建设的意见》和《自贡市交通运输行政执法队伍建设工作方案》，对交通运输行政执法人员主体资格进行全面清理，完成160名协管员换证和16名新协管员资格审查、培训考试及颁证工作；积极推进运政执法管理模式改革，将市运政执法支队所属4个执法大队分别与四城区运管所合署办公，由四城区运管所统一管理，充实基层执法队伍认真组织；开展法治宣传，在全市交通运输系统开展以弘扬宪法精神、推动振兴发展为主题的法治宣传日系列宣传活动和法治宣传“五个一”活动；严格落实“两集中，两到位”，认真落实“放管服”要求，进一步清理规范行政权力。全年受理办结行政审批服务事项33 057件，按时办结率、承诺办结率、现场办结率和群众评议率、评议满意率均达100%。

公路养护 2016年，自贡市交通运输局积极推进公路日常养护和病害治理，养护工程总投资12 467.74万元。其中，完成大修工程10.33公里、投资3 597万元，中修工程7.58公里、投资660万元，小修保养投资8 130.74万元，预防性养护22.53公里、投资80万元。国省道平均好路率95.31%，县道平均好路率35.3%，专用道平均好路率42.05%，公路状况极大改善。不断加强桥梁养护管理，建立健全公路桥梁技术档案，做到了一桥一卡，坚持经常性检查与突击性检查相结合，对全市特殊桥梁（特大、大型、特殊结构的桥梁）进行检查；完成国省干线危桥整治1座、农村公路危桥整治7座，有效保障桥梁安全。严格收费公路管理，督促落实国家鲜活农副产品运输绿色通道政策及重大节假日小型客车免收通行费政策，设置开通专用绿色通道，做到“应收不免、应免不收”。

交通脱贫攻坚 2016年，自贡市交通运输局聚焦全市113个贫困村交通现状，结合自贡市农村公路建设实际，制订《自贡市交通扶贫攻坚专项方案》和《自贡市乡村道路两年攻坚实施方案》，提出两年内实现村村通硬化路目标，确定2016—2017年完成新改建农村公路1 000公里建设计划。56个贫困村新建村道249.2公里，实现56个贫困村村村通硬化路，为全市56个贫困村脱贫摘帽提供交通基础设施保障。制订《自贡市交通运输局帮扶代家山村工作规划（2016—2017年）》，明确帮扶目标任务及工作重点。市交通运输局党组60余次深入荣县保华镇代家山村帮扶调研，协调、争取、筹集资金336.8万元用于修建村道、房屋、扶持农业产业、添置办公设备设施等，代家山村实现脱贫摘帽。

“平安交通”建设 2016年，自贡市交通运输安全生产形势持续稳定，生产安全事故死亡人数控制率远低于市政府考核目标，未发生较大及以上交通事故，水上交通、交通建设和公路养护未发生死亡事故，交通运输行业其他领域未发生安全事故。全年受理高速公路建设、出租汽车行业管理和改革、公路系统遗留难题等重点领域、重点人群各类信访件128件，基本化解自隆高速公路被征地农民社保问题，多次维护出租汽车行业稳定。

（本栏目供稿单位：自贡市交通运输局）

7日，省道310线234公里加600米处（灰老沟桥与荷花池桥之间）发生山体崩塌，塌方石块约100立方米，重300余吨，公路封闭断道。攀枝花市交通运输局联合公安交警部门对省道310线仁和区境内灰老沟桥(234公里加330米)至荷花池桥（234公里加930米）段封闭交通。该路段于2016年11月8日通车。

2016年7月7日，由于连续强降雨，仁和区境内省道310线236公里加200米处左侧山体开裂、垮塌，严重影响车辆通行。攀枝花市交通运输局协调市消防支队出动云梯，装载地质灾害治理技术专家、爆破公司专业人士对该处进行近距离观察，发现该处滑坡体长15米，山体裂隙深度10米，方量约400立方米，主滑坡体旁有零星松散石方时常掉落。根据现场实际情况，经过抢险人员及专家会商，确定采用消防云梯填充炸药进行爆破处置清理松散滑坡体。下午，对开裂山体进行两次爆破，但由于爆破对附近山体产生一定影响，在雨水作用下山体表面结构不稳定，存在安全隐患，因此对靠近该段山体下方半幅路面采用沙袋打围封闭，另半幅通行。7月8日12时，完成打围封闭工作，并设置隔离防护设施，恢复车辆半幅通行。

机动车驾驶教练员技能大赛 2016年10月14日，由攀枝花市交通运输管理处、市道路运输协会主办，园丁驾校承办的“2016年中国技能大赛—攀枝花市机动车驾驶教练员技能大赛”正式开赛。从全市12家驾校推选出的32名教练员先后进行理论知识、教案讲解、场地驾驶技能等三个项目竞赛。

攀枝花市汽车客运中心开通微信平台购票 2016年5月30日，攀枝花市汽车客运中心正式开通微信平台购票。微信平台与四川汽车票务网同步，可购买十天之内的长途车票。市民可以通过微信、四川汽车票务网、支付宝三种方式购票，凭身份证在客运中心售票大厅自动取票机或问讯处取票，即可检票乘车。

钒钛高新区火车站站前改造 2016年6月7日，攀枝花市钒钛高新区启动火车站站前改造，投资70余万元，9月10日正式投入使用。改造后，火车站站前广场将原136个社会车辆停车位，规划为3个停车区域（公交车辆免费停车区域11个车位，出租车免费停车区域23个车位，社会车辆计时收费停车区域96个车位，共计128个车位）；社会车辆停车区域采用1进2出计时收费系统，对社会车辆进出火车站提供15分钟内免费服务；在火车站站前广场增设8个天网监控摄像头、8个高杆灯，对站前广场实施24小时监控。

创园创森项目建设 2016年，攀枝花市交通运输局结合公路绿化和公路大中修工程工作，因地制宜开展公路绿化、美化工作，投资70万元完成炳清线大花地转盘、凉风坳隧道口绿化带两个创园项目；投资340万元，实施国道108线拉鲊至挖断路、省道214线垭口至丙谷段、省道310线和爱至红格段三个公路绿化创森项目，补植行道树小叶榕2 394株、香樟树1 424株；种植三角梅813株、麦冬5 490平方米等本土易开花植物，并在有条件路段撒播野花组合，创造优美行车环境。

出台农村水路客运成品油价格补贴政策 2016年，攀枝花市在全省率先出台与安全生产和服务质量挂钩的农村水路客运成品油价格补贴政策。市交通运输局、市财政局印发《攀枝花市优化农村水路客运成品油价格补贴政策暂行办法》。发放从事农村水路客运活动的船舶成品油价格补贴资金根据船舶功率、航行总里程和安全生产、服务质量等综合确定，实行基础补贴和考核补帖相结合，市地方海事局制订《攀枝花市优化农村水路客运成品油价格补贴政策考核细则》，各县（区）县交通运输部门、航务海事机构负责组织考核，并按月公示考核情况。

二滩库区水环境和航道综合治理 2016年7月15日，中共攀枝花市委、市政府召开取消二滩库区养鱼网箱（水环境和航道综合治理）攻坚动员大会，安排部署取消二滩库区网箱养鱼相关工作。市政府与盐边县政府、米易县政府签订《取消攀枝花二滩库区网箱养鱼（水环境及航道综合治理）目标责任书》，计划用6个月时间，年底全面取消二滩库区网箱养鱼。

2016年11月15日晚，市地方海事局召开紧急会议，连夜部署二滩库区取消网箱养鱼工作期间水上交通安全及水路运输保障工作。2016年11月20日起，米易县、盐边县开展为期40天的取消二滩库区网箱养鱼（水环境及航道综合治理）攻坚工作。11月10日，市交通运输局在《攀枝花日报》发布《航行警告》，在二滩库区码头、涉水乡镇张贴《航行警告》，两县海事机构通过海事信息平台发送预警信息，提醒二滩库区船舶在网箱取消工作期间严格遵守行船规则，确保水上交通安全。11月16日和18日，先后下发《关于切实做好取消二滩库区网箱养鱼工作期间水上交通安全监管和水路运输保障相关工作的通知》《关于做好取消二滩库区网箱养鱼工作期间水上交通管理工作的函》，明确工作任务和市、县两级海事部门的工作责任。临时开通米易县得石镇长沟码头，在鳡鱼码头及宋家坨码头设立应急点，将“四川海事 024”“四川海事 025”列为应急船舶，承担巡航督查及应急救援工作。储备必要的运力，保证库区群众出行不受影响，确保学生安全回家、平安返校。

（本栏目供稿单位：攀枝花交通运输局）

泸州市交通

LUZHOU SHI JIAOTONG

2016年泸州市交通运输能力概况

公路交通运输			
通车里程	总里程（公里）		13 731
	其中	高速公路	455
		一级公路	131.2
		二级公路	805.558
		三级公路	232.82
		四级公路	8 590.824
		等外公路	3 515.632
公路密度	按国土面积计算：每百平方公里 114.4 公里		
	按人口计算：每万人 33.2 公里		
通达里程	通公路的乡镇 127 个，占乡镇 100 %		
	通公路的村 1 345 个，占村 100%		
客运站	总　数（个）		157
	其中	一级站	3
		二级站	10
		三级站	10
		四级及以下站	134
营运车辆	总　数（辆）		23 104
	其　中	客车 2 881　辆　79 191　座	
		货车 20 223　辆 170 428　吨	
公路运量	客　运	客运量（万人次）	7 573.48
		旅客周转量（万人公里）	642 200
	货　运	货运量（万吨）	7 025.23
		货物周转量（万吨公里）	1 275 822.7
内河航运运输			
通航里程	总里程（公里）		340.1
	其中	三级航道	136
		四级航道	
		五级航道	92.5
		六级航道	
		七级航道	111.6
港口（码头）	总　数（个）		106
	吞吐量	旅客吞吐量（万人次）	
		货物吞吐量（万吨）	3 458.57
水路运量	客　运	客运量（万人次）	38.44
		旅客周转量（万人公里）	297
	货　运	货运量（万吨）	1 973.7
		货物周转量（万吨公里）	1 626 975.47
营运船舶	总　数（艘）339		
	其中	客船 30 艘 865 座	
		货船 309 艘 50.8 万净载重吨	
城市公交运输			
营运车辆	1 375 辆		
公交线路	173 条		
公交站	1 810 个		
运　量	2.11 亿人次		

交通基础设施建设概况　2016年，编制完成《泸州市综合交通运输“十三五”发展规划》《泸州市2016—2019年实施交通扶贫攻坚大会战的意见》。完成交通投资126亿元，连续3年超百亿元。高速公路新增通车里程65公里，累计建成通车6条，通车里程455公里、居全省第三、川南第一，实现县县通高速公路，构建完成川滇黔渝区域中心“一环六射一横”高速路网（见相关链接）。全市国省干线公路路面使用性能指数（PQI）为87。全省试点示范工程渡改桥项目大规模开工建设，已建成7座。新（改）建农村公路804.9公里，其中精准扶贫公路291.2公里，新增75个村通水泥路（油路），建制村通畅率达97.6%；重点项目赤水河环线扶贫公路实现开工建设。全省二级城市最大公交枢纽城北公交枢纽站建成运行，城西客运站、川滇黔公铁联运物流集散中心等项目加快实施。长江泸渝航道“三升二”（三级航道升级为二级航道）整治工程、泸州港大件码头等项目协调推进。

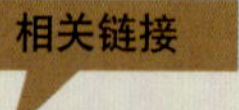

“一环六射一横”：“一环”由国道76线厦蓉高速公路、

油码头升级改造、安达煤码头一期、古蔺港区财湾煤码头4座码头工程竣工验收，超额完成目标任务。泸州港“公铁水多式联运+甩挂物流”联盟战略合作协议正式签约。泸州市与昆明市、昭通市联合签署港口物流发展战略合作协议。

“平安交通” 2016年，泸州市深入推进“平安交通”创建。全年查处客车驾驶员违反“六严禁”118起，其中受到停运7天处理85起、停运1个月处理32起、停运3个月处理1起。固定站点检测超限率控制在1%以下、国省干线公路超限率控制在4%以下。道路运输实现较大以上事故“零发生”，事故和死亡人数“双下降”。水上D型巡航救助船投用，与重庆、三峡、宜昌等区域联动合作水上交通安全监督，管理系统平台建成运行，水上交通连续4年“0事故、0死亡”。

“智慧交通” 2016年11月30日，泸州市率先开通全国交通一卡通，发行“酒城一卡通”3万张，为四川省第一个开通全国交通一卡通的城市。全市符合条件的三级以上客运站均实现联网售票，符合条件的三级以上汽车客运站、旅游客车、高速直达客车和超长客车实现WiFi全覆盖。加入全省接驳运输联盟，800公里以上长途客运班线全部实施接驳运输。重点营运车辆（包括旅游包车、三类以上班线客车和危险货运车辆）联网联控系统实现全覆盖，车辆上线率达95%。全市二级以上汽车客运站均安装固定视频监控系统并接入运管部门监管平台。全市6家汽车综合性能检测机构全部安装完成信息化管理系统并投入使用。泸州交通应急指挥与信息中心建成运行，“12328”平台、“酒城通”APP功能进一步完善。

全国综合运输服务示范城市 2016年，泸州市加快推进全国综合运输服务示范城市建设。编制上报《泸州市综合运输服务示范城市建设实施方案》，起草《关于加快实施综合运输服务示范城市建设工作的实施意见》《泸州桂林综合运输服务示范城市“联学互促”实施方案》，组建工作机构，加快推进综合客运枢纽、城市货物集疏运中心、运输服务信息共享、综合运输组织模式、综合运输服务工作机制、综合运输服务标准等6项示范建设项目，通过2016年度部、省考核。

交通扶贫攻坚 2016年，泸州市人民政府印发《泸州市2016—2019年实施交通扶贫攻坚大会战的意见》《泸州市2016—2019年交通扶贫攻坚大会战建设项目表》，要求三年完成总投资423亿元，新建成通车高速公路150公里，完成国省干线升级改造445公里，新（改）建农村公路6 200公里，完成全省试点示范工程45座渡改桥攻坚建设任务，确保在贫困地区建成“外通内联、通村畅乡、班车到村、安全便捷”交通运输网络，改变边远贫困地区交通发展滞后面貌。

（本栏目供稿单位：泸州市交通运输局）

组图：酒城一卡通互联互通卡、老年卡、学生卡 泸州市交通运输局 供稿

德阳市交通

DEYANG SHI JIAOTONG

2016年德阳市交通运输能力概况

公路交通运输			
通车里程	总里程（公里）		8 163.339
	其中	高速公路	205.5
		一级公路	348.73
		二级公路	601.699
		三级公路	717.213
		四级公路	5 487.855
		等外公路	811.342
公路密度	按国土面积计算：每百平方公里 137.015 公里		
	按人口计算：每万人 20.35 公里		
通达里程	通公路的乡镇 125 个，占乡镇 100 %		
	通公路的村 1 447 个，占村 100%		
客运站	总　数（个）		201
	其中	一级站	4
		二级站	6
		三级站	6
		四级及以下站	185
营运车辆	总　数（辆）		28 973
	其　中	客车 1 643 辆 45 208 座	
		货车 27 330 辆 152 996 吨	
公路运量	客　运	客运量（万人次）	5 831
		旅客周转量（万人公里）	252 095
	货　运	货运量（万吨）	9 696
		货物周转量（万吨公里）	559 753
内河航运运输			
通航里程	总里程（公里）		
	其中	三级航道	
		四级航道	
		五级航道	
		六级航道	
		七级航道	
港口（码头）	总　数（个）		
	吞吐量	旅客吞吐量（万人次）	
		货物吞吐量（万吨）	
水路运量	客　运	客运量（万人次）	24.8
		旅客周转量（万人公里）	50.54
	货　运	货运量（万吨）	
		货物周转量（万吨公里）	
营运船舶	总　数（艘）		
	其　中	客船　艘　座	
		货船　艘　吨	
城市公交运输			
营运车辆	648 辆		
公交线路	67 条		
公交站	2 628 个		
运　量	0.791 4 亿人次		

交通路网规划与项目推进　2016年，德阳市交通运输部门围绕中共德阳市委、市政府成德同城化和打造成都现代化大都市北部新城的发展战略部署，开展成德城市发展主轴天府大道北延线和“五环多轴”城市交通干线网络的方案研究。编制“两网合一”的《德阳市全域综合交通路网规划》。组织编制全市交通大会战重点项目，形成上下联动、滚动储备的动态项目管理体系，按续建、新开工、加快前期进行分类，储备交通重点项目54个。研究探索交通基础设施建设融资模式，积极争取上级部门政策与资金支持，全年争取中央、省补资金5.25亿元。11月10日，全市举行天府大道北延线等43个交通重点项目集中开工动员。

年内，德阳市按照“统一规划、统一计划、统一标准、分段实施”原则，协同推进成（都）德（阳）交通合作重点项目，共同谋划签订成德两地战略合作协议；8月31日，德阳市政府与省交通运输厅签订交通运输发展战略合作协议。同时，成德两市与成都铁路局签订《成都至德阳动车公交化运营合作协议》，自9月30日起成德两地实现动车公交化运营；成德两市协同合作，加快既有轨道交通服务改革。

交通重点项目建设　2016年，德阳市实施交通重点工

输防汛抢险演练和水上交通应急演练等各类综合、专项应急演练近20次。组建公路和水路应急抢险、道路运输应急保障、施工安全应急救援等二十多支专（兼）职的应急队伍，落实人员400余人、客货车辆300余辆、船舶10余艘、机械设备100余台。

2016年11月22日，交通运输部、四川省人民政府、武警交通指挥部联合主办，四川省交通运输厅、绵阳市人民政府、武警交通一总队承办的2016年度全国公路交通军地联合应急演练在四川省绵阳市平武县南坝镇举行。交通运输部，四川省，绵阳市，平武县，南坝镇五级政府部门及武警交通部队、有关应急抢险队伍、公路建设企业等约500人参加演练。交通运输部副部长戴东昌，武警部队副参谋长赵建军少将，四川省人民政府副省长杨洪波，武警交通指挥部司令员傅凌少将、参谋长高强少将等出席并观摩。演练以“5·12”汶川大地震和“4·20”芦山大地震抢险救援行动为参照，模拟背景是四川省绵阳市平武县发生6.5级地震，波及广元市青川县部分乡镇。地震引发山体滑坡、塌方、桥梁垮塌、河道淤塞等次生灾害，导致通往灾区的道路省道205线、省道105线中断，短时间内无法抢通。大量车辆积压，人员滞留，上下游人民群众生命财产受到严重威胁。演练采取现场短片演示和实兵实战演练相结合的方式，分为情况接报与响应、抢通组织与实施、救灾物资道路应急运输保障三个阶段，包含9个演练科目，基本涵盖公路交通应急救援全部范围。演练调集超过20种设备，使用综合指挥车、单兵图传设备、六旋翼无人机、固定翼无人机、蟒式全地形两栖运输车、坦克底盘救援突击车、雷达生命探测仪、装甲防护挖掘机、远程遥控挖掘机、子母式和垂直式“龙吸水”大功率排水车等10多种先进设备，架设应急机械化桥、应急动力舟桥等长跨度应急运输桥梁，出动长臂挖掘机、破碎机、救援叉装车、冲锋舟、皮划艇等抢通及救援设备，采用无人机遥感侦察、“二氧化碳爆破”等先进设备、技术。

交通脱贫攻坚工作 2016年，绵阳市交通运输部门落实帮扶措施，以“领导+支部+党员”的点对点帮扶，确保每户贫困户有一名帮扶领导和一个帮扶团队。在日常帮扶活动中，各党支部建立精准扶贫对象管理档案，实现户有卡、村有册、乡有档。向马角镇中心小学捐助5万元物资，补助印坪村、沉水村250万对其道路基础设施进行改善。全年建设农村公路近2 000公里，以县道为骨架、乡道为支撑，逐步形成以村道为脉络的农村路网体系，为贫困地区脱贫攻坚提供强大助力。

李代全获“中国交通运输十大风范人物”荣誉称号 2016年5月23日，交通运输部主办、中国交通报社承办“寻找中国运输风范人物领袖品牌”活动，安洲驾校校长李代全同志被授予“中国交通运输十大风范人物”荣誉称号，为全省交通运输行业、全国驾培行业唯一获此殊荣的人员。

（本栏目供稿单位：绵阳市交通运输局）

2016年11月22日，全国公路交通军地联合应急演练在绵阳市平武县南坝镇举行

绵阳市交通运输局 供稿

广元市交通

GUANGYUAN SHI JIAOTONG

2016年广元市交通运输能力概况

公路交通运输			
通车里程	总里程（公里）		19 852
	其中	高速公路	392
		一级公路	104
		二级公路	974
		三级公路	334
		四级公路	12 819
		等外公路	5 229
公路密度	按国土面积计算：每百平方公里 121.7 公里		
	按人口计算：每万人 63 公里		
通达里程	通公路的乡镇 234 个，占乡镇 100 %		
	通公路的村 2 499 个，占村 100 %		
客运站	总 数（个）		138
	其中	一级站	1
		二级站	5
		三级站	8
		四级及以下站	124
营运车辆	总 数（辆）		17 841
	其 中	客车 1 601 辆 35 094 座	
		货车 16 240 辆 81 493 吨	
公路运量	客 运	客运量（万人次）	1 909
		旅客周转量（万人公里）	161 576
	货 运	货运量（万吨）	4 307
		货物周转量（万吨公里）	658 556
内河航运运输			
通航里程	总里程（公里）		568.6
	其中	三级航道	
		四级航道	
		五级航道	
		六级航道	253.4
		七级航道	27
港口（码头）	总 数（个）		
	吞吐量	旅客吞吐量（万人次）	88.97
		货物吞吐量（万吨）	1 107.24
水路运量	客 运	客运量（万人次）	88.97
		旅客周转量（万人公里）	1 349.3
	货 运	货运量（万吨）	1 107.24
		货物周转量（万吨公里）	2 984.5
营运船舶	总 数（艘） 406		
	其中	客船 92 艘 3 025 座	
		货船 314 艘 9 331 吨	
城市公交运输			
营运车辆	561 辆		
公交线路	100 条		
公交站	1 252个		
运 量	9.282 9亿人次		

交通发展规划 2016年，广元市交通运输部门编制完成《广元市综合交通运输“十三五”发展规划》《广元市亭子湖交通运输发展规划》《广元市白龙湖交通运输发展规划》等系列规划初稿，完成广元交通区位优势、广元与国家“一带一路”战略关系的研究工作，编报公路、水运、运输站场2016—2018年三年滚动计划，充实了全市交通建设项目库。

交通基础设施建设 2016年，广元市继续推进交通基础设施建设。完成固定资产投资60亿元，其中市本级完成投资17.1亿元。开展广元至平武、绵阳经苍溪至巴中高速公路和国道5号线京昆高速公路广元境段扩容改造项目前期工作。建成国道108线陵江至宝轮改线工程、省道205线广元至昭化公路上石盘段，国道108线鸭浮岩至纺织大道、严家湾隧道工程等项目推进顺利，开工建设省道205线广元至昭化镇公路上石盘至摆宴坝段等项目。建成嘉陵江上石盘航电枢纽船闸工程上闸首，开工建设广元港张家坝作业区，开展嘉陵江广元段航运配套（二期）工程前期工作。建成2个汽车客运枢纽站、17个乡镇客运站、382个农村招呼站；建成广元交通物流港上西园区。全市建成农村公路1 550公里（县乡公路310公里、通村公路1 240公里），建成安保工程317公

次，散发宣传资料7万余份，制作各类宣传展板和宣传横幅20余个，接受群众咨询11 000余人次。

交通行政执法 2016年，内江市进一步加大简政放权力度，规范行政许可程序，全行业办理行政许可事项8 311件，比上年增加5 484件，增长194%，全年无一起超期件和投诉件，按时办结率100%，群众满意率100%。

2016年5月，路政支队直属一大队在飞强搅拌站开展“路政宣传月”活动 内江市交通运输局 供稿

交通工程质量监管 2016年，内江市对全市交通重点在建工程开展全面质量监督检查，监督覆盖率100%。全年发出质量安全问题整改通知15份，对违反施工规范的施工行为进行纠正，对不满足质量标准的原材料和工程实体进行整改。全市工程质量安全体系运转正常，原材料、工程实体抽查合格率较高，工程质量处于可控状态。

交通生产安全监管 2016年，内江市交通安全生产形势持续保持稳定。道路运输连续18年未发生因源头责任导致的安全生产事故，水路运输连续16年未发生安全责任事故。

公路管养 2016年，内江市进一步规范提升公路和桥梁管养水平。全年公路养护投入资金12 168.4万元，为市目标督查办公室下达目标6 000万元203%。其中小修保养4 658万元，大中修工程7 500万元，预防性养护10.4万元。主要对管养的132.46公里国道321线资中县银山镇至球溪镇段57.58公里实施大修工程，余下74.88公里大中修工程完成前期准备工作。公路路面使用性能指数（PQI）92.3，排全省第二名。完成公路“绿色通道”建设367公里。清理病危行道树，对可绿化路段补植行道树和建设绿化带，公路绿化率98%。首次引进桥梁专业技术队伍对全市国省道上桥梁定期“会诊”，改造公路危（病）桥8座，公路铁路立交桥隐患整治2座，公路大中修114公里，实施公路安保工程217.79公里，维修改造养护站4座，建设生态路367公里。猫猫沟防汛应急抢险排水工程建设进展迅速。2016年新改（建）农村公路主要指标（压实度、砼厚度、砼强度）合格率达90%以上，一次交（竣）工验收合格率100%，无质量责任事故发生。投入公路安保工程整治经费1 673.3万元，建设公路安保工程217.79公里，补充完善公路各类标志标牌，施划各类标线（包括减速振荡标线），整治危险路段（急弯、陡坡、连续下坡、视距不良、路侧险要等），安装里程碑、百米桩。全年所管养的国省干道未发生一起因路面设施问题导致的安全责任事故，被评为四川省道路交通安全综合整治工作先进集体。建成交通流量观测站12个，全面覆盖全市国省干线公路，站点在线率、数据有效性、故障响应时间等数据指标达全省领先水平。落实防汛抢险有关要求，坚持汛期值班带班制度和“三查”制度，通过多种渠道和途径预警，提前做好防汛抢险准备。2016年7月，国省321线1 868公里加680米处三龙桥桥洞被洪水淹没，迅速采取措施，及时有效处置险情。全年发布天气预警信息40余次，开展应急演练2次。全年未发生因抢险不及时导致的交通中断和道路安全事故。在2015年度全市应急管理工作考核中获二等奖。内江市公路局所属15个养护站积极开展创建“模范班组”活动，内江养路段凌家养护站和资中养路段银山养护站同时获得全国公路系统“模范班组”称号。

交通应急保障 2016年，内江市圆满完成春运应急运输任务。严格实施“点对点”运输，确保杭州G20峰会期间道路运输安全；圆满完成“2016中国·内江大千龙舟经贸文化节暨龙舟公开赛”水上交通安保任务。会同市应急办等部门联合开展“反恐防爆应急演练”“消防灭火应急演练”，汛期内开展水上应急救援演练7次，参加川南应急拉练1次，开展公路抢险应急演练2次。

“智慧交通” 2016年，内江市继续推进“智慧交通”建设。全市客运车辆安装使用车载视频监控系统及车辆限速装置，所有超长客运、高速公路客运、城市公交车辆均安装使用车载视频监控系统，“两客一危”重点营运车辆入网率100%，车辆上线率90%以上。全市8个二级以上汽车客运站全面启用四川汽车客运票务网售票系统。全市20所机动车驾驶培训机构全面推行计时培训、学时收费。积极推动汽车维修电子档案系统建设，全市81家一、二类维修企业加入“阳光维修”公众服务平台。积极实施危险货物电子运单监管，全市7家危货企业168辆危货车使用电子运单1 837件次，运单使用率61%。启动“船舶自动化报警及船舶动态管理系统”和“船舶二维码识别系统”实验工作。

（本栏目供稿单位：内江市交通运输局）

乐山市交通

LESHAN SHI JIAOTONG

2016年乐山市交通运输能力概况

公路交通运输			
通车里程	总里程（公里）		11 871.261
	其中	高速公路	234.711
		一级公路	170.537
		二级公路	622.544
		三级公路	600.223
		四级公路	9 518.698
		等外公路	724.548
公路密度	按国土面积计算：每百平方公里 93.31 公里		
	按人口计算：每万人 33.55 公里		
通达里程	通公路的乡镇 211 个，占乡镇 100 %		
	通公路的村 2 030 个，占村 100%		
客运站	总　数（个）		93
	其中	一级站	3
		二级站	12
		三级站	4
		四级及以下站	74
营运车辆	总　数（辆）		19 464
	其　中	客车 2 038 辆 51 805 座	
		货车 17 426 辆 184 753 吨	
公路运量	客　运	客运量（万人次）	4 252.477
		旅客周转量（万人公里）	176 706.477
	货　运	货运量（万吨）	12 494
		货物周转量（万吨公里）	1 120 832.467
内河航运运输			
通航里程	总里程（公里）		976
	其中	三级航道	
		四级航道	89
		五级航道	
		六级航道	32
		七级航道	172
港口（码头）	总　数　5（个）港口　　20（个）码头		
	吞吐量	旅客吞吐量（万人次）	2.758
		货物吞吐量（万吨）	237.094 4
水路运量	客　运	客运量（万人次）	234.19
		旅客周转量（万人公里）	1 661.17
	货　运	货运量（万吨）	273.78
		货物周转量（万吨公里）	63 316.01
营运船舶	总　数（艘）　375		
	其　中	客船 157 艘 5 858 座	
		货船 218 艘 10.115 9 吨	
城市公交运输			
营运车辆	942 辆		
公交线路	129 条		
公交站	577 个		
运　量	1.412 54 亿人次		

交通固定资产投资　2016年，乐山交通开展交通三年攻坚大会战，加快构建“十纵八横三环线”（详见链接）网络化交通布局，圆满实现“十三五”交通运输工作良好开局。全年完成交通投资154亿元，为年度计划102.07%。全市15个“挂固作战”重大交通项目完成投资121.5亿元，为年度计划116.6亿元的104.2%；其中，铁路项目完成投资53.1亿元，为年度计划106.2%；岷江航电项目完成投资20.6亿元，为年度计划103%；高速公路项目完成投资26.13亿元，为年度计划100.5%；国省干线公路及地方重点项目完成投资21.69亿元，为年度计划102.8%。

相关链接

“十纵八横三环线”：“十纵”即贯穿乐山市南北的10条水陆通道，北接成德绵、南连渝滇黔（岷江航道；成绵乐铁路、成贵铁路、成昆铁路及复线；乐雅高速公路、乐西高速公路、成乐高速公路、乐宜高速公路、仁沐新高速公路；国道213线、省道103线、国道348线、省道428线、国道245线、省道309线、省道215线）。“八横”即连接乐山市东西向的8条通道，贯通川南、攀西两大经济区（连乐铁路；乐自—乐宜—乐峨—峨汉高速公路；省道307线、第二快速环线、省道213

设里程的100%；累计投资12.53亿元，为估算总投资的100%。

宝兴灵关至芦山龙门公路建设 宝兴灵关至双石至宝盛至龙门芦山公路是雅安“4·20”芦山强烈地震交通灾后恢复重建五条重要经济干线之一，项目起于宝兴与芦山交界处7公里加121.291米垭子口，止于芦山县宝盛乡玉溪村县道074线与县道073线相交处，于2013年12月开工建设，2016年5月完工，累计完成路面44公里，累计完成投资2.58亿元。

宝兴至永富至康定河口大桥公路建设 宝兴至永富至康定河口大桥公路是雅安“4·20”芦山强烈地震交通灾后恢复重建五条重要经济干线之一。项目起于国道351线宝兴县城止点与省道210线相交处，经五龙乡、陇东镇、永富乡、中岗村至灯笼沟后进入夹金山林区，翻越大雪槽后沿溪缓坡而下至康定县两河口村接原路（路线终点），于2013年12月开工建设，2016年7月完工，完成路面87公里，累计完成投资2亿元。

天全至芦山公路完工 天全至芦山公路是雅安“4·20”芦山强烈地震交通灾后恢复重建五条重要经济干线之一。项目起于天全县烈士陵园，经仁义乡、老场乡，止于铜江天桥，于2013年12月开工，2016年5月完工，完成路面20.3公里，累计完成投资1.458亿元。

道路水路运输 2016年，雅安市公路客运量、旅客周转量比上年分别下降12.1%、12.8%，公路货运量、货物周转量比上年分别增长2.1%、5.3%。

全市有道路旅客运输业户32户，其中从事班车客运的企业有8户，从事出租汽车有12户、公交客运的有12户。道路货物运输业户12 338户（含个体），其中普通货运11 652户（含个体），货运专用运输96户，危险货物运输企业6户，其他道路运输相关经营业户1 224户，道路运输从业人员39 141人；现有汽车客运站174个，其中一级客运站2个、二级客运站3个、三级客运站5个、农村客运站163个；全市开通客运线路172条（其中：高速公路客运54条、跨省客运线路3条、跨市客运线路68条、跨县客运线路29条、县内客运线路72条）；一级货运站1个（雅安市多营物流中心）；有客运车辆1 955辆，其中班车客运1 250辆（包括农村客运931辆）、出租汽车434辆、公交车271辆（其中：城区出租车281辆、公交车129辆），货运车辆21 225辆；农村客运通乡镇139个，通达率94.24%，通建制村815个，通达率80.30%；驾驶培训学校共16所，其中1所为一级驾校；维修企业1 002家，其中一类维修企业14家、二类维修企业165家、三类维修企业714家；摩托车维修109家。船舶制造维修企业1家。有水路运输企业3家，客运船舶11艘，乡镇客渡运输5户，客渡船舶5艘，水路运输从业人员276人。

城市客运 2016年，雅安城区新增2条公交线路，分别为10路和11路。宝兴县新增一条老城区至新车站公交路线。2016年新增和更新公交车34辆，其中新增新能源公交车11辆（汉源县5辆、雨城区6辆），新增及更换的公交车中新能源公交车占比32%。更新64辆出租车，新增20辆出租车。全市创建公交精品线5条：其中雨城区公交线路创建精品线路2条；芦山县公交线路创建精品线路1条；汉源县公交线路创建精品线路1条；荥经县公交线路创建精品线路1条。

农村客运 2016年，雅安市启动实施农村客运“村村通”专项工程，确保农村客运“开得通、留得住、有效益”，增强农村客运可持续发展能力，为广大农民脱贫致富提供更好的保障。2016年完成1条通乡镇客车任务（宝兴县双溪乡）。完成新开通农村客运建制村任务16个（目标任务15个），分别为雨城区10个、汉源县4个、石棉县2个。新增客运班线1条，为县际客运班线（天全至芦山、芦山至天全），全市新增和更新农村客运车辆55辆，其中名山区42辆，石棉县5辆，荥经县3辆，芦山县3辆，雨城区2辆。

交通运输信息化建设 2016年，雅安市加快构建智能化客运信息服务系统。全市10个三级以上客运站全面完成客运站联网售票。雅安西门车站和旅游车站两个一级车站各有4台自动取票机，其余石棉、汉源、天全3个二级汽车站安装1台自动取票机。全市10个符合条件的三级以上汽车客运站完成WiFi覆盖建设任务。全面实现重点营运车辆联网联控系统全覆盖，全市有客运班线车辆和旅游包车客运车辆342辆，全部按规定安装具有行驶记录功能的卫星定位装置，并全部实现3G视屏实时监控。全面推进道路危险货物电子运单制度。雅安市城区有11条公交线路、新增公司化营运的出租汽车全部安装刷卡机并投入使用。汉源县捷达水上运输有限公司3艘客运船舶安装4G实时监控，其余8艘客运船舶安装行船记录仪。

交通工程质量监管 2016年，雅安市重点监督工程项目11个（其中高速公路项目2个、国道项目2个、地方重点经济干线项目7个）。对全市范围内的高速公路、国省干线新（改）建工程进行质量安全监督全覆盖。开展综合督查2次，专项检查10次，巡查120余次，全市在建工程未发生重大质量事故。

公路安保设施建设 2016年，雅安市全面开展安保工程建设。完成国省干线公路安保工程普查和排查工作，调查国道3条、省道7条，调查总里程669.851公里，其中298.377公里安装公路路侧护栏。年内，雅安市完成公路路侧护栏安装113公里（其中国省干道102公里、农村公路11公里）。

芦山至灵关路路侧护栏　　雅安市交通运输局 供稿

公路“治超”　2016年，雅安市依托固定治超检测站和流动治超点，公安交警与公路路政、运政等部门开展“一站式”联合执法。对超限车辆实施卸载，并将超限车辆及时抄告相关部门，做到应抄必抄。全市普通公路“双超”治理投入公安、路政、运政执法人员28 890人次，检测车辆150 672辆，卸载车辆3 001辆，卸载货物45 388吨，抄告车辆936辆。新建成2个固定治超检测站，提升科技“治超”水平。

公路养护管理　2016年，雅安市实施公路大中修工程，投入资金1.066亿元，完成55公里国省干道大中修工程。完成省道105线、省道210线和国道318线路面整治工程。12月开工建设国道108线名山区境内黑竹、百丈、新店、蒙阳四个场镇改造工程。完成国道108线雨城区境内八步至麂子岗、汉源境内泥巴山至碗厂、石棉境内凉桥至姚河坝大中修工程和省道306线汉源境内中修工程的前期工作。公路路面使用性能指数（PQI）检测值85.5，完成年度目标任务。

路政管理　2016年，雅安市公路路政管理部门按照巡查制度制订每月巡查计划，认真开展公路巡查，加大节假日和汛期公路巡查密度，及时查处公路“九乱”现象，确保公路安全畅通。公路巡查率达90%以上，全市发生各种侵占、损坏公路路产和公路设施案件610起，查处581起，查处率95%。办理超限运输行政许可1 053件，实施大件运输车辆监护通行60辆次。公路巡查清障排障7 639起。

交通行政执法　2016年，雅安市落实行政执法责任，深入推进交通运输行政执法责任制。完善行政权力运行平台，确保所有行政权力通过网上行政权力运行平台公开运行。围绕基层单位执法队伍建设暨执法形象大提升活动等，对全市交通行政执法工作进行专项评议考核，通过考评，进一步规范执法人员执法行为，提升交通执法形象。

交通安全监管　2016年，雅安市道路运输发生行车安全生产责任事故1起，死亡2人；水上交通运输未发生安全生产责任事故；公路养护生产未发生安全生产事故；交通建设工程施工安全生产形势严峻，共发生生产安全事故8起，死亡9人。其中，雅康高速公路雅安境内在建工程发生生产安全事故3起，死亡3人；国道351线在建工程发生生产安全事故2起，死亡3人；芦山县灵关经双石至宝盛公路灾后恢复重建工程发生生产安全事故1起，死亡1人，芦山县镇西山隧道工程发生生产安全事故1起，死亡1人；宝兴县农村公路嘎日沟公路灾后恢复重建工程发生生产安全事故1起，死亡1人。

驾培管理　2016年，雅安市有序推进驾驶培训行业改革，进一步开放驾驶培训市场，逐步建立投资预警机制和风险告知制度，年内新增各级驾校6家。推行驾校培训服务模式改革，督促驾校实行“计时培训、按学时收费、先培训后付费”服务模式。全市15所运营驾校均安装计时培训系统和计时终端设备。逐步推进先培训后付费服务模式，石棉驾校、蜀通驾校、雨城驾校等9家驾培机构推行“先培后付”教学模式，覆盖率60%。在石棉驾校组织开展由全市13所驾校29名教练员选手参加的“2016年中国技能大赛——四川省雅安市交通运输行业机动车驾驶教练员技能大赛”，选派3名教练员选手参加全省机动车驾驶教练员技能大赛。11月，雅安市地方海事局组队参加四川省总工会、四川省人力资源和社会保障厅、四川省交通运输厅组织的“2016年中国技能大赛四川省交通运输行业船员岗位操作工技能大赛”，获得团体三等奖。

（本栏目撰稿人：崔炳龙）

高速公路建设 2016年，凉山州加快建设国道5线京昆高速公路泸沽至黄联关试验段和峨汉高速公路甘洛段，宜攀高速公路项目获得“BOT+政府补助”授权，与中建集团签订西昭高速公路项目意向性合作协议，与葛洲坝集团签署西香高速公路项目合作备忘录，加紧开展乐西、永会高速公路项目前期工作，规划乐云、西巧、攀盐、西昌绕城等4个高速公路项目。

国省干线公路建设 2016年，凉山州建成国省干线路面466公里，为省定年度目标任务（450公里）的103.6%，实现州府西昌到各县县城由三级及以上等级公路连接畅通目标，基本形成州府到达州内最远县城“4小时交通经济圈”。

2016年6月29日，建成后的中冕路。省道306线中冕公路为越西县中所镇至喜德县冕山镇公路，在第一轮“凉推方案”中率先完工 凉山州交通运输局 供稿

交通“民生工程” 2016年，凉山州完成新（改）建农村公路6 488.4公里，其中通乡油路822.3公里、通村硬化路5 234公里、通村通达路168.5公里、县乡道改造94.3公里、农村公路改善提升工程28.1公里、地方自建141.2公里。7座溜索改桥建成5座、在建2座，完成省定490个、州定205个脱贫摘帽村通村硬化路建设。建成7个县级客运站、13个乡镇客运站和84个村级招呼站，新增116个建制村通客运班车，完成161辆农村客运车辆提档升级。

水运基础设施建设 2016年，凉山州积极推动金沙江—长江航运一体化发展目标，承办由国家发展改革委组织的金沙江下游翻坝和通航建筑物方案咨询会。金沙江龙场、顺河和瓦屋三个港区工程进入收尾阶段，完成溪洛渡、向家坝等库区新增水域航区划分和甘洛、昭觉新增通航水域评定前期工作，启动雅砻江官地库区库尾航道整治工程。新增水运企业1家、营运船舶10艘，3艘海事巡逻艇完工投用。

交通精准扶贫脱贫攻坚项目 2016年5月30日，凉山州举行2016年交通精准扶贫脱贫攻坚项目集中开工活动，集中开工项目650个，总投资82.09亿元，包括国省干线公路项目7个196公里、农村公路项目616个3 895公里、普通干线公路大中修项目2个56公里、运输站场项目17个、内河水运项目2个。

2016年，凉山州交通运输局对口帮扶雷波县一车乡瓦古村，选派1名同志担任驻村“第一书记”；协助确定67户278人为异地扶贫搬迁对象；协调建成13.8公里通村公路；指导发展“1+X”林业产业，全村种植核桃46.69公顷14 000余株；协助一车乡完成换届选举工作；向群众发放40余万元的生产生活物资、学生学习用品。

2016年12月25日，中央电视台《新闻联播》播出题为《四川凉山：多措并举 奋力脱贫》的新闻采访，报道凉山交通精准扶贫脱贫工作。用近2分钟时长报道凉山州大力发展交通，引领百姓走上脱贫致富路的举措和成效。

峨汉高速公路开工建设 2016年9月9日，峨眉至汉源高速公路正式开工建设，全长123.47公里，估算总投资206.75亿元，平均每公里造价超过1.7亿元，设计路基宽25.5米，双向四车道，设计最高行车时速80公里。该项目为凉山州又一出州大通道，由省铁投集团与乐山市、雅安市、凉山州3市州人民政府合作共建，途经甘洛县境内8.62公里。

省道219线德昌县德州镇至米易界段改造提升工程开工 2016年3月31日，省道219线德昌县德州镇至米易县界段改造提升工程项目开工仪式在德昌县王所镇与巴洞镇交界处的巴洞砖厂举行。该项目全长49.959公里，总投资3.5亿元，采用三级公路标准建设，建设工期一年半。

运政管理 2016年，凉山州开展为期一个月的“打击非法营运”主题宣传，查处非法营运车辆2 796辆次，查处各类违章车辆14 970余辆次，整治各类隐患94起，按照“六严禁”规定查处驾驶员15人次。持续开展水上交通非法运输专项整治，开展执法检查210余次，检查船舶1 000艘次，查处违法行为4起，整改隐患35起，救生衣两个100%落到实处。

年内，凉山州大力推进WiFi覆盖工程，实现全州21个三级及以上汽车客运站全覆盖。加快推进全州交通运输视频会议系统建设前期工作。7月1日，凉山州实现“12328”交通运输服务监督电话与省交通运输厅联网运行。

路政管理 2016年，凉山州将全州交通运输环境综合治理融入“全域旅游”战略，大力开展“除陋习、树新风”集中治理“三乱”等综合治理活动，全年查处违法案件54件，结案率达100%，发出纠正违法通知书189份，清除路障947处、交通标志标牌5 300余块、违法建筑23处、摆摊设点320余处、加水洗车26处，查处超限车6 300余辆次，卸载1 684吨，劝返超限车457辆次，违法超限率为3.8%。

公路管养 2016年，凉山州加大国省干线公路养护力度，确保群众安全通行需求。实施国省干线公路养护管理“三提前”机制，初步建立“国省干线州级负责、农村公路县（市）负责”公路管养责任体系，融资1亿元用于购置养护保障机械并对70余处国省干线损毁或灾害点进行抢险修复，累计投入道路抢险人员6 631人次、机械1 843台（辆），全力确保汛期道路通畅。明确从2016年起每年安排不低于5 000万元国省干线公路养护专项资金。

交通工程质量监管 2016年，凉山州17个县（市）全部成立公路工程质监站，实现州、县质监机构职权分离。加大试验检测及监理企业行业监管，核查备案进驻凉山成立分支机构检测单位13家。采取重点抽查与专项督查相结合，持续开展在建公路工程质量安全综合检查104次，下发整改通知92份，对4个建设管理不到位项目进行通报。

交通安全应急管理 2016年，凉山州深入开展“安全生产月”交通运输安全宣传教育活动和“强化安全发展理念，提升全民安全素质”为主题的大型交通运输安全生产咨询日活动；深入推进“平安工地”建设；持续加强“两客一危”车辆动态监控，实现重点营运车辆联网联控全覆盖；建成道路运输行车安全、事故统计分析、驾驶员记分管理等信息系统，强化事故原因分析和规律掌控；严厉查处客运驾驶员“六类违法违规”行为，扎实开展“冬季和岁末年初交通安全大检查”，全面推进危货运输电子运单系统试点工作，全年未发生交通运输安全责任事故。州运管处被交通运输部、公安部、国家安全监管总局评为“2015年道路运输平安年”活动成绩突出市级管理机构。

持续加大综合性交通应急救援抢救队伍建设。加快推进攀西地区水上应急救援基地前期工作，协调对接四川省交通运行监测与应急指挥系统（二期）工程，针对性开展城市公交、道路客运等应急演练，圆满完成党和国家领导视察凉山期间安全运输应急保障工作，交通运输应急处置水平进一步提升。

机动车驾驶员培训与汽修管理 2016年，凉山州有序推进驾培维修行业改革，全面推行预约培训，试点推行学员跨驾校、先学习后付费培训模式，对全州11所驾驶培训机构进行量化考核，评选出AAA级驾校4所、AA级驾校5所、A级驾校1所、B级驾校1所，在四川省交通运输行业机动车驾驶教练员技能大赛中凉山交通运输代表队荣获团体二等奖。持续对机动车维修市场、检测站等场所开展专项整治行动，对无证经营、超范围经营汽修厂限期整改8户、取缔5户、处罚3户，完成9家检测机构汽车综合性能检测信息化管理系统安装。

交通法治建设 2016年，凉山州制定落实执法信息公开、行风监督员等制度，主动公开执法监督举报电话，严格执法人员准入管理，大力开展执法证清理工作，分两期对310名路政、运政、海事新进协助执法人员进行培训，完成15个运管部门执法场所外观标准化建设。完成《关于深化改革推进出租汽车行业健康发展的实施意见（暂行）》《凉山州网络预约出租汽车经营服务管理实施细则（暂行）》。

杨传堂调研凉山州交通建设 2016年11月4日—5日，交通运输部党组书记杨传堂赴凉山州昭觉、布拖、冕宁、西昌等县（市），调研交通建设及交通扶贫工作。省政府副省长杨洪波，省政府副秘书长黄小平，省交通运输厅厅长汪洋，中共凉山州委书记林书成，凉山州州长罗凉清等陪同调研。

曲木史哈会见中交集团高管 2016年3月3日，副省长曲木史哈在中共凉山州委书记林书成，时任州委副书记、州长罗凉清，副州长朱学雷的陪同下，在北京会见中国交通建设集团副总裁甄少华及中交西南区域总部主要领导，就凉山高速公路建设达成共识。曲木史哈指出，随着国家“一带一路”战略的实施，凉山高速公路建设迎来历史性的机遇，希望中交集团积极参与其中，为构建美丽富饶文明和谐新凉山，共同携手，实现互利双赢。

汪洋督导凉山州项目建设和汛期安全工作 2016年5月22日—23日，省交通运输厅厅长汪洋赴凉山州，督导国道108线、省道212线、西昌市安哈镇通乡油路、邛海码头项目建设及汛期安全工作，强调要加强质量监管、优化施工进度，确保“凉推”项目建设保质保量如期完成；要狠抓汛期交通特别是水上交通安全规范化管理，确保安全责任事故“零”发生；要紧扣精准扶贫抓落实，确保交通扶贫各项部署落到实处、见到实效。厅公路局党委书记、局长廖文彬，副州长朱学雷陪同督导。

（本栏目供稿单位：凉山州交通运输局）

2016年5月23日，中共四川省交通运输厅党组书记、厅长汪洋（右一）深入凉山州督导项目建设和汛期安全工作

凉山州交通运输局 供稿

续表1：

指　标	简易铺装路面（次高级）	未铺装路面（中级、低级、无路面）	可绿化里程	已绿化里程	养护里程
（一）上年年底达到数	21 747.715	110 504.088	253 227.921	129 325.278	296 086.128
国　道	447.943	17.655	7 685.231	7 466.682	8 746.867
其中：国家高速公路			2 642.193	2 641.193	3 306.707
省　道	1 000.170	358.580	12 169.512	11 697.231	13 840.962
县　道	7 034.295	6 370.975	38 962.349	30 876.126	40 742.496
乡　道	4 909.618	17 029.978	48 399.303	30 533.921	51 321.069
专用公路	283.470	3 567.327	4 389.459	2 111.023	4 859.559
村　道	8 072.219	83 159.573	141 622.067	46 640.295	176 575.175
（二）当年新建数		54.247	1 878.894	1 519.428	2 070.198
国　道			681.358	545.693	795.522
其中：国家高速公路			312.465	312.465	312.465
省　道			188.944	188.944	188.944
县　道			0.717	0.717	0.717
乡　道			22.761	19.343	23.566
专用公路			0.998	0.998	0.998
村　道		54.247	984.116	763.733	1 060.451
（三）当年改建变更数	−1 816.372	−13 801.775	6 562.667	2 126.350	8 153.965
国　道	1 834.568	905.417	11 479.914	10 089.891	12 516.941
其中：国家高速公路			1 503.263	1 503.360	1 015.088
省　道	−810.534	−289.563	−8 010.996	−7 688.764	−9 334.596
县　道	−1 030.908	−1 055.804	−2 704.123	−2 780.479	−2 800.851
乡　道	−348.934	−2 274.752	−356.504	−1 007.388	−239.928
专用公路	−2.207	−74.590	−40.735	−10.561	−44.186
村　道	−1 458.357	−11 012.483	6 195.111	3 523.651	8 056.585
（四）当年年底达到数	19 931.343	96 756.560	261 669.482	132 971.056	306 310.291
国　道	2 282.511	923.072	19 846.503	18 102.266	22 059.330
其中：国家高速公路			4 457.921	4 457.018	4 634.260
省　道	189.636	69.017	4 347.460	4 197.411	4 695.310
县　道	6 003.387	5 315.171	36 258.943	28 096.364	37 942.362
乡　道	4 560.684	14 755.226	48 065.560	29 545.876	51 104.707
专用公路	281.263	3 492.737	4 349.722	2 101.460	4 816.371
村　道	6 613.862	72 201.337	148 801.294	50 927.679	185 692.211

2016年全省公路密度及通达情况

指　标	计算单位	数　量
一、公路密度		
以国土面积算	公里/百平方公里	66.70
以人口数量算	公里/万人	35.60
二、公路通达		
乡镇数量	个	4 483
已通畅	个	4 357
其中：通其他硬化路面	个	1
其中：当年新通畅	个	102
已通达、未通畅	个	126
其中：当年新通达、未通畅	个	
未通达	个	
建制村数量	个	48 179
已通畅	个	44 252
其中：通其他硬化路面	个	133
其中：当年新通畅	个	2 914
已通达、未通畅	个	3 802
其中：当年新通达、未通畅	个	134
未通达	个	125

续表2：

指 标	计量单位	总 计		按标记吨位分		
			个 体	大 型	重 型	个 体
	吨位	611 286	78 058	611 169	610 952	72 512
专用载货汽车	辆	5 411	82	5 337	5 304	74
	吨位	154 937	2 389	154 694	154 522	2 292
其中：商品汽车运输	辆	75		75	74	
	吨位	3 576		3 576	3 571	
大型物件运输	辆	422	13	422	422	13
	吨位	13 380	285	13 380	13 380	285
危险货物运输	辆	2 126		2 121	2 111	
	吨位	46 061		46 045	46 018	
（二）其他载货机动车	辆					
	吨位					
（三）轮胎式拖拉机	辆	7 984	6 937			
	吨位	7 002	6 063			

续表3：

指 标	按标记吨位分					安装卫星定位车载终端
	个 体	中 型	个 体	小 型	个 体	
总 计						
（一）载货汽车	53 715	21 739	13 565	279 999	185 473	106 905
	626 593	66 990	41 499	364 773	231 283	1 231 083
1. 货 车	51 124	21 628	13 559	279 990	185 472	101 545
	546 167	66 633	41 478	364 770	231 283	1 231 083
（1）按车型结构分						
栏板货车	46 941	18 151	12 122	245 121	165 544	83 467
	502 138	55 692	37 014	321 786	208 163	1 009 196
厢式车	2 307	3 064	1 426	34 612	19 920	4 764
	21 240	9 597	4 426	42 635	23 108	35 846
其中：冷藏保温车	1	71	2	205	3	347
	8	250	8	282	2	1 337

续表4：

指　标	按标记吨位分					安装卫星定位车载终端
	个　体	中　型		小　型		
			个　体		个　体	
集装箱车						1 427
						44 149
						2 452
罐　车	1 876	413	11	257	8	11 887
	22 789	1 344	38	349	12	141 892
（2）按经营范围分						
普通载货汽车	49 220	20 346	13 183	275 731	183 489	84 316
	525 173	62 587	40 400	358 951	228 513	1 018 711
专用载货汽车	1 904	1 282	376	4 259	1 983	17 229
	20 994	4 046	1 078	5 819	2 770	212 372
其中：商品汽车运输车		11		12		20
		39		18		50
大型物件运输车		3		3		343
		12		4		5 226
危险货物运输车		686		1 556		8 149
		2 250		1 976		89 334
（3）按燃料类型分						
汽油车						
柴油车						
液化石油汽车						
天然气车						
双燃料车						
纯电动车						
混合动力车						
其他燃料车						
2. 牵引车						
按燃料类型分						
汽油车						
柴油车						
双燃料车						

表1 2016年公路、水路交通分地区投资完成情况表

（按1400亿元目标）

完成进度排序	1	2	3	4	5	6	7	8	9	10	11
市（州）	广元市	达州市	德阳市	眉山市	雅安市	绵阳市	宜宾市	资阳市	自贡市	巴中市	凉山州
完成百分比	121%	119%	114%	112%	107%	106%	105%	105%	104%	101%	99%
完成进度排序	12	13	14	15	16	17	18	19	20	21	
市（州）	阿坝州	甘孜州	乐山市	成都市	广安市	遂宁市	攀枝花市	南充市	内江市	泸州市	
完成百分比	98%	98%	98%	95%	93%	90%	88%	85%	78%	75%	

表2 2016年公路、水路交通分地区投资贡献率情况表

按贡献率排序	1	2	3	4	5	6	7	8	9	10	11
市（州）	成都市	阿坝州	甘孜州	宜宾市	凉山州	达州市	南充市	广元市	绵阳市	乐山市	眉山市
贡献率	9%	8%	7%	7%	6%	6%	6%	5%	5%	5%	5%
按贡献率排序	12	13	14	15	16	17	18	19	20	21	
市（州）	雅安市	资阳市	广安市	巴中市	泸州市	德阳市	遂宁市	自贡市	内江市	攀枝花市	
贡献率	5%	5%	3%	3%	3%	3%	3%	2%	2%	2%	

与其他省份对比情况：2016年，全国共完成公路水路交通固定资产投资19 887.6亿元，全省完成投资额占全国的6.7%，排名全国第二，仅次于贵州省（1 500亿元）。

（二）资金保障情况

2016年，省交通运输厅落实到位交通运输部补助资金170亿元、中央专项建设基金77亿元，资金规模均居全国前列。同时，安排省级财政交通专项资金174.9亿元（含地方政府债券资金29.5亿元），有效保障了交通建设资金需求。

二、运输生产平稳发展

（一）客运情况

2016年，全省公路水路分别完成客运量109 716万人次和2 573万人次，比上年分别减少11.5%和5%；公路水路分别完成旅客周转量597.8亿人公里和2.43亿人公里，比上年分别减少11%和6.6%。从上述统计数据看，全省公路水路客运量和旅客周转量延续下降趋势，降幅高于全国水平。

（二）货运情况

2016年，全省公路水路分别完成货运量14.6亿吨和8 131万吨，比上年分别增长5.4%和减少6.4%（全国4%）。公路水路分别完成货物周转量1 565.3亿吨公里和222.7亿吨公里，比上年分别增长5.7%和21.4%。从上述统计数据看，公路货运增速与全国基本持平，水路货运量有所下降，但其货物周转量增速远高于全国水平。

全省规模以上港口货物吞吐量6 891万吨、集装箱吞吐量80.2万标箱，比上年分别增长2.7%和29.2%，集装箱吞吐量保持较快增长。

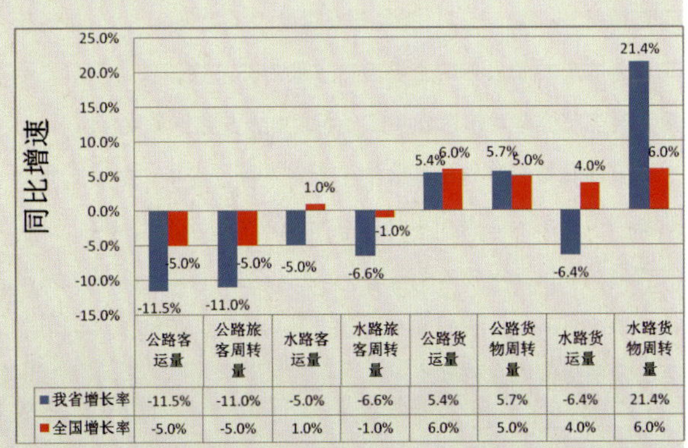

图1 2016年全省和全国运输生产（增速）情况

全省21个市州中，除内江市、甘孜州、成都市外，其余市州公路货物周转量均达到增速5%的年度目标（见表3）。其中，资阳市、泸州市、广安市、南充市等4个市州增速超过

表3 2016年分地区公路货运周转量情况表

货运周转量增速排序	1	2	3	4	5	6	7	8	9	10	11
市（州）	资阳市	泸州市	广安市	南充市	绵阳市	宜宾市	遂宁市	自贡市	广元市	眉山市	乐山市
完成百分比	7.9%	7.4%	7.3%	7.3%	7%	7%	6.9%	6.8%	6.8%	6.8%	6.4%
货运周转量增速排序	12	13	14	15	16	17	18	19	20	21	
市（州）	阿坝州	攀枝花市	巴中市	达州市	凉山州	德阳市	雅安市	内江市	甘孜州	成都市	
完成百分比	6.4%	6.3%	6.1%	5.9%	5.7%	5.4%	5.3%	4.5%	3.1%	2.0%	

表4 2016年公路、水路、铁路和航空运输方式货物周转量情况表

运输方式	旅客周转量（亿人公里）	增速（%）	旅客周转量占比（%）	货物周转量（亿吨公里）	增速（%）	货物周转量占比（%）
公　路	597.8	-11	35.44	1 565.3	5.7	65.12
水　路	2.4	-6.6	0.14	222.7	21.4	9.26
铁　路	302.8	11.4	17.95	605.3	-1.4	25.18
航　空	783.9	9.3	46.47	10.5	8.3	0.44

7%，公路货运形势较好。

（三）与其他运输方式对比

2016年，全省铁路运输完成旅客周转量302.8亿人公里，比上年增长11.4%；完成货物周转量605.3亿吨公里，比上年减少1.4%。航空运输完成旅客周转量783.9亿人公里，比上年增长9.3%；完成货物周转量10.5亿吨公里，比上年增长8.3％（见表4）。

旅客运输　与铁路、航空两种主要运输方式相比，全省公路、水路旅客运输周转量下降较为明显。随着高铁、航空运输的快速发展，铁路、航空客运周转量快速增长，分别较上年同期增长11.4%、9.3%。据统计数据显示（见表4），公路运输完成旅客周转量占四种主要运输方式的35.44%，仅次于航空运输，这表明公路运输在公共出行方式中仍占有重要地位。

货物运输　除铁路运输外，全省公路、水路、航空货物周转量均有所增长，其中水路运输增幅最大，达到21.4%，但其货物周转量仅占四种主要运输方式的9.26%。此外，公路运输增速放缓，但其货物周转量占四种主要运输方式的65.12%，仍是全省货物运输的主要途径。

三、2017年走势预判

从世界范围看，2016年以来，世界各国为摆脱经济持续低迷的增长困境，不断采取各种货币宽松政策和扩张性财政政策等手段，使得全球经济总体保持温和复苏的发展态势，然而，这些短期刺激政策并未真正彻底解决导致世界经济萎靡的社会经济深层次问题，全球经济增速始终不及预期，并且复苏进程面临极大的不确定性，全球经济疲软的复苏态势很可能持续更长时间。从国内看，全国经济结构调整加快，经济增长新动力不断积聚，但外部经济波动的重现、结构性改革的全面实施等因素，决定经济下行压力依然较大。2016年国内生产总值增长6.7%，增速比上年回落0.2个百分点；固定资产投资（不含农户）增速8.1%，增速较上年同期下降1.9个百分点，其中西部地区增长12.2%。尽管经济增速有所放缓，但继续保持在中高速适当的经济增长区间。从省内看，中共四川省委省政府陆续出台的“稳增长、促改革、调结构、惠民生、防风险”各项政策措施持续发力、作用凸显。2016年，四川省实现地区生产总值32 680.5亿元，按可比价格计算，比上年增长7.7%，增速比全国平均水平高1个百分点；固定资产投资（不含农户）28 229.8亿元，比上年增长13.1%，增速比全国平均水平高5个百分点。传统产业加快结构调整，简政放权释放市场红利，电子商务、信息消费、旅游休闲等增长极不断培育，有利于稳定经济增长预期，推动经济发展，因此，2017年全省经济有望呈现稳中有升，逐步向好态势发展。

结合国内外和省内经济形势分析，全省2017年交通运输经济运行总体将继续保持平稳发展，客货运输量增长基本稳定。随着2017年全省交通重点项目的加快推进和《四川省普通国道提档升级建设推进方案》等12个交通专项方案的全面实施，将对全省交通运输投资持续保持高位运行形成有力支撑。

2016年四川省市州交通运输局（委）领导名录

成都市交通运输委员会

党组书记、主任 胡庆汉
（2016年4月离任）
党组书记、主任 刘 兵
（2016年4月任职）
党组副书记 副主任（正局级）
涂 智
副主任 易传斌
党组成员 市纪委派驻市交委纪检组组长
郭海涛
党组成员 副主任 杜进有
成都市邮政管理局党组书记、局长兼任
市交委党组成员、副主任 陈 敬
副主任 田贵文
党组成员 机关党委书记 王 宏
党组成员 总工程师 陆 辉
巡视员 江 河
副巡视员 张子祥
副巡视员 王增勇

自贡市交通运输局

党组书记、局长 谭如剑
党组成员、副局长 江 泠
党组成员、邮政管理局局长 黄贵明
党组成员、副局长 陈 鹏
党组成员、副局长 王 平
党组成员、副局长 王行富
（2016年10月任职）
党组成员、纪检组长 颜 锐
党组成员、机关党委书记 魏旭春
党组成员、安全总监、交战办主任
卢天禄
党组成员、总工程师 张代江
党组成员、公路局局长 高建军

攀枝花市交通运输局

党委书记、局长 唐成斌
党委副书记 朱 斌
党委委员、副局长 付朴忠
党委委员、副局长 刘应贵
党委委员 温 洮
（2016年7月1日任职）
副局长 温 洮
（2016年7月19日任职）
纪委书记 尹锡军
（2016年9月9日任职）
党委委员 刘彦锋
（2016年12月9日任职）
总工程师 刘彦锋
（2016年12月23日任职）
邮政管理局局长兼交通运输局副局长
雷云平

泸州市交通运输局

政协副主席，交通运输局党组书记、
局 长 梁中元
（2016年12月免去党组书记）
交通运输局党组书记 黄玉林
（2016年12月任职）
交通运输局党组成员、副局长 李子辉
交通运输局党组成员、副局长 曾志刚
交通运输局党组成员、副局长
（市邮政管理局局长） 虞卫国
交通运输局党组成员、副局长 沈昭平
（2016年9月离任）
交通运输局党组成员、副局长 游 进
（2016年4月任职）
交通运输局党组成员、副局长 曾兴宇
（2016年5月任职）
交通运输局党组成员、总工程师
王顺蓉
交通运输局党组成员、安全总监
陈曲平
交通运输局党组成员、机关党委书记
肖云贵
交通运输局党组成员、纪检组长
许 亮

德阳市交通运输局

党委书记、局长 李 霞
（2016年7月15日免局党委书记、局长兼公路局党委书记）
党委书记、局长 廖立新
（2016年8月4日任局党委书记、局长兼公路局党委书记）
党委委员、副局长 刘仁森
（2016年9月12日免副局长）
党委委员、副局长 郑国伟
副局长 汪国华
党委委员、副局长 罗绪平
（2016年3月25日免局党委委员，4月25日免副局长）
公路局局长 王汉勇
党委委员、纪委书记 高 云
党委委员、总工程师 李 争
副局长 杨 艺
（2016年2月 15 日免副局长）
党委委员、机关党委书记、副局长
杨庆富
（2016年12月20日免机关党委书记，12月28日任副局长）
党委委员、副局长 杨转运
（2016年8月11日免党委委员，8月29日免副局长）

绵阳市交通运输局

局党委书记、局长 兰 劲
（2016年3月免局党委书记、4月免局长）
局党委书记、局长 寇子胜
（2016年3月任局党委书记、4月任局长）
局党委副书记、副局长 练才伟
（2016年12月任局党委副书记、免副局长）
局党委委员、副局长 王明庚
局党委委员（兼）、副局长（兼）
景 炜
局党委委员、副局长 姚 勇
（2016年7月免局党委委员、副局长）
局党委委员、纪委书记 姜 文
局党委委员、机关党委书记 兰 宏
（2016年8月免局党委委员、机关党委书记）
局党委委员、副局长 康孝先
局党委委员、副局长 淳道松
（2016年12月任局党委委员、副局长）
局党委委员、安全总监 何 俊
局党委委员、机关党委书记 张 玲
（2016年11月任局党委委员、机关党委书记）
市交通战备办公室主任 余 群

市交通运输局总工程师　赵朝晖

广元市交通运输局

党组书记、局长　王国培
（2016年10月离职）
党组书记、局长　田刚富
（2016年10月任职）
党组成员、副局长　吴文斌
党组成员、副局长，市交战办主任　夏长万
党组成员、副局长　王　强
党组成员、副局长　韩顺东
党组成员、副局长、市邮政管理局局长　李茂泉
党组成员、市纪委派驻市交通运输局纪检组组长　吕广林
党组成员、直属机关党委书记　马　军
党组成员、总工程师　陈代平
安全总监　赵　华
广元市交通工会主席　牟春华

遂宁市交通运输局

党委副书记、局长　周　华
（2016年9月免去党委副书记，2016年10月离任）
党组书记、局长　夏海荣
（2016年7月任党组书记，2016年10月任局长）
党委书记　杨忠义
（2016年7月离任）
党委副书记　舒兆康
（2016年11月免去党委副书记）
党委委员、市公路局局长　袁仕平
党委委员、副局长　杨务荣
党委委员、副局长、市邮政管理局局长　赵　铭
党委委员、副局长　余礼军
党委委员、副局长　黄火平
党委委员、纪委书记　皮国平

内江市交通运输局

局党委书记、局　长　陈代兵
（2016年11月任职）
局党委书记、局长　曹　雄
（2016年8月离任）
局党委委员、副局长　刘　波
局党委委员、副局长　王　亮
局党委委员、局纪委书记　戴官印
局党委委员、市路政支队　肖忠祥
局党委委员、副调研员　陈跃冬
局党委委员、总工程师　徐洪友
副县级干部　刘晓泉
副调研员　刘　毅
副调研员　杨沛剑

乐山市交通运输委员

党组书记、主任　龚德勤
（2016年10月离任）
党组书记、主任　何金文
（2016年10月任职）
党组副书记、副主任　熊建新
（2016年10月离任）
交通战备办公室主任　朱明友
党组成员、副主任　张开立
（2016年5月免去党组成员，转为正调研员）
党组成员、副主任　吴礼刚
党组成员、副主任　彭治中
（兼市航办主任）
党组成员、副主任　罗文智
（2016年10月任职）
党组成员、副主任　涂泽江
党组成员、市公路局局长　王　川
（2016年3月离世）
党组成员、市航务（海事）局局长　刘　敏
党组成员、市运管局局长　邓世龙
党组成员、市高管办主任　刘凤枢
（2016年8月离职）
党组成员、市重点办主任　袁　平
（2016年8月兼任市高管办主任）
党组成员、安全总监　李　锦
党组成员、直属机关党委书记　刘　际
党组成员、总工程师　刘俊学
党组成员、纪检组长　袁　彦
市铁建办主任　周荣乐
市公路局局长　赵　星
（2016年10月任职）

南充市交通运输局

局党委书记、局长　许东明
（2016年6月离职）
局党委书记　刘本良
（2016年6月任局党委书记）
局党委委员、副局长　黄　伟
局党委委员、副局长　蒲五才
局党委委员、副局长、市邮政管理局局长　罗通明
局党委委员、纪委书记、监察室主任　张学明
局党委委员、总工程师　谭晓斌
局党委委员、安全总监　杨淮森
局党委委员、市交战办主任　薛加双
局党委委员、市公路局党委书记、局长　李　翔
（2016年2月退休）
局党委委员、市航务管理局党委书记、局长　李　平
局党委委员、市道路运输管理局局长　曾　颖

宜宾市交通运输局

党委书记、局长　李仕华
党委委员、党委副书记　刘　骐
党委委员、市运管局局长　刘　炯
党委委员、纪委书记　吴定源
党委委员、副局长　黄　斌
党委委员、副局长　罗　昕
党委委员、邮政管理局局长　赖　勇
副局长　李兴岷
交战办副主任　杨万明

达州市交通运输局

党组书记、局长　淳永奉
党组成员、纪检组长　杜泽权
党组成员、副局长、市交战办主任　苏万生
（2016年6月免职）
党组成员、市邮政管理局长(正县级)　何　峰
党组成员、副局长　王乐钢
（2016年6月免职）
党组成员、副局长　岳万刚
党组成员、副局长　荆　林
党组成员、副局长　彭　铸
（2016年6月改任）
党组成员、副局长　蒋　波
（2016年5月任职）
党组成员、机关党委书记　甘立刚
（2016年4月退休）
党组成员、交通工会主席　张显文
党组成员，市运管处长　曾　俊

广安市交通运输局

党组书记、局长　王晓明
党组成员、调研员　张德坤
党组成员、副局长　曾祖军
党组成员、副局长　郑永锋
党组成员、机关党委书记　李兴华
党组成员、副局长（兼）、市邮政管理

3 1 4 2 5

3 在建的雅康高速公路大渡河兴康特大桥隧道锚

4 在建的雅康高速公路大渡河兴康特大桥重力锚

5 雅康高速公路坎坡坝特大桥

1	3
	4
2	5

1 2016年12月，在建的雅康高速公路猫子岩特大桥

2 2017年1月，雅康高速公路小仁烟二号特大桥，实现全幅贯通

3 汶马高速公路汶川互通枢纽，因设计等原因，尚未正式施工，预计2018年底完成

4 在建的汶马高速公路克枯特大桥

5 汶马高速公路克枯特大桥架桥机施工

1
2
3

1 在建的汶马高速公路木堆寨特大桥

2 在建的汶马高速公路钢桁梁大桥

3 汶马高速公路薛城一号进出口仰坡处治，因设计等原因尚未正式施工，预计2018年8月底完成

1 2	4
	5
3	6

1 2016年6月4日，省政府副省长杨洪波（前排右一）到广元指导白龙湖游船翻沉事故救援工作

2 2016年7月12日，省交通运输厅厅长汪洋（前排左二）一行调研泸州港

3 2016年，作业中的泸州港

4 2016年，宜宾港志城作业区面貌

5 2016年，建设发展中的广元港

6 2016年，巴中通江春在海事工作码头面貌

1 2
3
4

1 2016年8月31日，泸州港“公铁水多式联运+甩挂物流”联盟战略合作协议正式签订

2 2016年10月12日，泸州港与中铁联集昆明分公司签订战略合作框架协议

3 2016年6月2日，泸州港多式联运工程入选全国首批多式联运示范项目

4 2016年7月4日，泸州港首批进境木材顺利抵港

1 2016年4月19日，泸州海关全域通系统与港口生产系统正式实现数据互通

2 岷江犍为航电枢纽工程标准化管理水平不断提升

3 都京港嘉陵江大桥项目加快建设

4 2016年，省港航公司控股金银台公司工会获全国总工会“全国模范职工小家”称号

1 2	5
	6
3 4	7

1 天府国际机场远期航站区陆侧鸟瞰效果图
2 天府国际机场一期空侧鸟瞰效果图
3 天府国际机场指廊低视点鸟瞰效果图
4 2016年8月30日，成都天府国际机场高速公路开工仪式现场
5 2016年，成都二绕高速公路成绵互通立交效果图　四川龙光二环高速公路有限公司 供稿
6 2016年3月19日，成都二绕高速公路成渝互通立交效果图　四川龙光二环高速公路有限公司 供稿
7 2016年3月18日，成都二绕高速公路成南互通立交效果图　四川龙光二环高速公路有限公司 供稿

1
2 3
4 5

1 2016年11月10日，德阳市举行天府大道北延线等43个交通重点项目集中开工动员大会

2 2016年6月15日，完成大修主体工程的省道106线德阳境段

3 2016年10月31日，绵茂公路草墩沟大桥

4 2016年8月1日，旌阳区新寿路波形护栏

5 2016年6月7日至8日，德阳市“2016我们和你在一起爱心送考活动”启动仪式现场

1 2016年4月29日，绵西高速公路梓江大桥施工现场　魏　晨 摄
2 2016年2月23日，绵九高速公路白马隧道建设启动现场　魏　晨 摄
3 2016年10月19日，北川县首座渡改人行吊桥——漩坪乡椿芽渡改人行桥全面完工并通行
4 2016年11月22日，全国公路交通军地联合应急演练现场挖掘机进入动力舟桥过程图
5 2016年，绵阳市出租车“爱心送考”启动仪式现场　绵阳市交通运输局道路运输管理处 供稿

1 2016年4月22日，中国工程院院士傅志寰（中）带领“秦巴山区绿色交通发展战略研究”调研组赴广元港红岩作业区调研　罗　松 摄

2 2016年6月1日，省交通运输厅厅长汪洋（前排左三）调研广元港运行情况　罗　松 摄

3 2016年12月22日，广元市政府与四川省交投集团战略合作协议签约现场

4 2016年12月3日，建成后的国道108线陵江至宝轮改线工程　罗　松 摄

1
2 4
3 5

1 2016年9月5日，广元市朝天区永乐村通村公路面貌 罗 松 摄

2 2016年12月30日，广元市2016年四季度第二批次重大项目集中开工苍溪分会场暨广元港张家坝作业区一区（一期）工程开工仪式现场

3 2016年10月11日，在建的红岩嘉陵江大桥 罗 松 摄

4 2016年6月12日，白龙湖沉船事故搜救打捞现场 罗 松 摄

5 2016年10月26日，交通运输部，四川省交通运输厅，广元市交通运输局和青川县交通运输局四级交通运输部门应对公路地质灾害联动应急桌面演练广元分会场

1
2
3

1 2016年11月11日，遂宁市人民政府与四川省交通运输厅签订交通运输发展战略合作协议

2 2016年，大中修后国道318线遂宁市境段

3 2016年，遂宁市现代农业园区一体化大环线。图为船山区河沙镇永河现代农业产业园内村道　钟　敏 摄

1
2 3 4
5 6

1 2016年，遂宁市船山区永兴镇大面沟村新村道

2 2016年11月10日，遂宁市代表队参加四川省执法形象大提升活动

3 2016年10月8日，遂宁市召开深化出租汽车行业改革工作推进会议

4 2016年10月14日，遂宁市机动车驾驶员培训行业自律委员会成立

5 2016年11月3日，遂宁市深化出租汽车行业改革征求人大代表、政协委员意见工作会议

6 2016年10月11日，遂宁市运政人员规范火车站广场出租汽车经营行为

1	5
2 3 4	6 7 8 9

1 2016年6月，宜叙高速公路梅硐至僰王山段面貌

2 2016年6月，宜叙高速公路绥庆枢纽互通立交面貌

3 4 2016年7月21日，宜宾市南门桥首个钢格子梁完成吊装

5 2016年4月，宜宾市屏山县万涡通村公路及产业园区道路面貌

6 2016年，宜宾市高县胜天镇乡村公路面貌

7 宜宾港保税物流中心

8 2016年6月16日，宜宾救助1号开展应急救援

9 2016年6月26日，宜宾救助1号在长江上拦截漂浮物

1	2
3	4
5	

1 2016年，包茂高速公路达州城区北外徐家坝站由2进2出变成4进6出共10个车道，扩容改建后车辆通行能力显著提高，可实现与投入试运行的新客运北站高效对接

2 2016年3月31日，达宣快速通道子槽沟大桥段

3 2016年5月12日，达州环城路达川区境段 何其伦 摄

4 2016年5月12日，达州环城路达川南外境段

5 2016年6月5日，运管执法车辆护送开江高考爱心车队驶抵考点

1	2
	3
4	5

1 广（安）华（蓥）大道公路华蓥市境内段附属设施加快建设　吴德权 摄

2 2016年8月3日，遂广高速公路红土地互通式枢纽立交建成通车　吴德权 摄

3 建成投用的广华大道公路广安区境内段三层村大桥面貌　吴德权 摄

4 岳池县建成投入使用的渡改公路桥——红星大桥　吴德权 摄

5 巴广渝高速公路广门互通立交面貌　吴德权 摄

1 2016年，广安区农业示范产业带环线公路面貌　吴德权　张国盛　摄

2 2016年7月，广安区农业示范产业扶贫农村公路面貌　吴德权　张国盛　摄

3 扶贫通村公路通到农家门。图为华蓥市溪口镇袁家坝村通村公路　吴德权　邱长凤　摄

4 2016年11月8日，广安客运枢纽站建成投入运营　吴德权　摄

1 2
3
4

1 2016年12月12日，巴万高速公路开工动员暨25个市级重点项目集中开工仪式现场

2 2016年12月8日，在建的米仓山隧道

3 2016年9月，巴南广高速公路建成通车

4 巴中市境内的国省干线公路

1 2016年9月21日，清风大道面貌

2 恩阳大道

3 巴中市平昌县打造的“四好农村公路”掠影

1
2 4
3
5

1 2016年5月17日，成都经济区环线跨眉山市滨江大道高架桥建设场景

2 2016年8月，眉山市滨江大道东坡段

3 2016年4月25日，成昆铁路扩能工程彭山岷江大桥建设场景

4 成自泸高速公路仁寿段

5 2016年11月11日，大峨眉国际旅游西环线洪雅止戈至柳江段

1 洪雅瓦屋山旅游公路
2 2016年5月6日，眉山滨江大道
3 2016年6月2日，眉山工业环线眉山经济开发区段
4 2016年5月19日，眉山岷东大道

1 2016年3月，在建的雅康高速公路周公河大桥

2 2016年3月，在建的雅康高速公路对岩枢纽互通立交

3 2016年3月，在建的雅康高速公路坎坡坝特大桥

4 在建的雅康高速公路雅安段

1	
2	3
4	
5	6

1 在建的雅康高速公路雅安段

2 2016年1月，新建成的国道351线雅安市境内

3 灾后重建项目——雅安至望鱼古镇路

4 新建成的芦山县车站

5 提升改造后的雅安西门车站

6 新建成的宝兴县旅游车站

1
2 3
4

1 2016年12月30日，成安渝高速公路成都二绕东枢纽互通至川渝省界段通车试运行

2 2016年3月，国道318线平泉超限超载检测站

3 2016年5月30日，资阳市地方海事局会同资阳陆军预备役工兵团、市公安局等部门开展“资阳市水上应急救援联合演练”

4 2016年6月，资阳市地方海事局海事巡航

1	
	2
3	
	4
5	

1 在建的汶马高速公路大石包特大桥

2 在建的绵九高速公路黄土梁隧道

3 金川县卡拉足乡二普鲁村通村水泥路

4 美观实用的港湾式农村客运招呼站

5 农村客运的开通极大地方便了藏区群众的出行

3 1
2
4

1 在建的雅康高速公路
2 在建的雅康高速公路特大桥
3 国道318线泸定境内段
4 四川省2016年第四季度重大项目集中开工仪式甘孜州分会场

	2
1	3
4	5

1 2016年6月20日，国道356线昭觉县三湾河至布拖县城段布拖洛奎高架桥主体工程完工　凉山州交通运输局 供稿

2 2016年7月6日，建成后的省道307线普诗乡段　凉山州交通运输局 供稿

3 2016年7月3日，建成后的省道216线盐源段　凉山州交通运输局 供稿

4 2016年6月29日，建成后畅通的中冕路　凉山州交通运输局 供稿

5 2016年7月19日，建成后的布拖县拖觉通乡油路　凉山州交通运输局 供稿